Der unbekannte Widerstand

Lucie Suhling

Der unbekannte Widerstand

Erinnerungen

Unter Mitarbeit von Ursel Hochmuth

Röderberg-Verlag Frankfurt am Main

ISBN 3-87682-039-1

Schumannstraße 56 · 6000 Frankfurt 1
Druck: Plambeck & Co, 4040 Neuss

Inhalt

Vorwort

Denn kein größeres Verbrechen gibt es,
als nicht zu kämpfen, wo gekämpft werden muß
Friedrich Wolf

Wer aber durchschauet in das vollkommene Gesetz der Freiheit
und darin beharret und ist nicht ein vergeßlicher Hörer
sondern ein Täter, derselbige wird seelig sein in seiner Tat
Jakobus

In einigen Wochen werde ich fünfundsiebzig Jahre alt. Seit mehr als fünfzig Jahren habe ich mich in den Reihen der Arbeiter- und antifaschistischen Bewegung für Frieden, Demokratie und gesellschaftlichen Fortschritt eingesetzt. In der letzten Zeit war ich oft gezwungen zurückzustecken, wo mich Einsicht und Temperament zur Übernahme von Aufgaben verführen wollten, die ich heute zu leisten nicht mehr in der Lage bin. Aber wer von uns alten Antifaschisten könnte ganz ohne politische Betätigung leben, wer von uns möchte nicht in den Auseinandersetzungen unserer Zeit seine Erfahrungen zur Verfügung stellen, wenn es darum geht, einen neuen Weltkrieg, einen neuen Faschismus zu verhindern.

Als mich Kameradinnen der VVN/Bund der Antifaschisten aufforderten, für ein Buch des Röderberg-Verlages einen Erinnerungsbericht zu schreiben, habe ich das gern getan; er erschien 1974 unter dem Titel „Aufmachen – Polizei!" in dem Sammelband „Frauen gegen Hitler". Im Mai 1977 während des Studentenstreiks gegen das Hochschulrahmengesetz wurden Charlotte Groß, Käthe Jacob, Anita Sellenschloh und ich als ehemalige Widerstandskämpferinnen eingeladen, an der Universität Hamburg darüber zu berichten, wie wir uns damals gegen die Unterdrückungsmaßnahmen der Nazis gewehrt hatten.

Wegen einer schweren Erkrankung war ich dann monatelang außerstande, mich an irgendeiner Aktion zu beteiligen. Seit 1978 wurde ich wie andere Mitglieder der VVN/Bund der Antifaschisten in Hamburger Schulen eingeladen, um dort über unsere Erfahrungen in der Nazizeit zu berichten und die Fragen der Schüler zu beantworten. Obwohl eine Schulstunde sehr kurz ist und manche Frage offen bleiben mußte, hatten meine Kameraden und ich den Eindruck, daß es für viele Schüler und Lehrer ein Erlebnis war, erstmals mit Menschen zusammenzutreffen, die aktive Hitlergegner gewesen sind. Wiederholt bekannten Schüler freimütig, daß ihnen der Arbeiterwiderstand unbekannt sei, da er in Schulbüchern so gut wie keine Berücksichtigung findet. Auf ein gleich großes Interesse trafen wir bei den vom Landesjugendring organisierten „Alternativen Stadtrundfahrten" zu den Stätten des Hamburger Widerstandes und Naziterrors, wo wir an den Orten unseres damaligen Kampfes und Leidens Konkretes aus der Zeit der Verfolgung erzählen konnten, aber auch von der Solidarität, die uns half, jene zwölf schweren Jahre zu überstehen.

Waren es zuerst nur einige Schulen, so veranstalteten jetzt zahlreiche Lehrerkollegien, Schüler- und Elternräte antifaschistische Wochen, Ausstellungen und Filmvorführungen. Die GEW Hamburg gab eine Reihe „Unterrichtsmaterialien" zu den Themen Neofaschismus, Judenverfolgung und zur Geschichte der Arbeiterbewegung heraus. Die VVN registrierte nicht nur eine ständig wachsende Anfrage nach antifaschistischer Literatur, sondern nahm vor allem viele junge Mitglieder auf. Aus Anlaß des 40. Jahrestages der sogenannten „Reichskristallnacht" gingen überall in der Bundesrepublik Tausende ehemals Verfolgte und junge Antifaschisten auf die Straße und demonstrierten unter der Losung „Nie wieder Krieg und Faschismus! Keine Verjährung der Naziverbrechen!" Die Fernsehübertragung des Filmes „Holocaust", von Millionen Zuschauern Anfang 1979 miterlebt, trug die Diskussion über die bereits engagierten Kreise hinaus, machte das bundesdeutsche Geschichtsdefizit allgemein bewußt und führte zu einem neuen Höhepunkt in der öffentlichen Auseinandersetzung über die noch immer unbewältigte Vergangenheit.

Immer mehr ehemalige Widerstandskämpfer und Verfolgte wurden von Haupt- und Gesamtschulen, von Gymnasien, Fach- und Berufsschulen, von Jugend-, Studenten- und Frauengruppen sowie von der Evangelischen Akademie Nordelbien zu Diskussionen eingeladen. Bei all unseren Gesprächen mit diesen aufgeschlossenen jungen Menschen war es mein und meiner Kameraden größter Wunsch, lebendige Geschichte zu vermitteln, die demokratischen Traditionen unseres Volkes bewußt zu machen und kritisches Nachdenken über unsere Vergangenheit, Gegenwart und Zukunft anzuregen. Wenn unsere Diskussionen sich dem aktuellen Geschehen zuwandten, habe ich meinen jungen Zuhörern immer wieder geraten, sich bei all ihren politischen Entscheidungen die Frage zu stellen: Wem nützt das? Wem nützen Hochrüstung, Antikommunismus, Neofaschismus und Rechtsentwicklung in der Bundesrepublik?

Nach dem 8. Mai 1945, nach der Befreiung unseres Volkes von Krieg und Faschismus, kehrten die überlebenden Widerstandskämpfer aus den Zuchthäusern und Konzentrationslagern zurück, viele meiner Kameraden mit schweren gesundheitlichen Schäden. Fast alle beteiligten sich am Wiederaufbau, reihten sich ein in den Kampf für eine antifaschistische Demokratie in Deutschland. Damals fanden wir keine Zeit, unsere Erinnerungen festzuhalten. Heute sind wir nur noch wenige, die über die politischen Kämpfe in der Zeit des

Kaiserreiches, der Weimarer Republik und des Hitlerregimes aus eigenem Erleben berichten können.

Aus einem kleinbürgerlichen und streng religiösen Elternhaus stammend schloß ich mich als junge Angestellte der revolutionären Arbeiterbewegung an und beteiligte mich am Kampf gegen die erstarkende Hitlerbewegung und den Abbau der sozialen und demokratischen Rechte, die sich die Werktätigen in der Novemberrevolution errungen hatten. Meine Genossen und ich ließen sich auch nach Errichtung der faschistischen Diktatur nicht von der Nazipropaganda einfangen. Wir wußten, daß Hitler den Krieg vorbereitete und unser Volk und die Völker der Welt in eine entsetzliche Katastrophe treiben würde. Um dieses Unheil abwenden zu helfen, gingen wir in den Widerstand, fanden – oft ohne Verbindungen und Anleitung – immer neue Wege, um unsere Landsleute zu informieren, aufzurütteln und dem NS-Regime Schaden zuzufügen. Wir waren uns bewußt, daß wir jederzeit in die Hände der Gestapo und der Nazijustiz geraten konnten, und viele meiner Kameraden sind in diesem Kampf an der antifaschistischen Front gefallen.

Mein privates Leben kann ich von meinem politischen Wirken nicht trennen. Mein Mann, Arbeiter und wie ich Kommunist, war ein verständnisvoller Partner und ein aktiver Genosse. Wir hatten zusammen drei Kinder. Die zwei, die mir geblieben sind, arbeiten heute beide als Ingenieure in der DDR und wirken im Sinne ihrer Eltern. Auch meinen vier Enkeln sind Verbundenheit mit der Arbeiterklasse, Freundschaft mit der Sowjetunion und Solidarität mit den unterdrückten Völkern keine leeren Worte; sie sind in einem Land aufgewachsen, in dem verwirklicht wird, wofür die Generation der „roten Großeltern" gekämpft hat.

Wenn ich heute gefragt werde, hat sich dein Leben, hat sich dein Einsatz gelohnt, so ist meine Antwort: Ja. Es hat Arbeit und Kampf, Freude und Schmerz, Erfolge und Niederlagen gegeben, aber es war ein erfülltes Leben. Ich hätte kein anderes führen können und wollen.

Schon lange drängen mich meine Kinder: Mutti, schreib' auf! Du hast so ein reiches Leben gehabt, und es wäre schade, wenn deine Erlebnisse verloren gingen. Meine Freunde sagten: Lucie, schreib auf! Es gibt bei uns noch viel zu wenig Memoiren aus der Arbeiter- und Widerstandsbewegung und noch seltener von Frauen verfaßte.

Ich begann meine Unterlagen zu sichten und Notizen zu machen, aber immer wieder zweifelte ich: Lohnt es sich? Wird das, was du im Familienkreis oder unter Freunden erzählt hast, auch andere Menschen interessieren? Ich habe ein einfaches Leben geführt und Sensationelles habe ich nicht zu berichten. Politisch habe ich fast immer an der Basis gearbeitet und hatte – wie man das in unseren Reihen nennt – überwiegend mit täglicher Kleinarbeit zu tun, so wie Tausende meiner Genossen auch. Aber gerade der Gedanke daran, daß ich eine der vielen aus meiner Generation bin, die einen solchen Lebensweg gegangen sind, und die Überlegung, daß ich dazu beitragen kann, unbekanntes Geschehen und unbekannte Kampfgefährten vor dem Vergessen zu bewahren, bestärkten mich, das Vorhaben weiterzuführen.

Ende 1977 begann ich mit der Niederschrift. Die Entwürfe gab ich meinen Kindern und einigen Freunden mit der Bitte um Kritik. Meine jungen Freunde baten mich, auf bestimmte Ereignisse, Personen oder Begriffe, die ihnen unbekannt waren, näher einzugehehn, meine Kameraden ergänzten vieles aus gemeinsamen Erinnerungen. Hedwig Voegt schrieb: „Wir Alten sind alle nicht mehr lange dabei. Wer schreiben kann, möge schreiben, damit von unserem Beitrag, den wir als bescheidene anonyme Kommunistinnen leisten konnten, etwas aufbewahrt bleibt – zum Nutzen der Geschichtsschreibung und zur Charakterisierung jener tausend und abertausend Kommunisten, die alle zusammen und jeder für sich allein, jeder mit seinem Beitrag die KPD jener Jahre verkörperten."

Die Beschäftigung mit den Ereignissen der Vergangenheit und das Niederschreiben meiner Erinnerungen haben mir selbst viel gegeben, und im Lichte der Gegenwart habe ich manches neu sehen gelernt. Heute bin ich froh, daß ich mich zu dieser Arbeit durchgerungen habe und daß ich meinen Lebensbericht zum Abschluß bringen konnte.

Wenn ich etwas mitzuteilen habe, so danke ich das vor allem meiner Partei, die mich auf den Weg klassenbewußten Denkens und Handelns führte, der meinem Leben erst seinen vollen Sinn gab. Ich danke allen Genossen und Freunden sowie meinen Kameraden der VVN, die mich mit Rat und Tat unterstützt haben. Ich danke meinen Kindern Ursel und Peter sowie meiner Schwiegertochter Anneliese, die mich immer wieder ermutigten und von denen ich viele gute Hinweise erhielt. Sehr herzlich danke ich meiner Kameradin Kati von der Reith, die sich die Zeit nahm, das Manuskript nicht nur abzuschreiben, sondern es auch sorgfältig mitzulesen und auf Widersprüche aufmerksam zu machen. Einen ganz besonderen Dank möchte ich meiner Mitarbeiterin Ursel Hochmuth aussprechen, die mir kameradschaftlich zur Seite stand und half, dem Buch die endgültige Gestalt zu geben.

Hamburg, den 8. Mai 1980 — Lucie Suhling

I. Widerstand an der Basis (1933–1934)

Ein Arbeiterehepaar in Hamburg-Langenhorn

Im Januar 1933, als Hindenburg Hitler zum Reichskanzler ernannte, waren Cuddl und ich ein junges Arbeiterehepaar, das am Beginn seines gemeinsamen Lebensweges stand. 1932 hatten wir geheiratet und waren nach Hamburg-Langenhorn in das Siedlungshäuschen meiner Schwiegereltern, Carl und Marie Suhling, gezogen. Wir gehörten der dortigen Wohngebietsgruppe der KPD an und waren Mitglied der Arbeitersolidaritätsorganisation Rote Hilfe; mein Mann wirkte außerdem in der Stadtteilgruppe des Roten Frontkämpfer-Bundes (RFB) aktiv mit. Cuddl, Seemann und Kraftfahrer, war schon einige Jahre erwerbslos, ich arbeitete als Redaktionssekretärin bei der „Hamburger Volkszeitung" (HVZ), der Zeitung der KPD für Groß-Hamburg.

Langenhorn und seine besondere Atmosphäre gefielen mir auf Anhieb, und ich wurde dort schnell heimisch. An der nördlichen Stadtgrenze Hamburgs gelegen, war es ein noch ganz junger Stadtteil. Jahrhundertelang war Langenhorn, das 1332 aus schleswig-holsteinischem in hamburgischen Besitz überging, ein kleines Bauerndorf auf einem großen Landgebiet mit Feldern, Wiesen, Wäldern und Mooren gewesen, das an dem uralten Nord-Süd-Weg, der sogenannten „Ochsendrift" (heute Langenhorner Chaussee) lag. Seit dem Mittelalter zogen hier von der deutsch-dänischen Grenze beim Ochsenzoll die jütländischen Rinderherden vorbei, die nach Hamburg zum Verkauf getrieben wurden. Zu Beginn des 19. Jahrhunderts hatte das Dorf 413 Einwohner; als die Gemeinde 1913 Stadtteil Hamburgs wurde, waren es noch keine 3000. Die Entwicklung Langenhorns zu einem Wohnvorort der Hansestadt begann erst nach dem Ersten Weltkrieg. Die erste nach der Novemberrevolution gewählte Hamburgische Bürgerschaft hatte 1919 beschlossen, hier nach den Vorstellungen von Oberbaudirektor Fritz Schumacher eine moderne Kleinhaus-Siedlung für Kriegsteilnehmer und kinderreiche Familien zu erbauen. Da die Stadt dafür kein geeignetes Gelände im Besitz hatte, wurde ein Gebiet beiderseits des Landweges nach Tangstedt enteignet; dieses Heidegebiet gehörte einem der größten Grundeigentümer Hamburgs, der es vor dem Krieg Langenhorner Bauern abgekauft hatte. 1920 konnten die ersten Siedler ihre Einfamilienhäuser in der Tangstedter Landstraße beziehen. Im gleichen Jahr gründeten 20 Männer und Frauen einen Siedlerverein, der sich 1921 Siedlergemeinschaft Langenhorn e. V. nannte und damals bereits 600 Mitglieder zählte. Auf Initiative des an der Siedlungsschule tätigen Lehrers Johannes Böse wurde 1925 die

Griffelkunst-Vereinigung Hamburg-Langenhorn e. V. gegründet, die jedermann den Zugang zu Originalgrafiken zeitgenössischer Künstler erschließen wollte. Das kurz vor dem Krieg angelegte Verkehrsnetz der Hamburger Hochbahn war 1921 von Ohlsdorf bis Ochsenzoll verlängert worden. Der letzte Bahnhof vor dieser Endhaltestelle war damals Langenhorn-Nord. Zu dieser Station strömten jeden Morgen die Arbeiter und Angestellten aus unserer Siedlung, um zu den Fabriken und Kontoren in der City von Hamburg zu gelangen.

Als Cuddl und ich 1932 nach Langenhorn[1] kamen, gab es dort noch viele Wiesen und Waldstücke. Besiedelt war das Gebiet erst um den ehemaligen Dorfkern und an beiden Seiten der Langenhorner Chaussee, weiter gab es die Gebäude der Staatskrankenanstalt bei Ochsenzoll und unsere Staatssiedlung; westlich der Hochbahn-Linie wurde damals im Rahmen der Erwerbslosen-Selbsthilfe gerade mit dem Bau einer neuen Stadtrandsiedlung begonnen.

Das Haus von Cuddls Eltern[2] am Wattkorn 7 lag auf dem Gelände der Langenhorner Staatssiedlung, gehörte aber nicht zu dem Ensemble der von Fritz Schumacher geschaffenen Einfamilienhäuser. Wie andere Kriegsinvaliden hatte mein Schwiegervater das Grundstück nach 1924 vom Hamburger Staat erworben und sein Häuschen mit einem zinslosen Kredit bauen können. Die Schwiegereltern bewohnten das Erdgeschoß, Cuddl und ich waren als ihre Untermieter in die Dachwohnung eingezogen.

Unsere Wohnung bestand aus einem Zimmer, der Küche und einem klitzekleinen Raum. Es mußten Möbel angeschafft werden. Mein Gehalt von 150,– RM im Monat war klein, und so kauften wir zuerst auf Raten eine Küche. Zwei alte Betten hatten wir von den Schwiegereltern bekommen, einen Kleiderschrank und zwei Stühle von Freunden, die als Facharbeiter in die Sowjetunion gegangen waren. Wir kauften eine Chaiselongue für 20,– RM und schoben sie mit einer zweirädrigen Karre aus der Innenstadt nach Langenhorn. Eine Tischlampe für 3,50 RM erhöhte die Gemütlichkeit. Als wir das Geld für Gardinen zusammengespart hatten, waren sie für unsere damaligen Begriffe der Inbegriff allen Luxus. Cuddl weckte mich mitten in der Nacht: „Sieh dir doch unsere wunderschönen Gardinen an!"

Eisern wurden von dem geringen Gehalt einige Mark abgezweigt, denn Cuddl und ich waren bemüht, unser politisches Wissen durch Selbststudium zu erweitern. Wir kauften Schriften von Marx, Engels, Lenin und anderen marxistischen Theoretikern, die uns das Grundwissen eines Kommunisten vermittelten. So lasen wir unter anderem gemeinsam: Das „Kommunistische Manifest", „Lohn, Preis und Profit", „Lohnarbeit und Kapital", „Staat und Revolution", „Der linke Radikalismus, die Kinderkrankheit des Kommunismus". Manchmal gab es zwischen uns heftige Diskussionen, bei denen mir

---

1 siehe Abb. 14

2 siehe Abb. 15 und 16

Cuddl meistens überlegen war. Während ich überall und alles komplizierte, hatte er mit seinem klaren Arbeiterverstand das Wesentliche schneller erfaßt. Wie oft hat er mir gesagt: „Mach dir doch nicht so schwer, was so einfach zu begreifen ist." Wir haben gesellschaftliche Zusammenhänge sehen gelernt und uns immer wieder gefragt: „cui bono – wem nützt das?"

In einem kleinen Bücherbord, von Cuddl gebaut, hatten wir unsere Kostbarkeiten untergebracht, und wenn wir eine gemeinsame Stunde erübrigen konnten, dann wurde gelesen. Ich erinnere mich auch noch an den starken Eindruck, den die ersten Romane aus der Sowjetunion bei uns hinterließen, besonders Fadejews „Die Neunzehn" und Gladkows „Zement".

Wir waren sehr einfach eingerichtet, und doch waren wir glücklich in unserem Heim. Unsere Genossen und Freunde kamen sehr gern zu uns. Oft saßen zehn oder fünfzehn meist junge Leute in unserer Wohnküche. Es wurde heiß diskutiert und viel gelacht. Immer war Leben bei uns, es herrschte ein kämpferisch-fröhlicher Ton.

Cuddl ging jede Woche einmal zum Arbeitsamt „stempeln", erhielt aber keine Arbeitslosenunterstützung. Er besorgte die Hausarbeit, das Kochen, half seinem Vater im Garten. Ich machte mich jeden Morgen in aller Frühe auf den Weg zur Hochbahnstation Langenhorn-Nord, um zum Büro der HVZ in der Innenstadt zu fahren. Am Stephansplatz stieg ich aus und ging zum Valentinskamp, wo im Haus der KPD-Bezirksleitung auch die Räume der HVZ waren. Ich mußte um halb sieben Uhr im Büro sein, um über Telefon die neuesten Nachrichten aufzunehmen. In meiner Mittagspause, die von 13 bis 16 Uhr dauerte, fuhr ich nach Hause. Meine und Cuddls Freude, uns nach so „langer" Trennung wiederzusehen, war immer groß. Ich sehe noch, wie er mich in Empfang nahm und übermütig mit mir durch die Küche tanzte.

Den Faschisten den Weg versperren

Cuddl und mich verband eine große Liebe, die gleiche politische Einstellung verstärkte noch unsere Zusammengehörigkeit. Wir wußten, daß der Faschismus keine leere Drohung war; er stand nicht mehr „drüben am Horizont", wie wir in Weinerts Lied vom „Roten Wedding" sangen. Der deutsche Faschismus, der sich demagogisch den Namen „Nationalsozialismus" zugelegt hatte, stand schon mitten unter uns und wartete auf das Zeichen zum endgültigen Angriff auf die letzten Reste demokratischer Rechte und Freiheiten der Weimarer Republik. Cuddl und ich standen Schulter an Schulter mit Millionen Arbeitern, Angestellten, Intellektuellen und Bauern gegen die immer stärker werdende braune Flut.

Unsere Parteigruppe in Langenhorn – wir waren ungefähr siebzig Männer und Frauen – arbeitete sehr intensiv. Eine gute Kameradschaft verband viele von uns mit SPD-Genossen, und neue Freundschaften wurden geschlossen. Ich möchte sagen, daß in unserer Siedlung fast jeder jeden kannte, hatten doch die Alten gemeinsam ihre Gärten angelegt, die Jungen waren zusammen in die Siedlungsschule am Heerskamp gegangen. Wir fühlten uns wie in einer großen antifaschistischen Familie.

Bei dem einzigen vor 1933 durchgeführten Aufmarsch der SA durch unsere Siedlung – es waren SA-Männer, die aus anderen Hamburger Stadtteilen nach Langenhorn beordert worden waren – standen Genossen der KPD, der SPD und parteilose Antifaschisten zur Abwehr bereit. Sie machten, als die Hakenkreuzler durch unsere Straße Wattkorn zogen, kein Hehl aus ihrer Ablehnung. Als einige SA-Leute sich aus der Kolonne lösten und auf Cuddl und mich zugingen, hechtete Cuddl über die Gartenpforte, riß einen Knüppel aus dem Beet, und die in unserer Straße wohnenden Siedler rannten mit schnell ergriffenen Stöcken zu uns, um einen möglichen Angriff abzuwehren. Die ausgescherten SA-Männer wurden zurückgerufen. Noch lange standen wir vor unseren Gartenpforten und diskutierten erregt, wie wir gemeinsam zu erwartende Racheakte der Nazis verhindern könnten.

Diese Provokation der SA gegen unsere in der Hauptsache von Sozialdemokraten, Kommunisten und Parteilosen bewohnte Siedlung führte zu Überlegungen, wie man Leben und Gut der Langenhorner Siedler schützen könnte. Ernst Knust und Cuddl, die Politischer bzw. Technischer Leiter des RFB in Langenhorn waren, und Verantwortliche des sozialdemokratischen Schutzbundes Reichsbanner verständigten sich, wer welche Straßen unter seinen Schutz genommen hatte, um notfalls die Kameraden mittels Trillerpfeife zur Unterstützung herbeirufen zu können. Bei diesen Nachtwachen kamen sich die Genossen beider Schutzverbände näher. Es wurde diskutiert; es kam zu Erkenntnissen und Einsichten, die darin gipfelten, daß man nur gemeinsam die gefährliche braune Flut zurückdämmen könne. So wurde eine Demonstration gegen den Faschismus einen Sonntag vor der Reichstagswahl am 5. März 1933 vereinbart. Diese Aktivitäten blieben natürlich nicht unbeachtet; es ist wohl anzunehmen, daß Mitglieder des Reichsbanners selber in ihren Kreisen dafür geworben haben. Sie wurden aber von der Leitung des Reichsbanners zurückgepfiffen, und jeder wurde mit Ausschluß bedroht, der zusammen mit Kommunisten gegen den Faschismus eintrat. Unsere sozialdemokratischen Kameraden gaben nach, ihre Disziplin war stärker als die Einsicht in den notwendigen gemeinsamen Kampf.

Es gab in vielen Städten und Orten des Reichsgebietes Bestrebungen für gemeinsame antifaschistische Abwehraktionen. Die geeinte Arbeiterklasse, das wäre die Kraft gewesen, den Faschismus zurückzuschlagen und zu besiegen. Diese Kraft kam nicht zum Tragen. Die Unterstützung der faschistischen Bewegung durch die Großbourgeoisie, die Spaltung der Arbeiterbewegung, der sture Antikommunismus in dieser brisanten Zeit, die Stillhaltepolitik der SPD-Führung: „Hitler abwirtschaften lassen“, brachten das fertig.

Als Hindenburg auf Drängen deutscher Konzernherren Adolf Hitler am 30. Januar 1933 die Macht übertrug, glaubten wir zunächst nicht, daß sich die Regierung Hitler-Papen-Hugenberg lange würde halten können. Wir waren überzeugt, daß sich die demokratischen Kräfte trotz unterschiedlicher Meinung doch noch im Kampf gegen den Faschismus zusammenfinden würden. Unsere Ansicht wurde bestärkt durch den Ende Januar 1933 in Hamburg durchgeführten Streik der Hafenarbeiter und Seeleute.

Am Abend des 30. Januar 1933 rief die Kommunistische Partei zum Massenstreik gegen die faschistische Hitler-Papen-Diktatur auf. Wir verteilten in unserem Wohngebiet und an den Bahnhöfen Flugblätter.[3] Die ersten Genossen wurden verhaftet und kamen ins Lager Hamburg-Glasmoor. Dieses Lager konnte man noch nicht mit den späteren Konzentrationslagern vergleichen. Die Aufsicht führten in der Regel Beamte, die langjährige SPD-Mitglieder waren. Wir konnten damals noch ungehindert Besuche machen. Nach dem 30. Januar gab es in Hamburg noch einige legale und illegale Demonstrationen.

In Langenhorn hatte sich unsere Gruppe, wie die Kommunisten überall im Reich, nicht nur politisch, sondern auch organisatorisch auf eine mögliche Illegalität unserer Partei vorbereitet. Bereits in den letzten Monaten des Jahres 1932 hatten wir die Umstellung von Gesamtgruppenkassierung auf Fünfergruppenkassierung diskutiert und beschlossen, aus Sicherheitsgründen sofort die Verantwortlichen zu wählen. Eine der Fünfergruppen hatte ich zu betreuen.

Die Situation im Februar 1933 war für uns nicht einfach. Die Angehörigen der Kommunistischen Partei wurden besonders stark unter Druck gesetzt. Ein halblegaler Zustand bestand. Die „Hamburger Volkszeitung“ wurde mehrmals verboten und wieder erlaubt, um dann endgültig verboten zu werden. Kurz nach dem Reichstagsbrand erfolgte Anfang März das Verbot des „Hamburger Echo“, der sozialdemokratischen Zeitung, sowie der Rücktritt der SPD-Senatoren.

Die Reichstagswahlen am 5. März 1933 brachten der NSDAP trotz Terror nicht die absolute Mehrheit. Hitler ließ die 81 Mandate der KPD widerrechtlich annullieren, um sich im Reichstag die Zwei-Drittel-Mehrheit für sein Ermächtigungsgesetz zu sichern. Danach gab es so gut wie keine Basis mehr für eine öffentliche-politische Tätigkeit. Die Faschisten stürzten sich auf alles, was demokratisch dachte und noch mehr auf die, die auch als Demokraten handelten. Die KPD ging endgültig in die Illegalität. Der SPD war bis Juni 1933 noch eine kurze Gnadenfrist gegeben, die sie mit politischen Zugeständnissen teuer erkauft hatte.

---

3 siehe Abb. 18

Reichstagsbrand

Am 28. Februar 1933, als ich mich frühmorgens zur Arbeit begab, sagte mir der Schalterbeamte der HHA (Hamburger-Hochbahn-AG), den ich durch meine täglichen Fahrten kennengelernt hatte und mit dem ich öfter ein paar Worte wechselte:

„Frau Suhling, wissen Sie schon, daß der Reichstag brennt?"

„Wirklich?"

„Ich habe es eben, ehe ich zur Arbeit ging, im Radio gehört."

„Und ich kann Ihnen sagen, wer ihn angesteckt hat."

„Woher wollen Sie das wissen?"

„Wer kann es schon gewesen sein?! Die Kommunisten natürlich! Die haben das Messer quer im Mund, fressen Frauen und kleine Kinder, und solche stecken auch Reichstage in Brand!"

„Machen Sie keine Witze!" sagte der sozialdemokratische Beamte betroffen.

„Es ist mir todernst. Um die Kommunisten vor dem Volk zu diskriminieren und sich ein ‚Mandat' für die Verfolgung der konsequenten Antifaschisten zu verschaffen, starten die Nazis solche Provokationen. Glauben Sie nicht, daß Ihre Partei verschont bleiben wird. Sie kommt etwas später dran, aber sie kommt dran!"

Der alte Sozialdemokrat schüttelte den Kopf.

Und so war es auch. Die Flammen im Reichstag waren noch nicht gelöscht, da stürzten sich die Nazihorden auf Kommunisten und andere Demokraten. Sie schlugen vor der Familie den Vater, den Sohn, den Bruder tot. Es wurde geplündert, geraubt, gemordet. – Menschenrechte? Menschenwürde? Gab es die überhaupt? Zu Hunderten, zu Tausenden wanderten meine Genossen und Freunde in Gefängnisse und Konzentrationslager.

„Die Kommunisten haben den Reichstag angesteckt!" Riesenschlagzeilen in der Nazipresse, dem „Völkischen Beobachter", dem „Angriff", aber auch in den bürgerlichen Zeitungen, die überleben wollten oder auch schon vor 1933 lieber „zehnmal mit den Nazis als einmal mit den Kommunisten" gingen. Ihr Schicksal war sowieso besiegelt. Nach kurzer Zeit wurden sie gleichgeschaltet. Viele Zeitungen gingen bei aller Ergebenheit ihrer Besitzer ein oder wurden von der am Ort erscheinenden Nazi-Zeitung übernommen. In unserer Stadt dominierte das „Hamburger Tageblatt", die Zeitung der NSDAP-Gauleitung. Auch das bürgerliche Massenblatt „Hamburger Anzeiger" und das großbourgeoise „Hamburger Fremdenblatt" waren bald tiefbraun eingefärbt.

Ein Ereignis zu Beginn des „Tausendjährigen Reiches" hat mich besonders stark beeindruckt. Es war der Reichstagsbrand-Prozeß, der vom September bis zum Dezember 1933 vor dem Reichsgericht in Leipzig gegen die angeblichen Brandstifter stattfand, und zwar als „öffentliche" Gerichtsverhandlung. Wir krochen fast in unseren Radioapparat hinein, damit uns nur kein einziges Wort verlorenging. Die Nazis wollten der Welt beweisen, daß die von Kommunisten und anderen Demokraten, denen die Flucht ins Ausland gelungen war, bekanntgemachten Folterungen und Morde Lügengeschichten seien und daß sie, die Nazis, das Licht der Weltöffentlichkeit nicht zu scheuen brauchten.

Viele Reporter der größten Zeitungen der Welt waren zum Prozeß zugelassen. Eine ständige Radioübertragung wurde angekündigt. So konnten wir das kluge und mutige Auftreten des bulgarischen Genossen Georgi Dimitroff mehr oder weniger miterleben. Die Überlegenheit dieser kommunistischen Persönlichkeit wurde in verschiedenen Situationen vor dem Gericht so sichtbar, daß die NS-Prominenz es bald bitter bereute, einen öffentlichen Prozeß zugelassen zu haben. Das merkten wir auch daran, daß diese Sendungen sehr oft gestört und schließlich ganz eingestellt wurden. In der Verachtung den gekauften Zeugen und dem provokatorischen Auftreten Ministerpräsident Hermann Görings gegenüber, der mangels Beweisen hysterisch zu schreien anfing, wurde die Überlegenheit Dimitroffs besonders sichtbar. Noch als man ihn aus dem Gerichtssaal zerrte, rief er: „Sie haben wohl Angst vor meinen Fragen, Herr Ministerpräsident!?“ Sein kämpferisches Auftreten und seine Sicherheit ermutigten uns und machten uns bewußt, daß wir trotz alledem die Überlegenen waren. Es gab keine Begegnung mit Genossen und Freunden, in der nicht Dimitroff und sein Verhalten vor Gericht unser erregendes Gesprächsthema gewesen wäre.

Am Tage des Reichstagsbrandes war ich noch bei der „Hamburger Volkszeitung“ angestellt. Kurz vorher, Mitte Februar, hatte ich drei Tage Urlaub bekommen, und Cuddl und ich waren durch die winterliche Göhrde gewandert. Es waren drei herrliche Tage, obwohl überschattet von dem Gedanken an die kommende schwere Zeit.

Als ich aus dem Urlaub zurückkehrte, war die HVZ immer noch verboten. Ich arbeitete dann eine kurze Zeit im Zeitungsverlag Groß-Hamburg GmbH der Hamburger Volkszeitung und Norddeutschen Zeitung, der seinen Sitz in Altona-Elbe im Handelshof, Große Bergstraße 266 hatte. Vorsorglich erhielten meine Kollegen und ich ein vom 1. März 1933 datiertes Kündigungsschreiben[4], so daß wir uns später nach Besetzung der Verlagsräume und endgültigem Verbot ohne Schwierigkeiten beim Arbeitsamt anmelden konnten. Im Frühjahr 1933 wurde dann auch ich in das große Heer der Erwerbslosen eingereiht. Im Unterschied zu Cuddl erhielt ich Arbeitslosenunterstützung, womit wir uns eben über Wasser halten konnten.

---

4 siehe Abb. 19

Thälmann verhaftet

Ein nicht zu verschmerzender Verlust traf uns alle, als wir im März 1933 von der Verhaftung des Vorsitzenden der KPD, Ernst Thälmann[5], unseres Teddy, wie wir ihn nannten, hörten. Nie wieder bin ich einer solchen Persönlichkeit begegnet. Seine Menschlichkeit und sein großes Wissen hatte er sich durch seine Erfahrungen als Transportarbeiter, als Gewerkschafter, in den Schützengräben des Ersten Weltkrieges erworben und durch hartes Selbststudium. Thälmann hatte die Gabe, klar und anschaulich die Probleme der großen Politik mit konkreten Beispielen aus dem Alltag zu verbinden. Nie kam er z. B. zu uns ins Parteibüro, bevor er nicht mit Arbeitern im Hafen oder anderswo gesprochen hatte. Er war einer von ihnen, er sprach ihre Sprache, und in seiner Vaterstadt „snackte er platt". War er in Hamburg, sprach es sich unter den Arbeitern schnell herum: „Teddy ist da, er wartet auf uns in der oder der Kneipe."

Thälmann war es, der immer wieder einheitliche Aktionen mit den Sozialdemokraten forderte, oft gegen einige Stimmen im Zentralkomitee (ZK) der KPD, die die ewige Ablehnung unserer Vorschläge durch den SPD-Vorstand leid waren und es für politisch falsch hielten, immer und immer wieder ihre Hand zu bieten, und sie jedesmal zurückgewiesen zu sehen. In Hamburg war es nicht anders. Ich denke dabei an das Wort des SPD-Senators Jonny Ehrenteit: „Lieber zehnmal mit den Nazis als einmal mit den Kommunisten!" Wir waren alle empört und erbittert, als wir damals im Parteibüro davon erfuhren. Ich denke auch an das unverantwortliche Verhalten sozialdemokratischer Polizeiherren – wie Karl Zörgiebel in Berlin oder Adolf Schönfelder in Hamburg – gegenüber der revolutionären Arbeiterschaft, aber das wäre ein Kapitel für sich. Ich weiß heute, daß trotz der verhängnisvollen Politik der rechten SPD-Führung die ultralinke These vom „Sozialfaschismus der SPD" ein Fehler war, der aber 1935 vom VII. Weltkongreß der Kommunistischen Internationale endgültig korrigiert wurde. Thälmann hat in seinen Reden immer wieder, ohne die Unterschiede zu verwischen, das Einigende zwischen Kommunisten und Sozialdemokraten betont und den Gegensatz beider zum Faschismus hervorgehoben. Er hatte 1931 gesagt, daß im Lager der Arbeiterklasse die Sozialdemokratie das Haupthindernis für die proletarische Revolution ist, aber der Hauptfeind der Arbeiterklasse der Faschismus ist.

Aus der Sicht von heute wünschte man sich, daß das Programm der KPD zur nationalen und sozialen Befreiung des deutschen Volkes, das das Thälmannsche ZK 1930 vorlegte, einige Jahre eher erschienen wäre. Ich sehe noch die riesigen Pakete mit diesem Programm vor mir liegen, das schnell in die Haushaltungen gebracht wurde. Es erschien das Arbeitsbeschaffungsprogramm der KPD, das Bauernhilfsprogramm. Mit einer Aktivität ohnegleichen

---

5 siehe Abb. 8

wurden diese Programme in der Stadt und auf dem Lande verbreitet. Überall gab es Diskussionen und einen starken Widerhall. Es wurde eine große Arbeit geleistet, und ich konnte mich des Gefühls nicht erwehren, als ob ein Aufatmen durch unsere Reihen ging, daß wir nun mit einer so klaren Perspektive vor die Menschen treten konnten. Mit diesem Programm mußte die Einheit der Arbeiterklasse und die antifaschistische Volksfront geschaffen werden. Aber die Faschisten waren damals schneller als wir.

Ich könnte manches über Teddy schreiben, möchte es aber denen überlassen, die enger mit ihm zusammengearbeitet haben. Sagen möchte ich noch, daß auch der verhaftete Thälmann immer bei uns war, daß wir oft über ihn sprachen und daß die wenigen Informationen, die uns über die internationale Solidarität für ihn und alle eingekerkerten Antifaschisten erreichten, sofort von Genosse zu Genosse weitergegeben wurden.

Ein Treff in Ohlsdorf

Im Frühjahr 1933 wurde die illegale Bezirksleitung (BL) der KPD Wasserkante umgebildet; eine Reihe ihrer Mitglieder wie Etkar André, Fiete Schulze, Anton Saefkow und Erich Klann waren schon verhaftet, andere wie Hermann Schubert oder Franz Jacob wurden vom ZK aus Sicherheitsgründen in anderen Bezirken des Reiches eingesetzt (ebenso wie von dort leitende Genossen zu uns nach Hamburg kamen). Alle bekannten Funktionäre wurden steckbrieflich gesucht. Ich weiß, daß z. B. Hermann Schubert vom Genossen Emil Künder im Zug illegal nach Berlin geschleust wurde.

Nach Aufforderung durch einen Parteikurier traf ich mich auf dem Ohlsdorfer Friedhof mit Egon Nickel, der mich bat, in der Bezirksleitung mitzuarbeiten. Ich gab zu bedenken, daß ich ein Kind erwartete, war aber bereit, mich noch einmal mit ihm zu treffen. In der Zwischenzeit hatte er jemand anderen gefunden, und zwar Hertha Jens, die schon vor dem 30. Januar Schreibkraft im Hamburger Parteibüro gewesen, aber keine besonders einsatzbereite Kollegin war. Was die illegal arbeitenden Genossen nicht wissen konnten: die Jens hatte sich von der Stapo zum Spitzel dingen lassen. Dadurch, daß sie für mich „einsprang", blieb ich von der nun folgenden Verhaftungswelle im Sommer 1933 verschont.

Mit Hilfe der Jens hatte die Gestapo Egon Nickel und viele andere Hamburger Kommunisten festnehmen können, und es dauerte einige Wochen, bis dieser schwere Schlag gegen die illegale Parteiorganisation aufgefangen werden konnte. Wie ich von damals Mitverhafteten weiß, wurde ihnen die Jens dann auch bei den polizeilichen Verhören gegenübergestellt. Und diese Genossen setzten alles daran und schafften es auch, daß die Nachricht „Hertha Jens ist Stapo-Spitzel" aus dem KZ Fuhlsbüttel an die Parteileitung weitergegeben werden konnte. Ihre Laufbahn als Polizeispitzel war damit beendet, aber ihr Chef, Kriminalrat Kraus, der für die Ermittlungen gegen die illegale Hamburger KPD zuständig war, beschäftigte sie nun als Büroangestellte in seiner Abteilung. Die Jens wurde bei Vernehmungen von Genossen hinzugezogen; bei einem Verhör hat sie sogar eine Frau, ihre ehemalige Kollegin Rosl Weiß, geschlagen.

Fietes Büro

Eine schwere Entscheidung, die ich Ende Mai/Anfang Juni 1933 treffen mußte, und zwar ganz allein, belastet mich heute noch. Die beiden Menschen, mit denen ich mich hätte beraten können, waren für mich unerreichbar. Fiete Lux[6], Mitglied des ZK und der Bezirksleitung Wasserkante, wurde schon polizeilich gesucht und sein illegales Quartier kannte ich nicht. Maria Krollmann, Organisationsleiterin für Frauenarbeit im Bezirk, hielt sich damals noch zum Studium in der Sowjetunion auf.

Fiete Lux hatte schon vor 1933, angesichts der immer stärker werdenden Faschisierung der Weimarer Republik und der Durchsetzung ihrer Polizei mit Nazis, von der Partei einen wichtigen Auftrag erhalten. Er sollte außerhalb unserer Parteizentrale ein Büro einrichten, um die Personalunterlagen der Bezirksleitung vor dem Zugriff von SA und Polizei sicher unterzubringen. Bei einem parteilosen, uns treu ergebenen Ehepaar, das in der Nähe des Pferdemarktes wohnte, mietete Fiete zwei Zimmer. In diesem Büro wurden unsere Dokumente, Berichte über besondere Vorkommnisse aus verschiedenen Bereichen untergebracht, die Adressen der Bezirksleitungsmitglieder und der erweiterten BL, die auch von hier aus zu den Sitzungen eingeladen wurden. Ebenso lagerten dort die Namen von bekannten Prüglern bei der Polizei, von Provokateuren und besonders gefährlichen Nazis. Unsere Parteileitung hatte aus den zahlreichen polizeilichen Haussuchungen in der Zentrale und in den Wohnungen der Funktionäre gelernt. Die Genossen mußten geschützt werden, deshalb war dieser Sicherheitsriegel vorgeschoben worden.

Von diesem Büro wußten nur Fiete und Maria Krollmann. Als Marias Studium in Moskau akut wurde, bat Fiete mich, diese verantwortungsvolle Aufgabe zu übernehmen. Maria wies mich ein. Ehe wir das Büro am Pferdemarkt aufsuchten, was vom Valentinskamp aus nur zu Fuß geschah, besuchten wir irgendeine uns bekannte Familie, mal diese, mal jene, um eventuelle Beobachter abzuschütteln. Selbst meinem Mann habe ich damals von dieser Arbeit nichts erzählt. Bei den vielen Vernehmungen bei der Polizei und nach

6 siehe Abb. 8

1933 bei der Gestapo ist dieses Büro nicht ein einziges Mal erwähnt worden. Fiete Lux hatte vor dem 30. Januar auch in anderer Hinsicht Vorsorge für den Fall eines Verbotes der Partei getroffen und 1932 in Kopenhagen einen illegalen Stützpunkt eingerichtet.

Wenn ich an Fiete und an seinen qualvollen Tod denke, muß ich noch heute die Zähne zusammenbeißen. Er war ein treuer Sohn seiner Klasse, ein qualifizierter Arbeiterfunktionär und seinen Genossen – besonders uns jüngeren – ein verständnisvoller Freund. Als Hafenarbeiter, Gewerkschaftsfunktionär, als aktiver Teilnehmer an der Novemberrevolution und am Hamburger Aufstand, später als Bürgerschaftsabgeordneter, genoß er eine besondere Popularität in der Hamburger Arbeiterschaft. Im Juli 1933 wurde er festgenommen, nach Fuhlsbüttel eingeliefert und unvorstellbaren Folterungen unterworfen. Als er ihnen am 6. November 1933 erlag, hat er sein Wissen um die illegale Partei mit in den Tod genommen. Er hat auch meinen Namen nicht preisgegeben.

Die Eheleute, in deren Wohnung sich Fietes Büro befand, hatten keine Kenntnis von der Brisanz des dort eingelagerten Materials; daß sie sich aber ihren eigenen Vers gemacht haben, ist klar. Im Frühsommer 1933 kamen den beiden Bedenken, aber sie gingen nicht zur Polizei, sondern sprachen mit mir. Ich selber war nach dem 30. Januar nur noch einmal in diesem Büro gewesen, das einen separaten Eingang vom Hinterhof aus hatte. Den Kontakt zu dem Mann hielt ich über dessen Arbeitsstelle; er war Kellner in einem Lokal auf der Reeperbahn. Während ich mir dort etwas zu essen bestellte, konnten wir unauffällig ein paar Worte wechseln. Zum Schluß fragte er: „Hat es Ihnen geschmeckt?“ Anwortete ich: „Danke, gut!“, war alles in Ordnung. Hier in diesem Lokal bat er mich dann eines Tages, daß ich das Material abholen und an einem anderen Ort unterbringen möchte. Auf dem Heimweg nach Langenhorn jagten sich meine Gedanken. Was sollte ich tun? Wo war ein vor der Polizei sicherer Platz? Vernichten oder nicht vernichten? Vernichten – aber wie? Ich entschied mich dafür, Cuddl ins Vertrauen zu ziehen.

Zu Hause berieten wir lange, wie ich mich verhalten solle. Cuddl und ich beschlossen, daß wir die Dokumente erst einmal bei uns behalten wollten. Das Siedlungshaus hatte in einem Dachzimmer eine etwa ein Meter hohe Abseite, die mit einer Tür verschlossen war. Hier wollten wir das kostbare Material erst einmal verstecken. Ob wir eine bessere Unterbringungsmöglichkeit finden würden, war sehr fraglich. Durch das Bekanntwerden der Foltermethoden der Gestapo waren viele Freunde ängstlich geworden, und wir wollten das Material auch nicht in irgendwelche Hände geben. Es lag eine sehr große Gefahr darin, noch mehr Mitwisser zu haben.

Mit Fahrrädern – Cuddl hatte eines mit Anhänger – haben wir alle Unterlagen an vielen Abenden in der Dunkelheit nach Hause gebracht. Die Gefahr hochzugehen bestand jedes Mal. Wir waren froh, wenn wir, ohne aufgefallen zu sein, Langenhorn erreicht und zu Hause alles versteckt hatten und atmeten auf bis zum nächsten Transport. Als wir endlich fertig waren, schraubte Cuddl die Klinke von der niedrigen Tür ab. Er stellte eine Kommode vor die Abseite, in der Hoffnung, falls es zur Haussuchung kommen sollte, die Aufmerksamkeit der Polizei nicht gleich auf die kleine Tür zu lenken.

Illegaler Kurier

Bald nach Hitlers Machtantritt war Cuddl von der Partei als Kurier eingesetzt worden. Er traf sich mit Genossen der Bezirksleitung und war dann von einer Gruppe zur anderen unterwegs, hatte viele Treffs außerhalb unseres Wohngebiets. Ich habe Cuddl niemals nach seiner Arbeit gefragt. Für alle Genossen galt das Prinzip: Was man nicht weiß, kann man unter keiner Bedingung aussagen. In allen Parteieinheiten wurden seinerzeit die konspirativen Regeln der illegalen Arbeit durchgesprochen.

Das Wenige, was ich von Cuddls damaligen Aufträgen weiß, habe ich mir selbst zusammenreimen können, einiges hat er mir später auch erzählt. Ich erinnere mich an einen Tag, an dem Cuddl sich „fein" machen mußte. Er zog seinen einzigen guten Anzug an, seinen Marengomantel mit Samtkragen, der sonst im Schrank leise vor sich hinstaubte, setzte einen Hut auf und zog los. An diesem Morgen ging er zu Mutter Moll in der Müggenkampstraße, um einen Treff mit Adolf Deter, einem Bezirksfunktionär, festzulegen. Mutter und Vater Moll waren parteilose Antifaschisten, ihre Tochter Elfi und deren Verlobter Arthur Emmerlich waren Genossen.

Cuddl klingelte und Mutter Moll öffnete. „Was wünschen Sie bitte?" „Aber kennst du mich denn nicht mehr? Auch ‚in fein' bin ich immer noch derselbe Cuddl!" „Wie kann ich dich denn in einem solchen Aufzug erkennen!? Ich dachte, entweder ist das ein Polizist in Zivil oder einer von der Versicherung."

Das Haus Moll war für die Partei ein ziemlich sicherer Treffpunkt. Vater Moll hatte einen Altmetallhandel, und unter den Bergen von altem Eisen lagen wichtige Materialien der Bezirksleitung versteckt. Bei dem Betrieb fiel es nicht weiter auf, wenn einer der Unsrigen kam. Waren andere Kunden da, sagte Vater Moll: „Geh'n Sie man nach oben. Das Finanzielle macht meine Frau."

Bis zum Frühjahr 1933 arbeitete Cuddl mit Karl Lesch, einem Verbandsfunktionär der Hafenarbeiter, eng zusammen. Karl kam auch oft mit seiner Frau Guschi zu uns, offiziell „zu Besuch". Die beiden Männer machten dann stundenlange Spaziergänge, bei denen sie aktuelle Aufgaben und Pläne für die zukünftige Arbeit besprachen. Eines Tages kam Guschi erregt zu uns und erzählte, Karl sei verhaftet und ins KZ Fuhlsbüttel eingeliefert worden.

Monate später, ich glaube, es war um die Jahreswende 1933/34 kam Guschi noch einmal zu uns und berichtete weinend, daß Karl tot sei. Man hatte sie benachrichtigt, daß sie die Sachen ihres Mannes in Fuhlsbüttel abholen solle, weil er verstorben sei. Ein Beamter, der nicht zur Gestapo gehörte, habe ihr alles ausgehändigt, bis auf das Hemd, das könne er ihr nicht geben, es wäre zerrissen und so voller... – Ein Gestapobeamter kam hinzu. Sie mußte das Büro verlassen. Karl Lesch hatte, wie viele Kameraden vor und nach ihm, trotz entsetzlicher Mißhandlungen keinen Namen preisgegeben.

An einem Abend im Juni 1933 – es war sommerlich warm – standen wir, wie so oft, am Fenster unserer kleinen Wohnung und schauten in die Gärten, die voll leuchtender Farben waren. Die Gedanken waren bei unseren Freunden, die die Nazis ins Konzentrationslager gesperrt hatten. Wir standen lange so, standen da, als wollten wir aus der Schönheit der Natur Kraft schöpfen für das, was uns erwartete. Ich fragte: „Wie mag es unseren Freunden gehen?!" Cuddl schwieg und zog mich fester an sich.

„Aufmachen! Polizei!"

Aus tiefem Schlaf fuhren wir hoch: „Aufmachen! Polizei!" Obwohl wir darauf gefaßt waren, starrten wir uns an, Schreck in den Augen, Angst im Herzen. Was wird werden? Ist es der letzte Augenblick unseres gemeinsamen Lebens? „Tapfer sein!" sagte Cuddl und öffnete die Tür.

Vier Männer vom „Kommando zur besonderen Verwendung" (K.z.b.V.) stürzten in unsere Wohnung. Ohne Rücksicht darauf, daß ich schwanger war, stießen sie mich beiseite, rissen die Bilder von den Wänden, die Bücher aus den Regalen, beschlagnahmten die meisten, sogar die von Selma Lagerlöf. Ich fragte den neben mir stehenden SA-Mann: „Warum beschlagnahmen Sie die Lagerlöf?" „Das ist doch auch so eine Judensau!" „Selma Lagerlöf ist Nobelpreisträgerin für Literatur!" sagte ich empört. „Interessiert mich nicht. Selma ist ein jüdischer Name. Das Buch bleibt beschlagnahmt."

Inzwischen wühlten die anderen in Kleider- und Wäscheschrank, warfen Betten und Matratzen auf den Fußboden. Überall Suche nach Material, ohne etwas zu finden. Es war zu gut versteckt. Sie schrieen Cuddl an: „Los! Zieh dich an, Mensch, sonst nehmen wir dich im Schlafanzug mit!" Ich dachte, das Wort Mensch ist zu einem Schimpfwort geworden. Für sich selbst hatten sie recht, denn sie waren keine Menschen. Ohne Abschied nehmen zu dürfen, ging Cuddl von mir, ein Mensch, mein geliebter Mensch.

Auf der Straße zerrten ihn die SA-Leute ins Auto. Nie kann ich vergessen: Dort saß das Liebste, das ich hatte. Sein blasses, schmales Gesicht schien noch schmaler geworden zu sein. Seine Augen suchten mich. Ein angedeutetes Lächeln sollte mir Mut machen. Dann wandte er sich ab. Ich trat vom Fenster zurück, blind von Tränen.

Ich stand vor dem Durcheinander, das die K.z.b.V.-Männer bei uns hinterlassen hatten. Haß war in mir. Damals dachte ich: Hätte es bei jedem diesen Haß gegen alles gegeben, was Menschenrechte und Menschenwürde beleidigt, wären die Faschisten nicht an die Macht gekommen.

Ich war allein. Ich hatte nur das Bedürfnis, etwas in die Hand zu nehmen, was Cuddl noch kurz vorher berührt hatte. Wo mochte er jetzt sein? „Zum Stadthaus!" durchfuhr es mich. Ich kleidete mich an und machte mich auf den Weg.

Lange vor der Öffnungszeit stand ich vor der Tür des Stadthauses, dem Sitz der Staatspolizei Hamburgs. Viele Frauen waren da, die wie ich ihre Männer, Söhne oder Töchter suchten. Endlich konnte ich fragen: „Ist Carl Suhling hier eingeliefert worden?"

„Scheren Sie sich zum Teufel! Hier ist kein Carl Suhling."

„Er wurde heute morgen verhaftet."

„Ich habe Ihnen gesagt, Sie sollen weitergehen. Los! Los! Sonst mache ich Ihnen Beine!"

Ich hätte den SA-Mann ins Gesicht schlagen mögen. Wo mochte mein Mann sein? Lange schon wußten wir, mit welchen Mitteln die Gestapo versuchte, Geständnisse zu erpressen. Ich hätte schreien mögen, toben, mich wie ein Hund in eine Ecke verkriechen und in mich hineinheulen mögen. Ich tat nichts dergleichen. Ich ging weitersuchen, zwischen Hoffnung und Zweifel, Cuddl wiederzusehen.

Mein nächster Weg war zum UG (Untersuchungsgefängnis) am Holstenglacis, obwohl ich fast sicher war, daß Cuddl dort nicht sein konnte. Ich wollte aber hoffen, daß er Glück hatte. Warum sollte er kein Glück haben? Er war genau wie ich ein kleines Rädchen in unserer gemeinsamen Sache. Ich wußte aber, daß die Gestapo auch diese kleinen Rädchen ausschalten wollte, weil ohne sie der Widerstand im großen nicht möglich war. Mir waren diese Dinge bewußt, und ich kannte die Treue meines Mannes zu der Sache, der wir beide unser Leben verschrieben hatten, er und ich. Ich kannte meinen Mann, der nicht zu den Menschen gehörte, die versuchten, sich durch Zugeben kleiner Vorkommnisse Quälereien zu ersparen. Nie würde er diesen Bestien einen Kameraden ausliefern.

Endlich stand ich vor dem Tor des Untersuchungsgefängnisses. Ein Beamter fragte: „Nun, junge Frau, was haben Sie auf dem Herzen?"

„Ich suche meinen Mann. Ist er vielleicht hier eingeliefert?"

„Ja, aber erst müssen Sie mir doch sagen, wie Ihr Mann heißt!"

Ich nannte ihn, und der Beamte rief die Treppe hinunter: „Adje, sieh doch mal nach, ob wir einen Zugang Carl Suhling haben."

Ich stand da und zitterte vor Kälte, obwohl draußen ein warmer Sommertag war.

„Junge Frau, wann ist denn Ihr Mann verhaftet worden?"

„Heute morgen um fünf Uhr."

„Wer hat ihn verhaftet?"

„Er ist vom K. z. b. V. geholt worden."

Mitleidig sah mich der Beamte an, dann ging er zur Treppe und rief:

„Hast du ihn gefunden?"

„Nein, hier ist er nicht eingeliefert."

„Ja, junge Frau, da können wir nichts machen. Wer von denen verhaftet wurde, der wird nicht so schnell an uns weitergegeben."

„Bitte, gibt es nicht noch eine andere Möglichkeit, den Verbleib meines Mannes zu erfahren?" frage ich.

„Gehen Sie doch mal nach Fuhlsbüttel. Da ist ein Teil der Strafanstalt als Polizeigefängnis eingerichtet worden. Aber beeilen Sie sich, die machen um sechzehn Uhr Feierabend!"

Ich lief los. Weit ist der Weg von der Innenstadt zur Strafanstalt Fuhlsbüttel. Uns war längst bekannt, daß in diesem Konzentrationslager die politischen Gefangenen in der Gefängniskirche bei Orgelmusik derart gefoltert wurden, daß ihre Schreie durch die Musik zu hören waren. Dort sollte mein Mann sein? Kalte Schauer liefen mir den Rücken hinunter.

Zu spät! Es war etwas nach sechzehn Uhr. Auskunft wurde nicht mehr erteilt. Ich war am Ende meiner Kraft. Nicht nur die Sorge um Cuddl, nicht nur der heiße Tag, auch das Kind, das wir erwarteten, zehrte an meinen Kräften. Müde schleppte ich mich nach Hause. Leer war unsere Wohnung, das Durcheinander groß. Ich begann aufzuräumen, bleierne Schwere in den Gliedern. Ich versuchte zu schlafen. Gegen zwei Uhr morgens fiel ich endlich in einen kurzen, tiefen Schlaf, aus dem mich Schläge gegen die Wohnungstür aufschreckten. War ich jetzt an der Reihe? Ich öffnete die Tür, Dunkelheit schlug mir entgegen. Niemand war da. Ich hatte geträumt. Endlich konnte ich weinen. Ich weinte um Cuddl, um unsere Freunde und darüber, daß es uns nicht gelungen war, die Arbeiter und alle Demokraten zum gemeinsamen Kampf gegen den Faschismus zu einen.

Viele Tage forschte ich vergeblich nach meinem Mann. Endlich bekam ich in Fuhlsbüttel den Bescheid, daß Cuddl hier als Schutzhäftling eingeliefert worden war. –

Wochen vergingen. Anfang September stand Cuddl plötzlich wieder vor mir. Cuddl war mit den Worten entlassen worden, er solle sich vorsehen; bei einer zweiten Verhaftung würde das, was er bisher erlebt habe, nur ein Kinderspiel sein gegen das, was ihn dann erwarte.

Cuddl erzählte nicht viel. Ich fragte und fragte. Er sagte nur: „Mach' dich auf das Schlimmste gefaßt, wenn sie uns holen. Es sind Tiere und keine Menschen." Was Cuddl mir verschwieg, das sagten mir die Nächte, in denen er sich stöhnend und ächzend im Bett herumwarf. Faßte ich ihn an, um ihn von bösen Träumen zu befreien, schlug er um sich. Hatte ich ihn endlich wachgerüttelt, atmete er auf, wie nach einem schweren Alptraum. Er bat mich: „Bitte, faß' mich nicht an, wenn du mich weckst! Ich denke dann, daß sie wieder auf mich einschlagen. Rufe mich so lange, bis ich wach bin."

Nach Cuddls Entlassung hatten wir einige Hausdurchsuchungen, auch kam jetzt öfter der Wachtmeister vorbei und stellte anzügliche Fragen. Wir blieben ruhig. Als er jedoch einmal drohte, bei der nächsten Haussuchung die Fußbodenbretter herausreißen zu lassen und auch vor dem Schlafzimmer meiner Schwiegereltern nicht halt zu machen, beschlossen wir, die kostbaren Dokumente aus Fiete Lux' Büro zu vernichten. Wir haben an einem Tag alles Material in fünf Öfen verbrannt. Unsere Entscheidung war von dem Gedanken bestimmt, das Leben unserer Genossen und Informanten zu sichern. Als der Wachtmeister wieder einmal erschien, konnten wir ihm beruhigt alle Ecken unserer Wohnung zeigen. Manchmal denke ich heute: Vielleicht wäre das Material nicht gefunden worden; vielleicht hätten wir der Partei diese wichtigen Dokumente erhalten können? Wer kann das wissen?

Ursel ist da

Cuddl war immer noch erwerbslos. Nur ab und zu bekam er durch Freunde Arbeit, oder er machte Pflichtarbeit. „Haushaltungsvorstand" war ich, wie wir oft scherzhaft sagten, denn ich brachte die Erwerbslosenunterstützung nach Hause. Wir schlugen uns schlecht aber recht durch und versuchten unser kleines Glück festzuhalten. Nach wie vor nahmen wir an der illegalen Arbeit teil. Wenn Cuddl mich Hochschwangere täglich spazieren führte, verschwand er oft für kurze Zeit, um Zettel in der Nähe anzukleben; ich war sein Alibi.

Eigentlich hatte ich in dieser schweren Zeit kein Kind haben wollen, aber als es dann unterwegs war, freuten wir uns unendlich darauf. Nun war es soweit. Mitten in der Nacht brachte Cuddl mich zum Barmbeker Krankenhaus. Am 24. September 1933 kam unsere Ursel zur Welt.

Bis zur Besuchszeit am nächsten Tag lief Cuddl in der Stadt herum, voller Sorge um mich, voller Vorfreude auf sein Kind. Mit niemandem wollte er uns teilen. Erst wenn er uns gesehen hatte, wollte er den Weg „freigeben" für andere Besucher.

Es war eine unsagbar glückliche Zeit. Von unserem Kind[7] haben wir jede Phase seiner Entwicklung tief und bewußt erlebt. Wie oft hat der glückliche Vater sein Töchterchen gebadet und gewindelt, wie oft mir die Kinderwäsche abgenommen.

Neben vielem anderen steht mir noch deutlich folgendes Bild vor Augen: Wir

---

7 siehe Abb. 17

gehen zusammen spazieren. Unser Kind liegt zufrieden in seinem Wagen, das Verdeck ist wegen der Sonne hochgeklappt, es „erzählt" und spielt mit seinen Händen, die Schatten werfen. Das Kind sieht den Schatten, läßt die Hände sinken, nichts war mehr zu sehen. Erstaunen. Das Spiel beginnt wieder. Neues Staunen. So geht es dreimal, dann weiß es, daß es selbst Ursache dieses Schattenspiels ist, hebt die Hände, eine Hand, die andere Hand und beide Hände. Wie man sich über solche Kleinigkeiten freuen kann.

Es gab so viele Erlebnisse, die uns mit tiefer Freude an der körperlichen und geistigen Entwicklung unseres Kindes erfüllten. Wir empfanden die Freude um so stärker, weil hinter ihr die Sorge stand: Was wird aus ihm werden, wenn uns eines Tages die Gestapo holt? Denn aufgehört zu arbeiten haben wir auch dann nicht. Im Kinderwagen, später in der Karre, habe ich das illegale Material befördert, die Zeitungen, die Broschüren und die damals noch erscheinende theoretische Zeitschrift unserer Partei, die auf ganz dünnem Papier gedruckt war.

Zwei neue Genossen

Ich habe schon erwähnt, daß die Langenhorner Stadtteilgruppe der KPD 1933 etwa 70 Männer und Frauen zählte; besonders gut kann ich mich an die Brüder Knust, an Willi und Wilma Goes, Willi Stahl und an Peter Lass erinnern. Neben der Wohngebietsgruppe gab es noch die Betriebszelle unserer Partei in der Staatskrankenanstalt bei Ochsenzoll, die von dem Genossen Robert Peucker, Oberpfleger und Betriebsrat, geleitet wurde und mit der wir eng zusammenarbeiteten. Robert Peucker hatte durch seine klare politische Einstellung ein gutes Verhältnis zu seinen Arbeitskollegen, die ihn immer wieder in den Betriebsrat wählten und die er oft zu den Zusammenkünften der KPD-Betiebszelle eingeladen hatte. 1933 erhielten Robert, Bruno Storm, Rudolf Swolinski und andere Genossen Pfleger Berufsverbot und wurden aus dem Staatsdienst entlassen. Sie wurden danach Mitglieder in unserer illegalen Wohngebietsgruppe.

Ich kann mich nicht erinnern, daß nach dem Machtantritt der Nazis ein Genosse unserer Stadtteilgruppe aus der KPD ausgetreten wäre, wohl aber daran, daß wir zwei neue Mitglieder hinzugewonnen haben. Robert Peucker nahm seinen Arbeitskollegen Müller, dessen Vornamen ich leider vergessen habe, in die illegale Partei auf. Bruno Kollmann, ebenfalls Pfleger, wurde von Cuddl und mir aufgenommen; ich meine, es war im Herbst 1933, auf jeden Fall nach Cuddls Entlassung aus dem KoLaFu. Wir kannten Bruno durch unsere frühere Haus- und Hofpropaganda. Die von Robert Peucker begonnenen Gespräche wurden durch uns weitergeführt, und den letzten Anstoß zu Brunos

Entscheidung hatte wohl das Versagen der SPD-Führung gegeben. Eine Jahre währende Freundschaft verband uns mit Bruno und seiner Frau Lisbeth, die beide vorher der SPD angehört hatten.

Anfang 1934 war auch in Langenhorn schon eine Reihe Funktionäre verhaftet worden, und unsere Stadtteilleitung setzte sich danach aus den Genossen Ernst Knust, Karl Sengpiel, Peter Lass und Cuddl zusammen. Ich habe nachgerechnet, daß unsere Stadtteilorganisation damals noch aus mindestens sieben oder acht Untergruppen, den sogenannten „Fünfergruppen" bestand, die wir 1933 aus konspirativen Gründen gebildet hatten. Ich erinnere mich an die Fünfergruppen „Chaussee", die in der Erwerbslosensiedlung und in der Staatssiedlung. Ich war einer der Fünfergruppenkassierer. Ohne Ausnahme bezahlten alle Mitglieder ihren Parteibeitrag, von dem ein Teil auf illegalen Wegen an die Bezirksleitung abgeführt wurde. Wir hatten damals Marken, die nicht als Beitragsmarken der KPD erkennbar waren. Der Rote-Hilfe-Beitrag wurde ebenfalls regelmäßig kassiert; darüber hinaus sammelten wir Spenden bei allen Freunden, die zum Teil der SPD angehörten oder parteilos waren.

Die Zusammenkünfte unserer Fünfergruppe fanden im Keller des Siedlungshauses des Genossen Hermann Martens an der Tangstedter Landstraße/Ecke Wattkorn statt. Hier kamen auch die Mitglieder des illegalen RFB zusammen, die Bereitschaftsdienst hatten. Wir konnten sehr gut bei Hermann einkehren, weil er ein anerkannter Fischzüchter war, zu dem viele Menschen kamen, die sich seine großen Aquarien mit seltenen Fischen ansahen. Warum sollten nicht auch wir aus ähnlichem Interesse zu ihm gegangen sein?

Cuddl und fast alle Genossen spielten leidenschaftlich gern Schach. Mit anderen Freunden kamen sie wöchentlich bei Bruno Storm zum Schachturnier zusammen, das abends begann und nicht selten bis zum frühen Morgen dauerte. Wenn die einen ein Spiel früher beendet hatten, wurde gekiebitzt, oder man ging in den Flur oder, je nach Jahreszeit, auch nach draußen, und diskutierte.

Das „Braunbuch" und andere illegale Schriften

Unsere Parteigruppe erhielt ein Exemplar des im Ausland gedruckten „Braunbuches", in dem erstmals in großem Umfang über „Reichstagsbrand und Hitlerterror" berichtet wurde. In dieser Anklageschrift deutscher Antifaschisten war ungeheuer viel Beweismaterial gegen das Naziregime zusammengetragen worden. Das „Braunbuch" nannte die Namen der Ermordeten, zeigte aber auch mit Dokumenten und Fotos das wahre Gesicht derjenigen, die Deutschland in die Barbarei geführt hatten.

Jeder von uns hatte nur 12 Stunden Zeit, das Buch zu lesen, dann mußte es an den nächsten Genossen weitergegeben werden, um bald einer anderen Gruppe zur Verfügung zu stehen. Wir haben es in der vorgegebenen Zeit geschafft. Wir lasen immer. Die schwere Arbeit im Haushalt machte Cuddl, und ich las vor, die leichte Arbeit verrichtete ich, während Cuddl vorlas. Selbst beim Essen haben wir gelesen. Nach dem Studium des „Braunbuches" waren wir sehr niedergedrückt. Uns stand vor Augen, daß auch wir selbst eines Tages in diesen mörderischen Reißwolf geraten konnten. Gab uns das aber die Berechtigung, mit unserer Arbeit aufzuhören? Nein, das durften wir nicht. Aber das „Braunbuch" gab uns auch Kraft, zeigte es doch, allein schon durch die vielen einzelnen überall im Reich gesammelten und ins Ausland geschmuggelten Unterlagen, daß die Partei da war und weiterhin versuchte, unser Volk und die Weltöffentlichkeit aufzurütteln.

Die Genossen unserer Stadtteilleitung berieten über viele Möglichkeiten und Aktionen, den Faschismus zu entlarven, um den Verängstigten Mut zu machen und ihnen das Gefühl zu geben: „Es gibt Menschen, die kämpfen gegen das Unrecht, und ich will mich an diesem Unrecht auch nicht beteiligen."

Den größten Teil illegaler Aufklärungsschriften und Flugblätter erhielt unsere Gruppe durch Kuriere von der Bezirksleitung Hamburg, aber bei bestimmten Gelegenheiten stellten wir auch selbst antifaschistisches Material her. Auf einem Laubengrundstück hatten wir einen Abziehapparat versteckt, mit dem wir z. B. – wie vor 1933 – unsere Langenhorner Siedlerzeitung „Der rote Hacker" vervielfältigten.

Am 1. Mai 1934 hing ein großes, auf ein Brett aufgeklebtes Plakat über einer Starkstromleitung in Langenhorn. Weithin war zu lesen: „Nieder mit dem Faschismus! Es lebe der Sozialismus!" Erst am Mittag des 1. Mai hat die Feuerwehr das Plakat heruntergeholt. Außerdem hatten wir an Kordeln aufgezogene rote Fähnchen über Telefonleitungen geworfen. Nachts verteilten wir mit unseren Freunden Flugblätter. Jeder nahm sich einen Eingang vor, um vier Wohnungen mit Flugblättern zu belegen. Hunde schlugen an, doch ehe die Menschen hinaussehen konnten, waren wir verschwunden, um in einer anderen Straße weiter zu verteilen. Wir hatten vorher so geplant, daß die Gefahr nach unserem Ermessen auf ein Minimum reduziert war.

Wir verkauften die kleinformatige „Hamburger Volkszeitung" an Bekannte, an vertrauenswürdige Bürger unseres Stadtteils, von denen wir nach Gesprächen annehmen konnten, daß sie gegen den Faschismus eingestellt und an unseren Schriften interessiert waren und von ihnen keine Anzeige drohte. Wir vertrieben den in Hamburg hergestellten „Klassengewerkschaftler", für den ich, wie für die HVZ, 10 Pfennige einnahm. Mit allen Mitteln versuchten wir, das Goebbels'sche Informationsmonopol zu durchbrechen und Nachrichten und Kommentare über das, was in Deutschland und in der Welt wirklich geschah, in die Bevölkerung zu tragen.

Zum Antikriegstag am 1. August 1934 malten unsere Männer Losungen wie „Nie wieder Krieg!" auf Wände und Mauern. Als die Nazis nach dem Tode von Reichspräsident Hindenburg eine sogenannte „Volksabstimmung" für den 19. August 1934 ansetzten, bei der die Bevölkerung ihre Zustimmung geben sollte, daß Reichskanzler Hitler nun auch noch Staatsoberhaupt Deutschlands wurde, klebten wir an Laternenpfähle und Telegraphenmasten Flugzettel mit der Aufschrift: „Gegen den Faschismus – Stimmt mit NEIN!"

Nach solchen Aktionen hörten wir mit Genugtuung, wenn in Betrieben und im Hafen geflüstert wurde: „Die Kommunisten haben wieder Flugblätter verteilt, bei uns waren Zettel angeklebt..." Wir wußten, die Stimmung in den Betrieben, unter den Hafenarbeitern, war gegen die Nazis, aber die Gegnerschaft war meist nicht so stark, daß sie zur Tat wurde. Am 1. Mai, den die Nazis als Feiertag nicht abzuschaffen wagten und geschickterweise zum „Tag der nationalen Arbeit" erklärt hatten, sangen die Hafenarbeiter, die hinter der das Horst-Wessel-Lied grölenden SA marschierten: „von düssen Wessel hol' dat Mul..."

Zu jener Zeit gab es noch viele Hilfsbereitschaft, aber gleichzeitig auch große Angst. Angst vor den Folterungen, vor Entlassungen, Angst um die Familie. Manche Frauen hielten deshalb ihre Männer zurück. Andere Menschen ließen sich von der NS-Demagogie betören, von den großen Worten über Volksgemeinschaft, den Versprechungen auf Arbeit. Viele Männer bekamen Arbeit, wenn auch nur zum Bau der Reichsautobahn. Sie arbeiteten für eine Mark den Tag, wobei sie ihre eigene Schaufel mitbringen mußten. Die jahrelange Erwerbslosigkeit hatte die Menschen zermürbt. Hinzu kam noch, daß – wie überall, so auch bei den Arbeitsämtern – Spitzel der Gestapo saßen. Das brachte Unsicherheit und lähmte die Diskussion.

Solidarität

Nach der Machtübernahme Hitlers hatte sich auch in unserer Siedlung einiges geändert. Die NSDAP-Ortsgruppe Langenhorn begann auf die Siedlergemeinschaft Langenhorn e. V. sofort starken Druck auszuüben. Der Vorstand, er bestand überwiegend aus SPD-Genossen, trat im Juni 1933 zurück, und der von allen geachtete Vorsitzende, der Gewerbeschullehrer Otto Hett, erhielt Berufsverbot. Die Satzung des Vereins wurde abgeändert und an seiner Spitze ein strammer Pg. eingesetzt. Etwa 50 Siedlerfamilien erhielten ihre Kündigung; für die Vertriebenen zogen nun Nazis ein.

Von den Kommunisten wurde Fritz Voss gekündigt und Ernst Gafner, der als Klempner der Siedlergemeinschaft angehörte. Er wurde als Schweizer Staatsbürger nach seiner Strafverbüßung aus Deutschland ausgewiesen. Als sein Sohn bei der Hissung der Hakenkreuzfahne auf dem Schulhof den Arm zum

Hitlergruß erheben sollte, sagte er: „Dazu kann mich keiner zwingen! Ich bin ein freier Schweizer."

Die Siedlerkündigungsaktion führte zu vielen Gesprächen zwischen Kommunisten, Sozialdemokraten und Parteilosen. Unsere Verbindungen zu einigen Genossen der SPD waren kameradschaftlicher Art, wobei natürlich von unterschiedlichen Gesichtspunkten aus diskutiert wurde, manchmal sehr hart. Solche Aussprachen gab es mit Bruno Lauenroth, Louis Wiele und anderen SPD-Genossen, auch mit Angehörigen der SAJ-Gruppe, von denen einige in Opposition zur sozialdemokratischen Führung standen. Warnungen vor besonders gefährlichen Nazis und vor Denunzianten gingen von uns zu den SPD-Genossen, wie umgekehrt von ihnen zu uns. Sammelaktionen für die politischen Gefangenen und deren Familien wurden sowohl unter uns als auch bei Sozialdemokraten und Parteilosen durchgeführt. Nicht unerwähnt bleiben soll die Hilfsbereitschaft unseres Lebensmittelhändlers Richard Pape, der mich nie ohne eine großzügige Spende weggehen ließ.

Unsere Langenhorner Parteigruppe beteiligte sich auch an Solidaritätsaktionen für Ernst Thälmann und andere verhaftete Antifaschisten. Im Sommer 1934 verbreiteten wir einen zentralen „Aufruf zur Befreiung Ernst Thälmanns", und unser Genosse Karl Sengpiel malte auf die Rampe des Güterbahnhofs Langenhorn-Mitte die Losung: „Rettet Thälmann und Genossen!"

Sehr deutlich ist mir eine weitere Begebenheit in Erinnerung geblieben: Wir hatten einen Jugendgenossen, der von der Gestapo gesucht wurde und vorübergehend bei Freunden untergebracht war, weiterzuleiten. Eine Besprechung wurde notwendig. Treffpunkt: Ein Waldstück in Langenhorn, – heute nicht mehr vorhanden. Aus verschiedenen Richtungen kommend, trafen wir uns am hellichten Tag in dem Glauben, so am wenigsten aufzufallen. Der junge Mann war bei uns, Kamerad Ernst Knust brachte ihn in ein neues illegales Quartier, von dort aus sollte er in die Emigration gehen. Noch immer sehe ich sein frisches Gesicht, seinen roten Wuschelkopf, höre seine zuversichtlichen Worte. Alles Notwendige war besprochen, der junge Mann unterwegs. Cuddl und ich machten uns auf den Heimweg und sprachen gerade über Schwierigkeiten beim illegalen Grenzübertritt, als mein Mann mich abrupt an sich zog und küßte. Den Rücken drehte er dem Weg zu, während er zum Waldrand sah. Ich hörte ein Auto langsam hinter uns vorbeifahren. Gelächter wegen unserer verliebten Versunkenheit. Wir gingen weiter. Ich sah dem Polizeiwagen nach. Ein Schaudern durchfuhr mich. Ich schüttelte es ab. Unser Freund war in Sicherheit.

Verhaftung

Ein Jahr war Cuddl wieder zu Hause. Das Damoklesschwert neuer Verhaftung hing Stunde für Stunde über uns. Wir lebten miteinander, als wenn jeder Tag unser letzter gemeinsamer Tag sein könnte.

Am 1. Oktober 1934 geschah, womit wir immer rechnen mußten: Abermals wurde gegen unsere Tür geschlagen und geschrieen: „Aufmachen! Polizei!" Und wieder erstarrten wir vor Schreck, Sorge und innerer Not. Dieses Mal war es nicht Cuddl, dieses Mal holten sie mich.

Wieder Haussuchung und Durcheinander. Ich stand wie gelähmt: Dort lag unser Kind, das vor wenigen Tagen ein Jahr alt geworden war. Mein Mann starrte mich an, ohne zu lächeln. Ich sah, wie er schluckte. Auch ich ging, ohne Abschied nehmen zu dürfen. Wer behauptet, in einer solchen Situation keine Angst gehabt zu haben, dem sage ich, daß er nicht ehrlich ist. Es war die kreatürliche Angst vor der Pein, dem Schmerz, der jeden von uns erwartete, der diesen Schindern in die Hände fiel. Die Angst war da, und doch waren wir stark. Wir wußten: Alle Fußtritte, alle Schläge, die widerlichen Beschimpfungen werden uns nicht von unserem Weg abbringen.

Sie stießen mich ins Auto. Ich war allein in der Dunkelheit. Lange fuhr der Wagen. Ich wurde auf einer Polizeiwache in dem Hamburger Stadtteil Hamm abgeliefert. Eine Holzpritsche ohne Matratze und Decke stand in dem Raum, der sein Licht durch ein Drahtgeflecht vom Flur her bekam. Die Gestapobeamten waren weitergezogen, um neue Verhaftungen vorzunehmen.

Nach Stunden wurde die Zellentür aufgerissen. „Raustreten!" Mit dem Gesicht zur Wand gekehrt, wartete ich voller Unruhe der Dinge, die nun kommen mußten. Lachend erzählten sich die angetrunkenen Gestapoleute, daß eine „Olle" hysterisch geworden wäre, weil sie ihren Mann das dritte Mal festnehmen wollten, obwohl dieser schon seit Wochen im KZ saß. Wenn sie noch einmal kämen, wolle sie sich aufhängen. Grölend meinte der eine: „Das wäre vielleicht eine Gaudi, wenn die Olle da baumelte!"

Ich wurde wieder in den Wagen gestoßen und zum Gestapohauptquartier ins Stadthaus gebracht. Dunkel war der Keller, in den ich mit anderen Verhafteten getrieben wurde, unbeleuchtet die Zelle, die nach Schweiß, Urin und anderen Ausdünstungen roch. Keiner der Verhafteten sprach ein Wort. Wir waren wie erstarrt. Endlich wurde ich aufgerufen, meine Personalien aufgenommen, Fingerabdrücke und polizeiliche Aufnahmen gemacht. Wir sahen furchtbar aus, ungewaschen, ungekämmt, die Männer mit Stoppelbärten, Gesichter wie Verbrecher. Und so sollten die Menschen uns auch sehen.

Schutzhaft im KoLaFu

Im Morgengrauen wurden wir vom Stadthaus zum Konzentrationslager Fuhlsbüttel hinausgefahren, streng bewacht von SS-Leuten. Wieder mit dem Gesicht zur Wand stehen, Zehen fest an die Fußleiste, die Nase fast an der Wand, Hände an der „Hosennaht". Obwohl wir mit außerordentlicher Genauigkeit diese Vorschriften befolgten, gab es harte Ohrfeigen, so daß der Kopf gegen die Wand flog. Die Nase blutete. Die Hand durfte nicht gehoben werden. Das Blut tropfte auf Kleidung und Fußboden. Hilflos standen wir da.

Ein SS-Mann tückisch: „Du dreckige Sau, wie siehst du aus?! Sieh mal an, das Aas hat doch tatsächlich den Fußboden beschmutzt! Nimm dein Taschentuch und wisch das auf! Gnade dir Gott, wenn auch nur eine Spur zu sehen ist!" Oder bei den Männern: „Du alter Sack, wir werden dir helfen, unseren Fußboden einzusauen!"

Es hagelte Schläge, Fußtritte und weitere Beschimpfungen. Und trotzdem war es noch ein „sanfter" Empfang, gemessen an dem, was uns bei den Vernehmungen erwartete. Von einer SS-Eskorte begleitet, wurden wir in den B-Flügel gebracht, in dem die obere Etage mit Frauen belegt war. Die Zelle war kahl: Eisenbett mit Strohsack und Decke, Hängeschrank mit Blechschüssel und angerostetem Löffel, Eimer, Plumpsklo. Es war trostlos. In einer Zelle weinte laut eine Frau; sonst war unheimliche Stille, zeitweise vom Brüllen der SS-Leute unterbrochen.

Ich war schon zehn Tage im Konzentrationslager eingesperrt, als ich meinen „Schutzhaftbefehl" bekam, ausgestellt von der Polizeibehörde Hamburg, – wenn ich nicht irre, von Bruno Streckenbach unterzeichnet, dem Chef der Hamburger Gestapo. Begründung: Vorbereitung zum Hochverrat. Damit war der neuen „Rechtsordnung" genüge getan.

Nach vier Wochen kam ich das erste Mal zur Vorführung. Auf dem Hof des A-Flügels wurden wir zusammengetrieben. Als ich mich rennend an der Zuchthausmauer, mit dem Gesicht zur Wand, anschloß, glaubte ich einen Augenblick an Halluzinationen, denn ich sah Cuddl dort stehen. Aber er war es wirklich. Er schien um Jahre gealtert, tagelang nicht rasiert, war sein Gesicht mit grau-schwarzen Stoppeln bedeckt. Seine Augen blickten trübe und waren leicht gerötet. Auch er hatte mich entdeckt. Aus den Augenwinkeln sah er mich an, hob seine Oberlippe, um ein Lächeln anzudeuten. Er wollte mir Mut machen. Sein Gesicht drückte eine solche Qual aus, daß ich meine Tränen nicht zurückhalten konnte. Ein Gestapobeamter fragte mich: „Was gibt es hier zu weinen?"

„Ich weine nicht, und wenn ich weine, dann geht Sie das nichts an!"

Hart faßte er mich am Arm, schüttelte mich und schrie:

„Nun aber Schluß! Was denkst du dir eigentlich?! Dir werden wir deine Frechheiten schon austreiben! Darauf kannst du dich verlassen."

Ich sah mich vorsichtig um und stellte fest, daß nicht nur Cuddl und ich, sondern fast alle Genossen unserer Gruppe verhaftet worden waren. Es war unfaßbar! Wie konnte das geschehen? War es ein böser Zufall? Waren wir denunziert oder beobachtet worden? Gab es einen Verräter? Wenn ja, wer mochte es sein? Später erfuhren wir, daß einer unserer bisherigen Freunde, ein junges Mitglied, das erst Ende 1932 von der SPD zu uns übergetreten war, in der Haft nicht durchgehalten hatte. Die Gestapo hatte seine Frau – eine Unpolitische vom Lande – „bearbeitet" und ihr alles Mögliche, vor allem Freiheit und Arbeit für ihren Mann, versprochen. Man gab ihr einen, zwei und noch mehrere Besuchsscheine für ihren Mann, und so hatte die Gestapo den Verhafteten über seine Frau weichgemacht. Die „polizeilichen Ermittlungen" hatten das „Beweismaterial" für die Nazijustiz zu erbringen. Durch die belastenden Aussagen des ehemaligen Freundes Otto S. gegen seine Kumpel, die ihm immer treue Kameraden gewesen waren, konnten die Nazirichter später fast einhundert Jahre Zuchthaus- bzw. Gefängnisstrafe verhängen.

Verhör im Stadthaus

Jeden Tag mußten wir mit einer Fahrt zur Vernehmung im Stadthaus rechnen. Und wenn dann die Tür aufgerissen wurde und es hieß: „Suhling, fertigmachen zur Vorführung!" dann ging mir, wie sicher allen, eine Kette von Fragen durch den Kopf: Ist etwas aufgeflogen von dem, was wir bisher verheimlichen konnten? Hat sich die Gestapo etwas Neues ausgedacht? Was war beim letzten Verhör gefragt worden? Hatte ein Kamerad unter körperlicher und psychischer Folter mehr gesagt, als er wollte? Was mochte diesmal los sein? Unruhe kroch in mir hoch. Die Fahrt mit der „Grünen Minna" zum Stadthaus erschien mir immer viel zu kurz.

Bei den Vernehmungen versuchten einzelne Gestapobeamte durch Knüffe und Schläge zu Ergebnissen zu kommen. Immer wieder wurde ich zu bestimmten Fragen verhört: Wo die Bezirksleitung Material versteckt habe, welcher Genosse für die und die Arbeit verantwortlich gewesen wäre, ob ich illegale Quartiere der Funktionäre kenne. Und natürlich Langenhorn. Und wenn sie nichts herausholen konnten, wurde ich nach Ohrfeigen vor ein Plakat gesetzt, auf dem die Hinrichtung eines Genossen öffentlich bekanntgemacht worden war; ich meine, es war das Hinrichtungsplakat des Jungkommunisten Rudi Lindau. Der Gestapomann, der mich vernahm, stieß mich an und bemerkte kühl: „So wird es auch dir ergehen, wenn du nicht endlich deinen Mund aufmachst."

Wie froh war ich, wenn es dann endlich hieß: „Fertigmachen, der letzte Transport geht ab nach Fuhlsbüttel!" Der Gedanke daran, die Nacht über in einer Kellerzelle des Stadthauses verbringen zu müssen, war furchterregend, weil die Gestapoleute ihre gute oder schlechte Laune ungehindert an einem einzelnen abreagieren konnten. Nach solchen Verhören schien selbst die Zelle im KoLaFu ein wenig Sicherheit zu geben.

Die meisten Kameraden schwiegen. Einige waren den Torturen und dem psychischen Druck der Verhöre nicht gewachsen. Sie gaben ein klein wenig zu, ohne zu bedenken, daß die Gestapo nun erst recht prügeln und immer wieder fragen würde, so lange, bis sie auch das Letzte aus ihnen herausgeholt hatte.

Wenn ich dann abends in meine Zelle zurückgebracht wurde und auf eine einigermaßen ruhige Nacht hoffte, hatte ich wieder einen Tag hinter mir, hatte ich Kameraden gesehen, ihnen zunicken können oder mit Schrecken festgestellt, daß weitere Hamburger Genossen verhaftet und auch sie in das Räderwerk der Barbarei geraten waren. Manchmal konnten wir uns auch eine Information zuflüstern, oder es gab eine Nachricht von draußen, daß der antifaschistische Kampf weiterging, daß es einem von der Gestapo gesuchten Freund gelungen war, ins Ausland zu entkommen. Ich legte mich auf die Pritsche, aber der Schlaf wollte nicht kommen. Dann dauerte es oft wieder Tage, bis wir zur Vernehmung geholt wurden.

Weihnachten 1934

Die Gestapo hatte für mich wie für viele andere „Einzelhaft" angeordnet. Wir waren allein und doch nicht allein. Solidarität ging spürbar von Zelle zu Zelle. Sie machte uns stark und half, daß wir über unsere Peiniger hinauswuchsen, die klein und häßlich unter uns standen. Wie hätten wir ohne diese Kameradschaft durchhalten können?

In den Kerkern der Gestapo waren wir Kameraden, ganz gleich, ob wir politisch, rassisch oder religiös Verfolgte waren. Das zeigte sich in manchen spontanen Handlungen. Ich erinnere mich an einen Morgen – die schrille Trillerpfeife des Wachhabenden hatte uns noch nicht aus dem Schlaf gerissen, da jagten SS-Leute mit Geschrei und rohen Schlägen einen Kameraden auf den Hof: „Wirst du wohl laufen! Du sollst rennen, alter Bock, oder du kriegst eine Kugel in den Bauch! Los! Los!" Wie auf Kommando sausten mit lautem Getöse alle Fenster der Frauenstation herunter. Wir schauten auf den Hof. Die SS-Männer wütend: „Fenster schließen! Vom Fenster weg, ihr verdammten Weiber oder wir schießen!" Wir hatten jedoch erreicht, daß der Kamerad in die Zelle zurückgebracht wurde.

Weihnachten rückte näher. Mein Vater hatte mir das Neue Testament nach Fuhlsbüttel geschickt. Vater und Mutter in Bochum werden am Heiligen Abend, wie jedes Jahr, in die Kirche gehen, die Weihnachtsgeschichte hören und dabei auch an mich denken. Die Eltern denken in Liebe an mich und werden besonders innig für mich beten, für meine Freilassung, aber auch dafür, daß Jesus Christus mich von meinem Irrglauben erlösen und auf den rechten Weg zurückführen möge.

Der Weihnachtsabend war angebrochen. Wir saßen in unseren Zellen, die nur schwach angewärmt waren. Einige ältere Aufseherinnen flanierten mit jungen SS-Bewachern. Wir konnten ihr Gekreische bis oben hören. Sie waren unten, und die Luft war rein.

Ich schob den Hocker vor das Fenster, um einen Blick nach außen werfen zu können. Immer noch hingen welke Blätter an den Bäumen. In den gegenüberliegenden Häusern rüstete man für das Fest der ,,Liebe und Versöhnung". Aber diese stille Nacht war keine heilige Nacht. Dafür hatten die Kirchen zu viel Schuld auf sich geladen. Sie waren den Mördern nicht in den Arm gefallen. Weder die evangelische noch die katholische Kirche war der braunen Menschenverachtung und Menschenvernichtung offen entgegengetreten. Nur wenige Pfarrer hatten den Mut, ,,wider den Stachel zu löcken" und mußten mit Verfolgung oder mit dem Leben bezahlen, weil sie das Evangelium ernst genommen und wie Menschen gehandelt hatten.

Während draußen hier und dort die ersten Kerzen angezündet wurden, überlegte ich: Sind diese Menschen wirklich frei? Waren sie die beneidenswerten? Nein, wir waren trotz aller Qual und Pein, trotz Schmerz und Eingekerkertsein tausendmal freier. Wir waren frei, weil wir das Rechte gewollt und getan hatten, weil wir die Angst vor der Gewalt zu überwinden versuchten. Wir konnten jedem anständigen Menschen in die Augen sehen. Wir fühlten das Recht zu haben, jeden Mitbürger zu fragen: Wo bist du Mensch in dieser schweren Zeit, wo man gemessen wird an seiner Einsicht und Hilfsbereitschaft, an seinem Mut zum Protest, an seinem Eintreten für die Wiederherstellung von Menschenwürde und Menschenrecht. Wenn doch alle nach dem biblischen Spruch handelten: ,,Friede auf Erden und den Menschen ein Wohlgefallen". Und ich dachte an unser Lied ,,Die Internationale", das mit der Aufforderung schließt: ,,Erkämpft das Menschenrecht!"

Kalt war es in der Zelle und dunkel. Ich holte meinen Kanten trockenen Brotes aus dem Schrank und meine Schüssel, um den Tee in Empfang zu nehmen. Ich hoffte, er möge heiß sein, denn ich war völlig durchgefroren. Endlich setzten die Kalfaktoren die Bitons (Essenkübel) auf dem Flur ab. Die ersten Zellen wurden aufgeschlossen und das immer mit einer Lautstärke, die unsere ohnehin strapazierten Nerven schmerzhaft berührte. Auch meine Zellentür wurde aufgerissen. Die Aufseherin schrie: ,,Suhling, Post für Sie!" Es war ein Brief meiner Schwägerin Maria aus Bochum, die in den Tagen unserer Verhaftung gerade in Hamburg zu Besuch gewesen war. Endlich hörte ich von unserer Tochter, die von ihr und meinem Bruder Hermann aufgenommen worden war. Aus dem Brief fiel mir ein Foto unseres Kindes entgegen. Tränen schossen mir in die Augen. Ich fand eine Stecknadel und befestigte das Bild an der Spindtür. Das Foto mit dem kleinen Einstich besitze ich heute noch.

In den Zellen neben mir lagen junge Mädchen, die Tag und Nacht gefesselt waren. Tags mit den Händen auf dem Rücken, nachts an der eisernen Bettstelle, so daß ich jede Bewegung hören konnte, wenn Eisen auf Eisen ratschte. Ich wußte, daß auch mein Mann in Fesseln lag.

II. Mein Weg in den Widerstand (1905–1932)

Einzelhaft

Wochenlang hatten ich und andere Kameraden in Einzelhaft niemand anderen als uns selbst zur Gesellschaft. Wir hatten nichts, was uns das Gefängnisleben auch nur etwas hätte erleichtern können. Wir durften weder lesen noch schreiben oder gar arbeiten. Das bedeutete 14 Stunden am Tag Nichtstun. Mein Blick fiel auf die kleingeschnittene Zeitung, die uns als Toilettenpapier diente. Ich versuchte, die Zeitungsteile zusammenzulegen. Vielleicht konnte ich daraus erfahren, was draußen vor sich ging? Bei diesem Spiel hatte ich überhört, daß sich die Aufseherin an die Zellentür heranschlich und durch den „Spion" sah. Wütend schloß sie die Tür auf und riß mir mein Zusammensetzspiel weg. Von nun an erhielt ich hartes, braunes Packpapier.

Ich ging in meiner Zelle auf und ab, mit allen Sinnen bei unserem Kind, bei Cuddl, bei den Genossen drinnen und draußen. Wie meine mitgefangenen Freunde grübelte ich: Wann hat dieses Warten ein Ende? Komme ich heute zur Vernehmung? Bleiben wir im KZ oder werden wir der Justiz überstellt? Ob ich heute Post bekomme?

Sieben Schritte vor, sieben Schritte zurück, die Wanderung in der Zelle ging weiter. Ich dachte an die glücklichen Tage gemeinsamen Erlebens, wenn wir bei Jugendtreffen oder den Mai-Demonstrationen zu Hunderttausenden und mehr aufmarschiert waren, an Wanderungen und Geselligkeiten, an Gespräche mit meinem Mann, mit unseren Freunden. Ich hatte keinen Zweifel, daß der bisher zurückgelegte Lebensweg richtig gewesen sei, und ich war mir bewußt, daß meine und meiner Freunde Entscheidung, gegen den Hitler-Faschismus anzutreten, nicht erst am 30. Januar 1933, sondern schon lange vorher gefallen war. Meine Gedanken gingen zurück in die Vergangenheit; ich durchlebte noch einmal frohe und enttäuschende Momente, Höhen und Tiefen meines bisherigen Lebens. Das war mehr als ein Zeitvertreib, das gab mir Kraft und Zuversicht.

Mir fielen unsere Diskussionen ein, in denen wir versuchten, unsere marxistischen Kenntnisse zu vertiefen, neue zu gewinnen. Ich dachte an die 1930 vom Jugendverband in Geesthacht organisierte Schule, an der ich und viele meiner Hamburger Freunde teilnehmen durften. Der jüngste von uns war Alfons Hartmann, dann Ulrich Brurein, Bruno Dubber, Walter und Käthe Hochmuth, Franz Jacob, Robert Abshagen – wo mochten sie jetzt alle sein?

Wir waren sehr lernbegierig, aber auch fröhlich und ausgelassen. In den

Pausen des Lehrgangs[1] wurden Gesellschaftsspiele gemacht, unsere Lieder gesungen, und Scherz und Lachen nahm kein Ende. Wir waren alles andere als Duckmäuser. Nach dem Abendessen in der Jugendherberge gab es neuen Wirbel, Streiche wurden ausgeheckt, die überall, wo junge Menschen zusammen sind, das Leben und Lernen leichter machen. Meistens sind wir erst spät abends ins Bett gekommen. Diese Erinnerungen konnten sie uns auch in der Zelle nicht nehmen. Ich dachte an den fröhlichen Bruno Dubber, an den ernsten, sensiblen Franz Jacob, an Robert Abshagen, der die herrlichsten Streiche ausknobelte. Von Grete Schulz wußte ich, daß sie nach Dänemark entkommen konnte.

Und dann der von uns allen verehrte Lehrer, der nach Geesthacht gekommen war, der ewig junge Genosse Dr. Hermann Duncker, Mitbegründer der KPD und jetzt unser Dozent für Politische Ökonomie, Komplex Kapitalismus-Imperialismus. Welch ein Pädagoge! Wir waren glücklich, die angelesenen, oft nicht verstandenen Theorien des Marxismus-Leninismus gründlicher in uns aufzunehmen und zu begreifen, daß gesellschaftliche Verhältnisse verändert, Kriege vermieden werden können. Erst später lernte ich verstehen, daß der Faschismus eine Herrschaftsform des Kapitalismus ist, eine Antwort der Imperialisten auf die sozialistische Oktoberrevolution.

Durch die Ausführungen Hermann Dunckers und unsere Diskussionen wurde mir noch bewußter, daß wir mit aller Kraft versuchen mußten, den Ausbruch eines neuen imperialistischen Krieges zu verhindern. Wir mußten den Menschen erklären, daß es bei den blutigen Schlachten des Ersten Weltkrieges nicht darum gegangen war, die „Freiheit“ oder das Vaterland zu verteidigen, sondern um nackte Profitinteressen der Konzernherren Europas und Nordamerikas. Ihre Kriegsziele waren, neue Absatzmärkte und Rohstoffquellen zu erobern und nicht nur das eigene, sondern auch fremde Völker auszubeuten. Dafür hatten Väter, Söhne, Brüder in den Krieg ziehen, ihr Leben lassen oder als Krüppel in die Heimat zurückkehren müssen, wo nichts als ein unverbindlicher „Dank des Vaterlandes“ sie erwartete. Ich hatte es als Kind selbst erlebt, welch ein kümmerliches Dasein Kriegsinvaliden, Witwen und Waisen fristen mußten.

Ja, meine Kinderjahre in Bochum. – Die Gedanken gingen zurück zum Elternhaus, zu Vater und Mutter, zu den Geschwistern. Ich überlegte, wie war ich als Angehörige einer bigott-religiösen Familie zur Kommunistischen Partei gekommen? Dafür gab es nicht nur einen Anstoß, sondern viele Erlebnisse und Erfahrungen, die zu neuen Erkenntnissen und schließlich zum entscheidenden Schritt meines Lebens führten. Meine Entwicklung zur Antifaschistin und Sozialistin konnte gar nicht kurz und gerade sein, dafür waren der Einfluß von Elternhaus, Schule und Kirche viel zu stark.

---

1 siehe Abb. 9

Elternhaus in Bochum

Meine Mutter, Emma Holzgräwe, geboren 1870, war die Tochter eines Bergarbeiters. Mein Großvater hatte noch in einem kleinen, patriarchalisch geführten Zechenbetrieb in Bochum-Stiepel gearbeitet und sehr wenig verdient. Er hatte es schwer, seine große Familie zu ernähren. So mußte meine Mutter, ebenso wie ihre älteren Schwestern vor ihr, mit 14 Jahren aus dem Haus gehen und als Dienstmädchen ihre Pfennige verdienen. Meine Mutter war bei einem kleinen Beamten in Bochum angestellt; sie mußte schwerste Arbeit verrichten und viele demütigende Situationen hinnehmen, man behandelte sie als Menschen „zweiter Klasse". Sie hat uns oft erzählt, wie sie als 14/15jährige an ihrem Mansardenfenster stand und sehnsüchtig nach Stiepel hinüberblickte.

Unsere „Moma", wie wir die Mutter nannten, hatte nur einen Wunsch, daß keines ihrer Kinder in dasselbe Abhängigkeitsverhältnis geriet, wie sie es bitter durchlebt hatte. Und das hat sie auch geschafft. Ob Junge oder Mädchen, wir haben alle einen Beruf erlernt. Ich fühlte, wenn sie mir jetzt in ihrer Einfachheit, ihrem Verständnis und ihrer Güte vor Augen stand, daß sie von allen Mitgliedern unserer Familie den stärksten Anteil an meiner Entwicklung hatte. Immer wieder sagte sie mir: „Äußerlichkeiten sind nicht so wichtig. Gebrauche deinen Verstand und halte die Augen offen."

Meine Mutter, die vierzehn Kindern das Leben gab, hatte auch als Hausfrau kein leichtes Leben. Sie zog elf Jungen und Mädchen groß (drei Geschwister waren im Kindesalter gestorben), stand im Laden, mußte unsere große Wohnung sauber halten und eine Riesenfamilie „bekochen". Seit ihrer Heirat hatte sie meinem Vater geholfen, seine Pläne zu verwirklichen: ein eigenes Haus zu bauen und darin ein Geschäft zu eröffnen. Er wollte als guter Bürger gelten und seine Kinder zu guten Bürgern erziehen.

Mein Vater Lübbo Wilken, geboren 1867, war als junger Müllersknecht aus Ostfriesland ins Ruhrgebiet gekommen. In der Eisenfabrik des „Bochumer Vereins" hatte er als Hilfsarbeiter eine Anstellung gefunden. Hier in Bochum lernte er meine Mutter kennen, 1890 haben meine Eltern[2] geheiratet. Ich bin im Norden Bochums aufgewachsen, in einem Arbeiterviertel, das damals „die Vöde" genannt wurde. Hier lebten in der Hauptsache Bergleute, aber auch Metallarbeiter, die beim „Bochumer Verein" beschäftigt waren. Das Haus meiner Eltern war am Rande einer Bergarbeiterkolonie gebaut worden, wir wohnten in der Parallelstraße 11.

Der friesische Vorname meines Vaters hat uns als Kinder viel Kummer bereitet. Alle Einwohner unseres Viertels mußten über den „Lübbo" stolpern, stand der Name doch nicht nur auf dem Schaufenster seines Ladens, sondern auch in unübersehbar großen Lettern auf der Vorderfront unseres Hauses.

---

2 siehe Abb. 1

Überall, wo wir erschienen, hießen wir die „Lübbos" oder als Einzelexemplar einfach der oder die „Lübbo". Ich ließ mir das nicht gefallen und organisierte manche Straßenschlacht, wobei ich von meinen Altersgenossen aus der Bergarbeiterkolonie voll unterstützt wurde.

An einem Ende unserer Straße lag die Zeche „Ritterburg", am anderen die Kolonie der Bergarbeiter. Auf dem Weg von der Zeche nach Hause standen fünf Kneipen, und fast jeder Bergarbeiter kehrte ein, um erstmal den Kohlenstaub runterzuspülen. In einer dieser Kneipen wurden jeden Monat die Renten von der Knappschaft an die Bergarbeiter gezahlt, die sich im „Pütt" eine Steinstaublunge geholt oder an Witwen, die durch Unglücksfall ihren Mann verloren hatten. Hier trafen sich aber auch die Bergarbeiter, wenn sie streikten. Trotz Verbots meiner Mutter war ich immer mitten unter den Bergarbeitern. Es war für mich viel zu interessant, die Streikenden schimpfen zu hören und Worte, wie „Ausbeutung" und „Schinderei" nahm ich dort zum erstenmal auf.

Ich habe miterlebt, wenn die Bergarbeiter auf der Straße standen, die berittene Polizei blank zog und in die Arbeiterversammlung hineinritt. Mancher Bergarbeiter wurde verletzt, aber auch mancher Tschako flog – und nicht nur der, sondern auch mancher Gendarm, den zornige Bergarbeiter vom Pferd gerissen hatten.

Ich war sechs Jahre alt, als 1912 das große Grubenunglück auf der Zeche „Lothringen" passierte. Über hundert Bergarbeiter waren durch eine Schlagwetterexplosion tödlich verunglückt. Selbst Kaiser Wilhelm II. war gezwungen, den Bergarbeitern seine Reverenz zu erweisen; mit großer Begleitung fuhr er durch die Castroper Straße, in die unsere Straße mündete, winkte gnädig und fuhr zur Unglückszeche. Die Bergarbeiterfrauen, die bei diesem Unglück Mann oder Sohn verloren hatten, haben dadurch keinen Pfennig mehr bekommen, wie es durch kaiserliche Verfügung möglich gewesen wäre.

Viele Bergarbeiterfrauen versuchten, ihre Söhne in anderen Berufen unterzubringen. Die ständige Angst vor herabstürzender Kohle, vor „Schlagenden Wettern", vor der Steinstaublunge, der Haß gegen den verfluchten Berg war so tief eingefressen, daß nur bitterste Not und Arbeitsplatzmangel diese Frauen zwingen konnten, ihre Söhne an die Zechenbarone zu verkaufen.

Ich habe oft erlebt, daß unvorstellbare Not einzog, wenn die Frau ihren Mann, den Ernährer ihrer Familie, verlor. Gemildert wurde diese Not nur durch die Solidarität der anderen Bergarbeiter. Die Hilfe der Zechenbarone war so gering, daß sie einer Beleidigung gleichkam. Ich habe auch erlebt, wie Frauen mit fliegenden Haaren durch die Kolonie rannten, wenn „Schlagende Wetter" Hunderte von Männern in den Berg einschlossen, verschütteten, töteten. Ehe noch die Rettungsmannschaften eintrafen, wußten die Frauen oft schon davon. Alle, die Mann oder Sohn unten hatten, hingen an den Zechentoren, weinten, baten und beteten, ihre Männer aus dem Berg herauszuholen. Sie warteten Stunden, Tag und Nacht.

Ich dachte an einen mir befreundeten jungen Bergarbeiter, der von herabstürzender Kohle querschnittgelähmt wurde und unter unerträglichen Schmerzen zu Hause lag. Er schrie, daß man es weithin auf der Straße hören konnte. Er konnte lange nicht sterben, sein Herz war zu gesund.

Mein Vater war in den achtziger Jahren ins Ruhrgebiet gekommen. Meine Eltern haben also die Entwicklung der Bergwerksindustrie im Norden Bochums miterlebt, das Entstehen der Kolonien um uns herum. Vater hat uns oft von dem ehemaligen „Kuhdorf" in „der Vöde" erzählt, das nun ein Stadtteil Bochums geworden war, und mit der Mutter haben wir manchen schönen Ausflug in ihre Heimat nach Stiepel, an einer alten Schachtanlage vorbei, ins Lottental gemacht.

In der ersten Hälfte des vorigen Jahrhunderts waren riesige Kohlevorkommen im Ruhrgebiet entdeckt worden. Mit dem Übergang zum Steinkohlentiefbau und der 1854 erfolgten Gründung des Bochumer Vereins für Bergbau und Gußstahlfabrikation war Bochum zu einem Zentrum der rheinisch-westfälischen Schwerindustrie geworden. Planlos wurden auf die schöne und fruchtbare westfälische Erde Bergwerke mit ihren unförmigen Fördertürmen und Schornsteinen gestellt. Die Bergwerksbesitzer zogen billig und schnell häßliche „Kolonien" hoch, Arbeitskräfte wurden gebraucht. Man holte sie aus Schlesien, Pommern, Ostpreußen. Den Bergarbeitern in Schlesien, den Landarbeitern in Pommern und Ostpreußen ging es schlecht. Sie fielen auf die Versprechungen der Werber herein und kamen in den neunziger Jahren in Scharen ins Ruhrgebiet. Sie verließen ihre Heimat, ihre Freunde, das wenige, das sie besaßen, in der Hoffnung, alles schnell wieder ersetzen zu können. Oft hatten sie weniger als den Schließkorb bei sich und kamen in leere Wohnungen. Es gab nichts, was sie nicht gebraucht hätten: Tassen, Teller, ein Bett unter dem Hintern, den Schrank in der Küche. Wie die Hyänen fielen die Händler über die Neuankömmlinge her und verkauften alles auf Pump. Die Preise waren entsprechend hoch.

Wenn die Bergarbeiter alle zehn Tage ihren Lohn nach Hause brachten, gab ein Händler dem anderen die Klinke in die Hand, um die Raten einzutreiben. Am Ende des Tages war das Geld alle. Es mußte weiter geborgt werden: Beim Schlachter, beim Bäcker, beim Kolonialwarenhändler. Die Frauen kamen mit ihren Notizbüchern, und es wurde erneut „angeschrieben". Es war hoffnungslos, diesem Teufelskreis zu entrinnen. Viele Männer versuchten, ihre Sorgen in Schnaps zu ersäufen. Um jede Schachtanlage standen mehrere Kneipen, die den Bergarbeitern den letzten Groschen aus der Tasche zogen. Aggressionen wurden oft in wilden Schlägereien abgebaut. Abends, wenn der Mann nicht selbst in die Kneipe gehen wollte, mußte von den Kindern ein „Flachmann" mit Fusel geholt werden. Damit der Kneipenbetrieb nicht gestört wurde, hatten die Wirtsleute kleine Fensterchen dicht bei der Theke eingebaut, wo man den

„Flachmann“ gegen bar oder für ein „Vater bezahlt an Abschlag“ gefüllt bekam.

Sehr schlimm wurde es, wenn ein Bergarbeiter einen Unfall hatte oder krank wurde. Dann wurde ihm das oft schon fast bezahlte Mobiliar gnadenlos aus der Wohnung geholt, und das war „rechtens“, das hatte man im Kaufvertrag unterschrieben. Wer las schon das „Kleingedruckte“? Wieviele konnten lesen? Wer von den aus Polen Gekommenen war der deutschen Sprache mächtig?

Sie waren allein in ihrer kärglich möblierten Wohnung. Die Freude war groß, wenn Verwandte, Freunde und Bekannte aus der ehemaligen Heimat kamen. Sie wurden in den Familien als „Kostgänger“ aufgenommen. Dort „wohnten“ manchmal bis zu sechs Kostgänger in einem Zimmer – abwechselnd das Bett benutzend. Der eine verließ das Bett, um auf Schicht zu gehen, der andere stieg nach der Schicht in das noch warme Bett. Sie wohnten mit der Familie in der Küche, die Frau machte ihnen ihre „Kniften“, die sie, in Zeitungspapier eingewickelt, mit zur Arbeit nahmen. Und die Frauen nahmen gern einen oder mehrere Kostgänger auf, die zwar nicht viel bezahlten, aber doch einen Teil zur Verbesserung der Lebenslage der Familie beitrugen.

Die erste Generation, die aus dem Osten ins Ruhrgebiet gekommen war, suchte und hoffte neben Arbeit auch eine neue Heimat zu finden. Das schafften aber meist erst die Kinder oder die Enkel, auch, weil die Einheimischen wenig Verständnis für die andere Art zu leben aufbrachten. Viele der neuen Einwohner sprachen Polnisch. Oft wurden sie verlacht, verspottet und gedemütigt. Primitive „Pollacken-Witze“ kursierten.

Die Zechenherren nutzten Sprachbarriere und Mißverständnisse für sich und taten alles, um die einheimischen Arbeiter gegen die ostdeutschen und polnischen auszuspielen. Sie profitierten von der Angst, daß die „fleißigen und bescheidenen Pollacken“ die nie ganz sicheren Arbeitsplätze streitig machen könnten. So blieb zuerst jeder unter sich in den ghettoähnlichen Kolonien, unter einem Himmel, der nie richtig blau wurde.

In dieser Situation, in der immer neue Massen aus dem Osten ins Ruhrgebiet kamen, beschloß mein Vater, sich selbständig zu machen. Etwa Mitte der neunziger Jahre gab er seine Arbeit beim Bochumer Verein auf, in der Hoffnung, durch andere Verdienstmöglichkeiten seine immer größer werdende Familie besser als bisher ernähren zu können. Meine Eltern kauften eine Strickmaschine und die Mutter strickte Tag und Nacht, in jeder freien Minute, Wollsocken, die mein Vater mit der Kiepe auf dem Rücken in die Bergarbeiterkolonien trug, um sie dort gegen bar oder auf Pump zu verkaufen. Allmählich wuchs das Einkommen, und kurz nach der Jahrhundertwende konnte der Traum vom eigenen Haus – mit Darlehen der Recklinghauser Sparkasse und der Kommunalbank Bochum – verwirklicht werden. Mein Bruder Hans und meine Schwester Else vor mir, 1905 ich als zehntes Kind und vier weitere Geschwister kamen schon im eigenen Haus zur Welt.

Unsere Familie bewohnte die erste Etage; auf der Vorderfront des mehrstöckigen Mietshauses prangte groß die Inschrift: „Manufaktur Weiss- und Wollwaren Lübbo Wilken".[3] Das Geschäft war im Parterre eingerichtet worden. Jetzt wurden nicht nur Socken verkauft, auch Wäsche, Anzüge, Bettzeug und andere Textilien wurden angeboten, gegen bar oder auf Pump, wie gehabt. Mein Vater erlangte einen gewissen Wohlstand, aber reich wurde er nie, denn er brachte es einfach nicht fertig, dort, wo zu große Not war, sein Geld einzutreiben. So haben meine Eltern mit Mühe die Zinsen für die Darlehen erwirtschaftet, und wir, die vielen Kinder, haben mitgeholfen, ihnen „die Haare vom Kopf zu fressen". Aber gegenüber den Bergarbeiterfamilien ging es uns natürlich wesentlich besser; man kann wohl sagen, daß meine Eltern in den Jahren vor dem Weltkrieg zum unteren Mittelstand gehörten.

Für die Proletarier gab es fast nichts als das Einerlei ihres Arbeitslebens. Für viele Männer spielten nach der schweren Schichtarbeit zwei Dinge eine Rolle: Alkohol und sexuelle Befriedigung. Verhütungsmittel waren unbekannt, Schwangerschaftsabbruch stand unter strengster Bestrafung und kam den meisten Frauen schon deshalb nicht in den Sinn, weil auch die Kirchen mit der Drohung „Abtreibung ist eine schwere Sünde vor Gott" einen unverantwortlichen moralischen Terror ausübten. Die religiösen Proletarier wollten ihre einzige Hoffnung, es wenigstens im „Himmel besser zu haben", nicht verspielen. Kind um Kind wurde gezeugt, manche Frau geschlagen, wenn sie wieder schwanger war. Diese Ärmsten der Armen sahen die Schuld an ihrem Elend oft nur in ihrem Nächsten und – wie damals auch ich – in menschlichen Schwächen und nicht in der bestehenden Ausbeuterordnung.

Wie mein Vater mir erzählte, spielten die Bergarbeitergewerkschaften in unserer Gegend zuerst noch keine große Rolle. Später, bei den großen Streiks, haben auch die neu in den Bergarbeiterstand gekommenen bewiesen, daß sie sich zu wehren bereit waren. Sie verstanden zu kämpfen, wenn es um ihre Rechte ging: um Lohnerhöhung, um die allgemeine Verbesserung ihres wirklich beschissenen Lebensstandards. Kultur, das war für die meisten ein Buch mit sieben Siegeln. Wo sollte sie auch herkommen? Sie lebten in abgeschlossenen, entlegenen, willkürlich in die Landschaft gesetzten Kolonien und hatten kaum Verbindung zu den Städten, die weit weg von ihrem Zuhause lagen.

Kulturelle und gesellschaftliche Treffpunkte in den Zechensiedlungen waren für die Mehrheit der Frauen noch die Kirche, für die Männer die Gastwirtschaft. Ich dachte dabei auch an Ickern, wo meine Schwester Hulda wohnte, die einen Bergarbeiter geheiratet hatte. Als sie in diese eben errichtete Kolonie zog, wurden die Häuser noch verputzt und die neuangelegten Straßen erst fertiggebaut. In dieser Siedlung gab es von Anfang an zwei Kneipen, aber keine Geschäfte. Die Lebensmittel brachte ein Händler auf einem Karren in die

3 siehe Abb. 2

Kolonie, mit der Klingel rief er die Bergarbeiterfrauen an seinen Wagen. In Mengede, wo eine Schwester meiner Mutter in einer Bergarbeiterkolonie lebte, gab es ein paar Geschäfte, aber auch hier überwiegend Wirtshäuser. Anders war es in Bochum, das war schon als mein Vater hierherkam eine richtige Industriestadt. Hier versuchten die Metallarbeiter, die fast geschlossen gewerkschaftlich organisiert waren, sowie die Sozialdemokraten, die Gedanken der arbeitenden Bevölkerung auf ihre eigenen Interessen zu lenken.

Mit der Entwicklung der Kinematographie änderte sich auch das Klima in den Kolonien. Die ersten Stummfilme wurden in den Wirtshaussälen gezeigt. Dorthin strömten nun die Arbeiter und vor allem die Arbeiterfrauen, wenn der Mann Mittag- oder Nachtschicht hatte und wenn das Geld reichte. Ausrufer fuhren mit dem Fahrrad und einer großen Klingel oder mit einer Karre, auf der eine selbstgebaute Litfaßsäule stand, durch die Straßen und kündeten mit lauter Stimme das Programm an. Ich erinnere mich noch an meinen ersten Kinobesuch. Mit großem Schrecken sah ich eine Lokomotive auf mich zukommen und verkroch mich tief hinter dem Rücken meines Vordermannes.

Der Besuch von Theater und Konzert war nur in großen alten Städten, wie Düsseldorf und Köln, möglich und blieb nach wie vor eine Domäne der Privilegierten. Wahrscheinlich wären die Arbeiter und ihre Frauen auch nicht hingegangen, bei den Preisen, in ihren einfachen Klamotten und bei dem hochnäsigen Publikum.

Zu den Bergarbeiterwohnungen gehörte in der Regel ein kleiner Streifen Land. Während die Männer auf einem Teil davon Roggen und Kartoffeln besorgten, bearbeiteten die Frauen mit viel Liebe ihren Garten, schafften sich ein wenig Andenken an die verlorene Heimat. Ein paar Blumen mußten sein, auch Gemüse und Beerenobst durfte nicht fehlen. Eine „Bergmannskuh" (Ziege) gab es fast in jeder Familie. Wer etwas besser dran war, mästete ein Schwein, das im Herbst oder Winter geschlachtet wurde. Ich sah auf den Leitern die beiden Schweinehälften hängen. Eine kurze Zeit der Fettlebe begann. Dieser Garten, die Ziege, das Schwein, die Hühner gaben den Bergarbeitern eine gewisse Sicherheit, in den schweren Zeiten durchzuhalten und nicht zu verhungern.

Später hielten die Bergarbeiter mit wahrer Leidenschaft Tauben. Ich habe oft mit den jungen Bergarbeitern auf der Bank gesessen und mit ihnen auf die Rückkehr der Tauben gewartet. Und wenn sich die erste Taube am Himmel zeigte, gab's eine Aufregung. Ich bin nie dahintergekommen, wie der Taubenvater seine Taube erkannte, wenn sie noch hoch am Himmel „stand". Der Taubenkorb wurde so gehalten, daß die Taube hineinflog. Nur selten hat sich eine Taube verflogen. Sobald sie im Korb war, rannten die Männer los, um sie als erster beim Taubenvereinsvorstand, der in irgendeiner Kneipe auf die Meldungen wartete, vorzuzeigen. Später, in der nächsten Generation – oder war es schon die übernächste? – war Fußball Trumpf. Wie waren sie stolz auf ihren „ Schalke 04" und auf andere Vereine. Die Spieler rekrutierten sich in der Hauptsache aus Nachkommen der Zugezogenen, was auch aus den Namen zu ersehen war. Nach und nach wurden auch die aus Ostdeutschland und Polen gekommenen Arbeiter als Einheimische angesehen.

Ich dachte an meinen ersten Aufenthalt „unter Tage". Schon lange hatte ich den Schwiegervater meiner Schwester Louise, den Steiger Lassek, gebeten, einmal mit ihm in den Schacht einfahren zu dürfen. Eines Tages war es soweit. Er sagte, es sei nur bei Nachtschicht möglich, er habe indirekt die Genehmigung für mich bekommen, müsse aber alle Verantwortung tragen, falls etwas passieren sollte.

Es muß Ende 1926 gewesen sein, als wir zur Zeche „Constantin" gingen – welche Schachtanlage es war, habe ich vergessen.[4] Die geliehenen Bergmannsklamotten waren mir viel zu groß. Was tat's, die Spannung auf das, was mich erwartete, war noch größer. In sausender Fahrt ging es mit dem Förderkorb in die Tiefe, fast wurde mir das Innerste zu oberst gekehrt. Es war dunkel, mit der Bergarbeiterlampe schritten wir zwischen den Schienen durch die Stollen, bis wir „vor Ort" waren. Bei Tage hätten wir unmöglich hier gehen können, weil dann die Loren mit Kohle über die Schienen zum Aufzug transportiert wurden, von wo aus die Schlepper die Loren in den Förderkorb schoben. Ratten gab es hier jede Menge. Die Bergarbeiter hängten ihre „Butters" an die Decke, damit die Ratten sie nicht anknabbern konnten.

In alten Zeiten schlugen die Hauer die Kohlen aus dem Bauch der Erde und die Lehrhauer warfen sie in die Loren. Wie die Legende erzählt, konnten die alten Hauer die „Sprache des Berges hören" und dadurch manches Unglück vorhersagen. Zu der Zeit als ich eingefahren bin, gab es zum Befördern der Kohlen Schüttelrutschen und zum Ausbrechen der Kohle mechanische Bohrhämmer. Sie waren laut und machten eine Zwiesprache zwischen Mensch und Berg unmöglich. Ich sah einen Streb, der so niedrig war, daß die Bergarbeiter die Kohle nur im Liegen abbauen konnten. Die Kohle wurde aus dieser Lage auf die Rutsche geworfen. Der Akkord konnte von den dort Arbeitenden nicht erbracht werden. Der Lohn war entsprechend niedrig.

Ein unheimliches Gefühl war es, so Hunderte von Metern unter der Erde zu gehen. Es war mir, als ginge ich im dichten Nebel, es schien alles so unwirklich, nur dann und wann war das Hämmern der Bergarbeiter zu hören, wenn sie neue Stempel zwischen Berg und abgebauter Strecke setzten oder Stempel ersetzten. In der Nacht wurden hauptsächlich Reparaturen durchgeführt, damit es am Tage „in die vollen" gehen konnte.

Als die Schicht zu Ende war, ging es endlich nach oben. Die Erde hatte mich wieder. Meine Hochachtung vor den Bergarbeitern und ihrer gefahrvollen Arbeit

---

4 1927 schrieb ich darüber einen meiner ersten Artikel im „Ruhr-Echo": „Eine Frau macht Nachtschicht auf der sechsten Sohle."

war noch größer geworden. Für Außenstehende blieb es unverständlich, daß der Bergarbeiter, der schon lange im Berg arbeitete, trotz aller Gefahren seinen Beruf liebte und ihn gegen keinen anderen tauschen wollte.

Der liebe Gott, die Kirche und Jakobus

Vater und Mutter waren sehr fromm. Die Eltern, alle Geschwister und ich gehörten der Sekte Evangelische Gemeinschaft an. Vor jeder Mahlzeit wurde gebetet, morgens las Vater den Spruch vom biblischen Abreißkalender und schloß in seine Gebete lobend oder tadelnd uns Kinder ein. Jeden Sonntag zogen wir Geschwister zur Sonntagsschule, in späteren Jahren zum Früh- und Abendgottesdienst zur Auferstehungskirche in der Alleestraße. Betont kaisertreu gesinnt war unsere Familie nicht, oberste Instanz war Jesus Christus. Ich erinnere mich an eine Äußerung meiner Schwester Louise beim Kirchgang: „Das eine sag ich dir, wenn der Kaiser hier vorbeikäme, ich würde ihm nicht ausweichen!"

Ostern 1911 wurde ich eingeschult. Ich kam in die Evangelische Volksschule in der Castroper Straße. Unser Schulrektor Aufderheide war ein monarchistisch gesinnter, rechtsausgerichteter Mann, eine Autorität in der Landeskirche und ein strenger Antialkoholiker. Morgens um 8 Uhr stand er mit seinem Rohrstock an der Schultür und jeder Schüler, der sich verspätete, bekam eins übergezogen mit der Bemerkung, daß er ihm schon Zucht und Ordnung beibringen werde. Natürlich hing in der Schule ein Kaiserbild, natürlich begann der Unterricht mit einem Morgengebet.

Meine Klassenlehrerin, Mathilde Dannenberg, war eine junge, aufgeschlossene Frau, die ihre Schüler ins Herz geschlossen hatte und wir liebten sie ebenfalls sehr. Mit großem Einfühlungsvermögen versuchte sie, uns den Übergang vom Spielkind zum Schüler zu erleichtern. Leider hatten wir sie nur in den unteren Klassen.

Schlimm war, daß zu jener Zeit Streitigkeiten zwischen evangelischen und katholischen Schülern durch Kirche und Schule immer neu geschürt wurden. Die katholischen Schüler, deren Schule etwas weiter oben in der Castroper Straße lag, wagten sich nicht bei uns vorbei und uns waren sie ebenfalls nicht geheuer. Selten haben wir uns geprügelt, aber beschimpft haben wir uns immer.

Schon als Kind versuchte ich, den Dingen auf den Grund zu gehen oder richtiger, Fragen zu stellen, wenn ich auf Widersprüche stieß. Was mich nach Ausbruch des Krieges nachdenklich machte, waren die Predigten und Gebete in der Kirche, die alle darin gipfelten: „Gott strafe England und gib uns Sieg und Frieden!" Nach Hause gekommen, setzte ich mich auf eine Stufe der

Kellertreppe, faltete die Hände und sprach zum lieben Gott: „Lieber Gott, du armer lieber Gott, in allen Ländern Europas beten sie: Gott strafe ... und gib uns Sieg und Frieden! Wie sollst du dich nur entscheiden?"

Ein anderes Erlebnis war: In der ersten Woche eines jeden neuen Jahres wurde in der Auferstehungskirche eine sogenannte „Evangelisationswoche" durchgeführt, in der die Gläubigen ihre Sünden offenbaren sollten und bei Nichtbekennen mit Höllenqualen und was weiß ich noch bedroht wurden. Jeder, der seine Sünden bekennen wollte, sollte es vor dem Altar, vor der ganzen Gemeinde tun. Die Kirche war gerammelt voll, links saßen die Männer, rechts die Frauen. Keiner von denen, die mehr als genug auf dem Kerbholz hatten, ging nach vorn, nur ich mit meinen zehn Jahren bekannte mich schuldig für Sünde, Ungehorsam und Zweifel.

Ich ging durch den Mittelgang, angestarrt von Männern und Frauen und weinte. Jetzt in meiner Zelle kam mir das Bild von Daumier – „Angst" – in den Sinn. So war mir damals auch zumute. Nach diesem öffentlichen Bekenntnis war mir die Vergebung durch Jesus Christus gewiß. – Was hatte ich Böses getan? Nichts! Welches Kind hat in dem Alter kein schlechtes Gewissen? Nicht nur, weil es genascht oder ein böses Wort gebraucht hatte. Ich aber war darüber hinaus von einem alten Mann aus der Kirchengemeinde auf abstoßende Weise mit sexuellen Dingen konfrontiert worden. Das war das Schlimmste, was einem Christenkind passieren konnte und es bedrückte mich sehr. Ich fand damals nicht den Mut, jemanden ins Vertrauen zu ziehen und konnte mich ebensowenig dazu durchringen, gerade diesen Fall zu bekennen. Der alte Mann aber ist nie nach vorn gegangen, um seine Sünden einzugestehen.

Nach solchen Canossa-Gängen zum Altar versuchte ich, meiner Mutter jeden Wunsch von den Augen abzulesen und tat für sie alles was ich tun konnte. Aber dann gab es doch wieder etwas, was mich aus meiner Euphorie auf die Erde zurückholte, oder meine überlastete Mutter knallte mir ungerechterweise – oder auch gerechterweise, was weiß ich, – eine Ohrfeige. Ich war wieder in „Sünde". Und was hatte ich nicht alles getan, um mich für den Himmel zu „qualifizieren". Ich trug alten Leuten die Tasche, schob der Milchfrau ihren Karren usw. usf. Im nächsten Jahr und auch im übernächsten bekannte ich wieder in aller Öffentlichkeit meine Schuld, die ich, was auch immer, begangen hatte. Wie andere Kinder war auch ich kein reiner Engel, sondern einer mit vielen Fehlern. In der letzten Evangelisationswoche vor meiner Konfirmation wartete die Gemeinde vergeblich auf ihr „Prunkstück im Bekennen". Ich war gar nicht erst in die Kirche gegangen, überzeugt und tief deprimiert darüber, daß an mir nichts mehr zu retten sei.

Ich dachte an meinen Konfirmationsspruch, den mir Prediger Meinhardt als Leitfaden fürs Leben mitgegeben hatte: „Wer aber beharret, der wird seelig sein." Nun, ich hatte „beharret", wenn auch in einem anderen Sinne als damals von der Kirche gedacht und erwartet. Der vollständige Bibelspruch gefiel mir jedoch noch besser:

„Wer aber durchschauet in das vollkommene Gesetz der Freiheit
und darin beharret und ist nicht ein vergeßlicher Hörer,
sondern ein Täter, derselbige wird seelig sein in seiner Tat."

Dieses Wort stammte aus der Epistel des Jakobus, der ein Bruder des Jesus und Haupt der frühchristlichen Gemeinde in Jerusalem gewesen sein soll. Ich konnte nachvollziehen, daß die jüdischen Urchristen ihn „Jakob den Gerechten" genannt hatten, denn er predigte kraftvoll gegen die Reichen, die die Armen für sich arbeiten lassen und ihnen noch Gewalt antun, und er verkündete, daß die Reichen verdammt und die Armen einst die Erben des Reich Gottes sein werden. Die Mächtigen jener Zeit sahen die Predigten des Jakobus als aufrührerisch an und suchten ihn zu beseitigen. Als Jakobus nicht bereit war, seinen gekreuzigten Bruder zu verleugnen, wurde er von der Zinne des Tempels gestürzt, gesteinigt und zuletzt erschlagen.

Diese kämpferische Lebensmaxime, wie sie mein Konfirmationsspruch enthielt, dazu von einem Mann wie Jakobus, der als Streiter für Gerechtigkeit den Märtyrertod auf sich genommen hatte, konnte ich aus meiner christlichen Vergangenheit auch als Atheistin weiterbewahren. Nachdem ich Sozialistin geworden war, hatte ich das vollkommene Gesetz der Freiheit erkannt, darin beharret und es nicht vergessen und war durch mein Tun glücklich geworden.

Kindheit im Ersten Weltkrieg

Als das Deutsche Reich im August 1914 Rußland und Frankreich den Krieg erklärte, war ich neun Jahre alt. Der allgemeine Trubel der Kriegsbegeisterung erfaßte auch mich. Mit meinen gleichaltrigen Schulkameraden ging ich auf die Straße und sang aus voller Kehle: „... siegreich woll'n wir Frankreich schlagen, sterben als ein tapf'rer Held!" Als ich nach Hause kam, sah ich, daß meine Mutter sich die Augen trocknete. Sie hatte geweint und erklärte mir, daß ein Krieg kein Grund zur Freude sei.

An unserer Schule änderte sich einiges. Neben das Bild Kaiser Wilhelm II. wurde eins von Feldmarschall Hindenburg gehängt; es gab vaterländische Reden, die jüngeren Lehrer wurden eingezogen, auch unser Schulrektor mußte an die Front. Unsere Klasse bekam einen älteren Lehrer aus Westpreußen. In den letzten Kriegsjahren haben wir nicht mehr viel gelernt. Immer mehr Lehrer wurden abgezogen, und wir älteren Schüler mußten in den unteren Klassen die Aufsicht übernehmen, Bezugsscheine ausgeben und andere Hilfsdienste leisten. 1917 erlebte ich in der Schule den ersten Fliegeralarm. Nach dreimaligem Klingeln mußten wir uns in fünf Minuten zu zweit aufstellen und disziplinert in den Schulkeller hinuntergehen. Im gleichen Jahr wurde ich als Angehörige einer kinderreichen Familie einige Zeit nach Ostpreußen verschickt.

Schon im zweiten Kriegsjahr war die Brotkarte eingeführt worden, später gab es alle Lebensmittel, Textilien usw. nur noch auf Bezugsscheine. 1917 litten wir in unserer großen Familie schrecklichen Hunger, obwohl die Eltern alles taten, um uns vor dem Ärgsten zu bewahren. Wir hatten eine Ziege, die uns mit Milch versorgte. Eines Tages fanden wir den Stall aufgebrochen vor, die Ziege war geschlachtet worden und wir waren unserer Milchquelle beraubt. Die Eltern fütterten ein Schwein und als es fett war, wurde von den Eltern und den älteren Geschwistern beschlossen, es heimlich zu schlachten. Es war damals in sehr vielen Familien der letzte Ausweg und bei den Bergarbeitern ging es auch gut. Sie halfen sich gegenseitig und gewiß war unter ihnen einer, der den Beruf des Schlachters erlernt hatte. Aber mein Vater? Er war in praktischen Dingen so unbegabt. Theoretisch konnte überhaupt nichts schief gehen. Er konstruierte einen Holzhammer, mit dem das Tier betäubt werden sollte, dann mußte es abgestochen werden. Ein kleineres Schwein wurde gekauft, mitten in der Nacht geholt, und dann war für uns der Stall tabu. Dieses kleine Schwein sollte dann später „offiziell" geschlachtet werden.

Dann kam die Nacht, in der das fette Schwein dran glauben sollte. Mein Vater hatte schon beim Abendessen Schweißperlen auf der Stirn. Wir „Kleinen" – ich war immerhin schon zwölf Jahre alt – sollten nichts von dem Plan wissen. Die Luft war aber so geschwängert von Angst, ob es gelingen würde oder ob der Vater ins Gefängnis müßte, daß wir mit den anderen nervös waren und einfach nicht schlafen konnten. Ich schlief mit meiner älteren Schwester Else in einem Bett. Dann hörten wie es quietschen – das Schwein. Wir krochen unter die Bettdecke, aber mit uns hörten es alle Bewohner des Hauses. Meine älteste Schwester Hulda zog unsere Waschmaschine, die im Torweg stand, verzweifelt hin und her. Meine Schwester Amanda saß am Harmonium, hatte alle Register gezogen und spielte und spielte. Aber trotz all dieser Geräusche hörten wir doch das Quietschen des Schweines. Ich habe nie inniger gebetet als in jener Nacht: „Lieber Gott, laß das Schwein endlich sterben!" Später erfuhr ich, daß die Eltern doch noch den Schlachter holen mußten, mein Vater hatte das Tier weder betäuben, noch viel weniger abstechen können. Das Nachspiel: Das Gewicht des Schweines wurde verrechnet und unserer Familie für längere Zeit die Fleischkarten entzogen.

Wir gehörten zu den Glücklichen, die einen Riesengarten hatten. Im letzten Kriegsjahr gab es dort keinen Platz für Blumen mehr, jede Ecke wurde mit Kartoffeln, Grünkohl, Steckrüben usw. bepflanzt, um einen Vorrat für den Winter zu haben. Schon morgens tischte die Mutter Bratkartoffeln auf, abends ebenso. Da meistens kein Fett da war, wurden die Kartoffeln in schwarzem

Malzkaffee gebraten. Wir waren froh, daß wir so unseren Hunger stillen konnten, und sie haben uns sogar gut geschmeckt, die Kartoffeln.

Obwohl die Industrie fast ausschließlich für Krupps und Wilhelms Krieg arbeitete, blieben die Lieferungen von Geschoßhülsen, von Lokomotiven und Güterwagen erheblich hinter dem Bedarf zurück. Die Männer standen an der Front und konnten keine produktive Arbeit leisten. Die landwirtschaftliche Erzeugung lag 1918 weit unter dem Vorkriegsstand. Auch der Viehbestand war sehr stark zurückgegangen. Oft konnte das wenige, das uns auf Lebensmittelkarten zustand, nicht ausgegeben werden, weil vieles davon in dunkle Kanäle floß. Die Preise stiegen, die Löhne sanken. Die Versorgung der Bevölkerung mit Textilien brach vollständig zusammen. Es gab Papierhemden, Papierbettwäsche usw., Lederschuhe kannte man schon lange nicht mehr. Klappersandalen aus Holz waren schon eine große Errungenschaft. In langen Schlangen standen die Frauen vor den städtischen Verkaufsstellen, um ein paar angefrorene Steckrüben zu ergattern.

Ich wußte nicht mehr, wann mir klar wurde, daß das Kaiserreich den Krieg verloren hatte; aber ich erinnerte mich an die Stimmung damals, an die Trauer um alle, die nicht mehr zurückkehrten, an den Hunger, der die Mütter aus Sorge um ihre Kinder irremachte. Das Verlangen nach Beendigung des Krieges ging bis tief in die Reihen des Mittelstandes.

Als dann das Ende kam und Zehntausende abgemagerter, abgerissener Soldaten noch in geschlossenen Formationen bei uns durchmarschierten, standen wir mit der Mutter und vielen anderen Frauen am Straßenrand der Castroper Straße und teilten für sie Malz- und Steckrübenkaffee aus. Mehr konnten wir ihnen nicht geben, hatten wir doch selber kaum etwas zu essen. Nach einigen Tagen des Rückflutens herrschte Unruhe unter den Soldaten. Meine Schwester, die von der Arbeit nach Hause kam, erzählte entsetzt, daß die Soldaten den Offizieren die Achselstücke abgerissen hatten, weil sie sie nicht nach Hause gehen lassen wollten.

An einem frühen Morgen im Herbst 1918 kam der Mann meiner Schwester Amanda, der Obermatrose auf dem Kriegsschiff „Helgoland" gewesen war, nach Hause. Ich fragte ihn, ob der Krieg nun vorbei sei. Er erzählte, daß sich die Matrosen vieler Kriegsschiffe geweigert hätten, noch einmal hinauszufahren, um für „deutsche Ehre" verheizt zu werden. Die Matrosen wußten, daß der Krieg verloren war und waren nicht länger bereit, ihren Kopf für die Mächtigen hinzuhalten. Mein Schwager war kein politischer Mensch, aber eins hatte er begriffen, daß ein Ende gemacht werden mußte, weil er sonst seine Frau, die er heiß und innig liebte, nie wiedersehen würde.

Daß aber der Kampf weitergehen mußte, hatten er und viele andere damals noch nicht verstanden. Daß dies notwendig sei, sagte mir mein Freund Erich Kunkel, der erste klassenbewußte Arbeiter, den ich kennenlernte. Er war Bergmann, aktiver Gewerkschafter, linker Sozialdemokrat und hatte sich wegen der Burgfriedenspolitik der SPD-Führung 1917 der neugegründeten USPD angeschlossen. Er wohnte gleich bei uns um die Ecke, und schon als Kind lief ich zu ihm, wenn gestreikt wurde oder wenn sonst etwas los war. Ich fragte ihn: „Erich, sag mal, warum ist das so?" Und er, mehr als doppelt so alt wie ich, versuchte dann, mir politisches Geschehen so einfach wie möglich zu erklären.

Von Erich Kunkel hörte ich zuerst etwas von der Oktoberrevolution in Rußland und von Lenin. Er erklärte mir bei Kriegsende 1918, warum die Leute auf die Straße gingen und die Sozialisierung der Bergwerke forderten und sprach voller Abscheu von Noske, Scheidemann und anderen rechten SPD-Führern, die der deutschen Revolution in den Rücken gefallen waren. Von ihm hörte ich die Namen Rosa Luxemburg und Karl Liebknecht mit Liebe und Verehrung nennen. Bei ihrer Ermordung im Januar 1919 spürte ich die tiefe Trauer, die er und die anderen Arbeiter um diese beiden Menschen fühlten. Von Erich Kunkel habe ich auch zum erstenmal das Wort „Kommunist" gehört; er erzählte mir, daß er nach Gründung der KPD in die Partei der Arbeiterklasse eingetreten war.

Ich war schon Lehrling, als Erich mir eine Broschüre von Karl Liebknecht zu lesen gab. Ich habe damals noch nicht viel davon verstanden, habe mich aber bemüht, weil sie von Erich kam. Als ich ihn nach dem Kapp-Putsch einmal besuchen wollte, sagten seine Mutter und sein Bruder Rudolf mir, daß Erich als Soldat der Roten Ruhrarmee bei den Kämpfen in der Sinsener Heide gefallen war.

Hier in meiner Fuhlsbütteler Zelle stand mir Erich Kunkel besonders deutlich vor Augen. Ich empfand die gleiche starke Trauer wie damals 1920. Er war mein erster Lehrer, der die Liebe zu den arbeitenden Menschen in mir weckte, das Verständnis für sie und ihre Lebensart. Er legte das Samenkorn, das zwar langsam wuchs, aber endlich doch reifte und mich zu einem glücklichen Menschen machte.

Lehrling und Wandervogel

Am 31. März 1919 war ich aus der Volksschule entlassen worden. Einen Tag später trat ich meine zweijährige Lehre als kaufmännische Angestellte bei der Firma Schulte-Ladbek – Grubentechnische Apparate in Bochum an. Mit mir wurde ein zweiter weiblicher Lehrling angestellt. Eine langjährige Bürokraft, Faktotum des Chefs, lernte uns an. Fräulein Koch war dem Chef treu ergeben und – wie er – streng katholischen Glaubens. Sie betete, kämpfte aber nicht für ihre Rechte. Sie vermittelte uns, soweit sie dazu in der Lage war, das, was man nach ihrer Auffassung als kaufmännische Angestellte wissen mußte. Unsere

Ausbildung war dementsprechend unvollkommen. Stenographie und Maschinenschreiben lernten wir erst, als wir aus eigenem Antrieb Kurse bei der kaufmännischen Privatschule Jean Pyra belegten.

Unsere Hauptarbeit bei Schulte-Ladbek war die Auslieferung von meterlangen Glas- und Metallröhren, von Quecksilberbehältern, die im Keller der Firma gelagert waren. Wenn die Zechen das bestellte Material abholten und wir die Ware hochschleppen mußten, war das für uns Schwerarbeit, die nur mit Hilfe der Fahrer zu bewältigen war. Unser Chef hatte durch seine beiden Lehrlinge eine männliche Arbeitskraft eingespart.

Seit meiner Schulentlassung war ich Mitglied des Treubundes. Unser Rektor Aufderheide hatte uns bei der Schulentlassungsfeier nach einer vaterländischen Rede aufgefordert, die Zusammenkünfte dieses Abstinenzlervereins zu besuchen. Fast alle jugendlichen Mitglieder des Treubundes gehörten gleichzeitig dem Wandervogel an. Hier lernte ich auch meinen Jugendfreund, den Straßenbaugesellen Steff Tisken, kennen, der mich durch meine Wandervogeljahre hindurch begleitete.

Steff war Gewerkschaftsmitglied und stand irgendwo links. Er gehörte zu den Menschen, die mir damals Denkanstöße gaben, z. B. daß es auch außerhalb der Kirche anständige Menschen gab.

Wir jungen Wandervögel[5] hatten den Krieg am eigenen Leibe erlebt und verabscheuten ihn zutiefst. Meine Freunde und ich lebten in der Vorstellung, daß nun der ewige Friede ausgebrochen sei. Die damals weitverbreiteten Losungen „Nie wieder Krieg!", „Freundschaft mit allen Völkern" fielen auf fruchtbaren Boden, erzogen uns aber nicht zu Friedenskämpfern, sondern höchstens zu verträumten Pazifisten. Wir diskutierten über Gott und die Welt, über neue Lehrmethoden in den Schulen, über die Gleichberechtigung von Jungen und Mädchen, über Kunst und Literatur.

Ich schloß mich einem Literaturklub an, in dem u. a. der greise Dichter Tagore las, aber auch Martin Andersen-Nexö. Dadurch angeregt, las ich seine Romane „Ditte Menschenkind" und „Pelle der Eroberer". Nach und nach verlor der Klub sein demokratisches Gesicht. Immer mehr Anhänger der revanchistischen „Dolchstoßlegende" traten ihm bei und entsprechende Schriftsteller lasen aus ihren Werken.

Der Wandervogel wurde ebenfalls stark von Völkischen und Antisemiten unterwandert. Es wurde nicht mehr von Erhaltung des Friedens gesprochen, sondern von „deutscher Ehre" und vom „Schandvertrag von Versailles", der fallen müsse. Es kam zu heftigen Diskussionen und zu handfesten Auseinandersetzungen.

Jedes Jahr am 1. Mai zogen wir zum allgemeinen Treff der Wandervogelvereinigungen aus dem Ruhrgebiet nach Wetter an der Ruhr. Es wurde

---

5 siehe Abb. 3

volksgetanzt, Wanderlieder gesungen, besonders Lönslieder, die damals groß in Mode waren. Am Abend saßen wir in Gruppen unter den Bäumen, sangen und genossen den Frieden. Es kam zu Diskussionen mit jungen Kommunisten, die von der 1.-Mai-Demonstration zu uns auf den Berg kamen. Aber auch die Völkischen waren da und wollten die vielen dort weilenden im „Wolkenkukkucksheim" schwebenden Jugendlichen für sich gewinnen. Die jungen Kommunisten versuchten, uns auf die Erde zurückzuholen; sie hielten uns die gesellschaftlichen Realitäten vor Augen. Unter uns Wandervögeln befand sich eine starke Gruppe junger Arbeiter und Arbeiterinnen, die der Kommunistischen Jugend durchaus aufgeschlossen gegenüberstand. Zu unserer friedlich diskutierenden Gruppe gesellte sich bald eine Gruppe junger „Germanen", die nach kurzem Wortwechsel mit dem Ruf „Was will die Kommune hier?!" auf alles losprügelte, was da saß und stand. Ich habe damals auch etwas abbekommen, als ich immer wieder schrie: „Hört doch auf! Seid ihr denn wahnsinnig geworden? Wir können doch miteinander sprechen!" Mehr innerlich als äußerlich lädiert, verließen wir viel früher als vorgesehen das Treffen und fuhren nach Hause. Das Schönste – die Abendfeier am Lagerfeuer – haben wir nicht mehr mitgemacht. Im Zug wurde weiter diskutiert.

Als am 1. Mai des nächsten Jahres die Vorfälle sich ähnlich wiederholten, hat der Initiator dieser Treffen, Pastor Zauleck, resigniert. Sie fanden nicht mehr in diesem Umfange statt. Nicht aufgehört haben in den einzelnen Orten die Zusammenkünfte der Jugendlichen politisch verschieden eingestellter Kreise. Wir waren sehr diskutierfreudig, lernbegierig, waren gezwungen zu lesen, um Wissensunterschiede ausgleichen zu können.

Meine Lehrzeit bei Schulte-Ladbek war im Frühjahr 1921 beendet, danach haben wir beiden Lehrlinge noch einige Monate bei der Firma gearbeitet. Dann wurde uns gekündigt, weil wir billigeren Arbeitskräften, nämlich neuen Lehrlingen, Platz machen mußten.

Ich hatte von meinem Gehalt etwas sparen können, weil meine Mutter nur wenig Kostgeld für meinen Unterhalt verlangte, und ich wollte es bestmöglich anlegen. Ich fragte meine Mutter, was ich damit tun solle, wozu sie mir raten würde. Sie gab mir folgende Antwort: „Kind, erwandere dir Erinnerungen, sie werden dein späteres Leben, und mag es noch so dunkel sein, erträglicher machen." Die gute Mutter! Hier in der Haft dachte ich voller Dankbarkeit an sie, wenn ich meine triste Zelle mit der Buntheit des Erlebten ausschmücken konnte.

Wanderjahre: Hamburg, Württemberg, Thüringen

Auf Wunsch meiner Eltern fuhr ich Ende 1921 nach Hamburg, um in einem Krankenhaus die Arbeit einer Hausgehilfin zu erlernen. Das Krankenhaus

„Ebenezer“ in Barmbek stand der Sekte meiner Eltern nahe, die mir diese Stellung auch verschafft hatten. Wir jungen Krankenhausgehilfen wurden streng gehalten. Wir mußten im Hause wohnen, immer je vier Mädchen auf einem Zimmer, und um alles und jedes um Erlaubnis bitten.

Es war eine Arbeit „ohne gegenseitige Vergütung“, in die kleinbürgerliche Eltern ihre Kinder gaben. Wir waren damit keine Dienstmädchen, mußten aber genau so schuften wie diese und waren im Grunde billige Ausbeutungsobjekte. Meine Arbeit begann auf einer Krankenstation. Ich hatte, wie die anderen Mädchen auch, alle anfallenden Arbeiten auf der Station zu erledigen: Fußböden scheuern, Korridor und Krankenzimmer auf Hochglanz polieren, Geschirr abwaschen, usw. ...

Um 6 Uhr in der Frühe begann die Arbeit, um 8 Uhr gingen wir in den Frühstücksraum, anschließend war Morgenandacht, die manchmal eine Stunde und länger dauerte. Ich war voller Unruhe: Wie werde ich nur mit meiner Arbeit fertig? Um 10 Uhr war Arztvisite. Abgehetzt kamen wir auf die Station, tobten uns ab, damit ja alles fertig war, wenn die Herren Ärzte durch die Krankenzimmer schritten.

Das machte ich eine Zeitlang mit. Doch an einem Morgen, als die Andacht sich wieder über Gebühr hinzog, erhob ich mich von den Knien und ging, zum Entsetzen meiner Freundinnen, aus dem Frühstücksraum, um meine Arbeit endlich einmal ohne die gewohnte Hetze erledigen zu können. Trotzdem arbeiteten wir, daß uns der Schweiß von der Stirn tropfte. Ich äußerte mich entsprechend. Nun wurde ich zur Oberin Lydia befohlen, einer strengen Schwyzerin, die mir eine tüchtige Standpauke hielt. Auch ich durfte mich äußern und sagte klipp und klar, daß es meines Erachtens vor Gott ein wohlgefälligeres Werk sei, wenn man nach dem Morgenkaffee nur betete: „Danket dem Herrn...“ und dann erst nach getaner Arbeit eine Stunde aus dem Buche Mose vorlesen würde. Darauf die Frau Oberin: „Das überlassen Sie bitte uns, wir können besser beurteilen, was gut für Sie ist.“

Der zweite Zusammenstoß lag auf einer ganz anderen Ebene: Mein Freund Steff, weit weg, also für meine Unschuld vollkommen ungefährlich, und ich wechselten fleißig Briefe. Das wurde bald ruchbar, und wieder mußte ich zur strengen Frau Oberin: Es sei den Lernenden verboten, einen Freund zu haben. Nur unter dieser Bedingung würden junge Mädchen in den Krankenhäusern der Religionsgemeinschaft aufgenommen. Ich ahnte schon, daß meines Bleibens in diesem Krankenhaus nicht lange sein würde. Die Gefahr, daß auch die anderen Mädchen rebellieren könnten, war zu groß. Wir mußten beispielsweise fragen, ob wir abends das Krankenhaus verlassen durften, um Freunde oder Bekannte zu besuchen oder außerhalb des Krankenhauses einen Spaziergang zu machen.

So machten wir aus der Not einen Sport und huschten, so oft wie möglich, ungesehen am Büro vorbei. Eines Tages hatte meine Freundin Frieda Düring

Karten für die Abendvorstellung im Thalia-Theater besorgt. Wenn ich nicht irre, wurde „Die Sandgräfin" von Sudermann gespielt. Natürlich hatten wir das Haus ohne Erlaubnis verlassen, und Frau Oberin bekam es zu wissen. Abermals wurde ich um Auskunft gebeten. Das Resultat war: „Lucie, es ist wohl besser, wenn unsere Wege sich trennen. Es tut mir leid, aber ich muß Ihren Eltern schreiben und werde ihnen entsprechend berichten."

Ich hielt damals die Wandervogelzeitschrift „Zwiespruch", die vermutlich einen „alldeutschen" Charakter hatte. Auf jeden Fall brachte sie auch Stellenangebote, die ich nun eifrig studierte. Dort suchten Willo und Lilo Rall in Württemberg ein Mädchen mit Familienanschluß, boten das Erlernen der Kinderpflege, der vegetarischen Küche und auch die Teilnahme an Nacktkultur an. Ich hatte nichts dagegen, war jung, gut gewachsen, hatte ein fröhliches Herz und große Lust zum Experimentieren. Was ich nicht hatte, das war Geld. Ich bewarb mich bei den Ralls, die bei Lauffen am Kocher in einer Malerkolonie lebten, und bekam umgehend positiven Bescheid. Ich packte meinen Rucksack, kaufte mir vom letzten Geld eine Fahrkarte und fuhr – ohne die anderen Abteilungen des Krankenhauses absolviert zu haben – los in ein neues, und wie ich hoffte, interessanteres Leben.

Halbverhungert und nach manchen Irrwegen kam ich im Malerwinkel an. Ich hatte viele Leute nach dem Weg fragen müssen, bekam auch freundliche Antworten, meist mit dem Zusatz: „Was, da wollet Sie hi, zu die verrückte Malersleut? Na, denn Gott befohle!" Ich wurde von Lilo Rall, die für den kühlen Abend irgend etwas Kimonoähnliches übergeworfen hatte, empfangen. Ihr Mann war gerade unterwegs.

Am nächsten Morgen war auch hier zuerst Andacht, aber auf „germanisch". „Opfersteine" standen in einer breiten Waldschneise, zu denen wir gingen, nackt, Lilo voraus. Sie las – wie sie sagte – aus der „Germanischen Bibel" vor, von Wotan, Thor, Freya und anderen germanischen Göttern. Die Kinder legten Blumen auf die Opfersteine und – um dem Ganzen die richtige Weihe zu geben – sollte auch noch gesungen werden. „Diese Lieder kennst du bestimmt nicht", dachte ich und wollte mich totlachen, als Lilo „Horch, was kommt von draußen rein" anstimmte. Das Frühstück bestand aus Früchten des Waldes und ein paar Haferflocken.

Jetzt, wo Lilo ohne jede Hülle vor mir saß, konnte ich sie in aller Ruhe betrachten, und ich tat es mit den unbarmherzigen Augen der Jugend. Sie war absolut keine hochgewachsene, blonde „Germania", wie ich sie mir nach ihrem Brief vorgestellt hatte. Durch die Geburt ihrer drei Kinder, ohne genügend Pflege und Training, fielen ihr dicke Hautfalten über den Bauch. Sie war von kleiner Gestalt und schien mir über ihre Jahre hinaus gealtert. Langes, schwarzes, fettiges Haar umrahmte ihr Gesicht. Die Augen waren tiefbraun, aber sie schielte leider ein wenig, sonst wären die Augen das Schönste an ihr gewesen.

Lilo nannte sich Dichterin. Ein kleines Büchlein, von Willo Rall künstlerisch gestaltet, enthielt ihre Verse, die meist „alldeutsch" angehaucht waren. Zwei Zeilen aus einem ihrer Gedichte waren mir im Gedächtnis haften geblieben:

„Im Urquell aller Liebe, Herz bade du dich rein,
im Urquell aller Liebe, da ist ein wonnig Sein."

Mich interessierte, wie das Leben hier weitergehen würde. Die Kinder waren hübsch und sehr lebhaft. Nach dem morgendlichen Bad an der Quelle tobten sie den ganzen Tag im Wald herum und waren kaum zu spüren. Morgens, mittags und abends gab es „Himmelskost", wie Rohkost bei den Ralls genannt wurde. Die Beerensucher waren froh, ihre Beeren zu einem verhältnismäßig guten Preis loszuwerden. Einmal hatte Lilo Unmengen von Himbeeren gekauft, und nun sollten sie eingekocht werden. Die üblichen Geräte, wie Einkochkessel und Gläser, gab es nicht. Nur ein großer, kupferner Topf, ca. 80 cm lang und 25 cm breit, war da. Als Einkochgläser hatten wir Steinhägerflaschen mit engem Hals. In diese Flaschen füllte ich mit einem Teelöffel vorsichtig die Himbeeren. Ich fragte Lilo, ob das auch gut ginge, da sich in den Flaschen bei dem engen Hals und bei der langsamen Erhitzung Gase entwickeln könnten. Nach zwei oder drei Stunden passierte es: Die Flaschen explodierten und die Himbeeren hingen an den Wänden, auf den Fensterscheiben, an der Decke. Die Kinder waren nicht in der Wohnküche, und ich war mit dem Schrecken davongekommen.

Eines Tages kam dann auch Willo Rall von seiner Verkaufsreise zurück. Er brachte Maler und Kunstschüler mit. Er war übrigens ein gutaussehender Mann, groß, schlank, mit rötlichem Haar und Bart, etwas in sich gekehrt. Die Motive seiner Bilder waren der germanischen Mythologie entnommen. Wenn er nicht diesen alldeutschen Tick gehabt hätte, wäre er vielleicht ein guter Maler gewesen.

Damals hatte ich das Gefühl, daß diese Leute nicht militant waren, obwohl sie glaubten, daß „am deutschen Wesen die Welt genesen" müsse. Die mitgebrachten Maler und Malschüler hatten Hunger, und da nicht genügend Geschirr vorhanden war, wurde eine Wolldecke auf dem Waldboden ausgebreitet, ein Sack mit Haferflocken darauf ausgeschüttet, jeder nahm seinen Löffel aus dem Brotbeutel und seinen Becher, aß die Haferflocken in sich hinein und trank dazu kühles Quellwasser. Wahrlich ein germanisches Götteressen!

Bei der Zubereitung der „Himmelskost" brauchte ich nicht viel zu lernen. Das Abseifen der Kinder am kalten Quell war nicht die Kinderpflege, die ich erlernen wollte. Kinderwäsche, Abwasch und Reinemachen genügten mir nicht. Lilo lag irgendwo im Wald und wartete darauf, endlich Pegasus besteigen zu dürfen, und weil ich den ganzen Opferquatsch satt hatte, bat ich Steff, mich abzuholen, damit ich bei eventuellen Auseinandersetzungen einen Mann zur Seite hatte. Er kam und wir wanderten mit einem anderen jungen Paar, das bei den Ralls noch Lohnforderungen eingetrieben hatte, eine lange Strecke, um dann in den Zug zu steigen, der mich wieder nach Hause brachte. Ich hatte die Nase gestrichen voll vom Experimentieren und wollte endlich wieder unter normalen Menschen leben, einer richtigen Arbeit nachgehen und ein anständiges Stück Fleisch zwischen die Zähne bekommen.

Kaum einen Monat hatte ich mich bei den Eltern aufgehalten, als mich die Wanderlust wieder hinaustrieb. Ich fuhr nach Tabarz in den Thüringer Wald, wo ich mich bei einem Kindererholungsheim der Evangelischen Gemeinschaft um die Stellung einer Bürokraft beworben hatte. Ich mußte dort die gesamte Korrespondenz erledigen. Das Gehalt war zwar klein, aber die Arbeit hatte mich gereizt, vor allem die Aussicht auf viel Freizeit, die mir von der Heimleitung zugesichert worden war.

Ich fand schnell Kontakt zu anderen jungen Leuten, die zwar nicht Mitglieder unserer Sekte waren, sondern der evangelischen Landeskirche angehörten. Aber das irritierte mich schon lange nicht mehr, waren es doch Menschen mit weitem Herzen und, wie ich, außerordentlich diskutierfreudig. Fast alle gehörten der Wandervogelbewegung an.

Tabarz und der Thüringer Wald waren für mich auch ein starkes landschaftliches Erlebnis. Meine Freunde und ich genossen in vollen Zügen die Schönheit der Umgebung. Ich erinnerte mich an die vielen Fahrten mit meiner Freundin Käthe Ortlepp, die mit ihren Maleraugen Farben sah, die meinen nüchtern betrachtenden Augen verschlossen blieben. Wo sie lila sah, war für mich grau, ich sah rot, wo rot war. Viel später erst habe ich die Nuancen der Farbenpalette sehen gelernt. Ich dachte an die vielen Nachtfahrten zum Inselsberg, wo wir singend, Klampfe spielend und debattierend auf den Sonnenaufgang warteten. Dann ging es hinunter ins Tal. Oft blieben wir noch zusammen, wenn ein Thema nicht ausdiskutiert war. Jede freie Stunde nutzte ich aus, um mit meinen Freunden unterwegs zu sein. Wenn wir wenig Zeit hatten, zogen wir durch den Lauchagrund; hatten wir mehr Zeit, stiegen wir auf die Berge, die den Lauchagrund umgaben.

Einmal in der Woche traf sich unser Freundeskreis bei Pfarrer Plötz zu Gesprächen. Herr Pfarrer steuerte die Diskussion meist auf die Bibel, die er äußerst eng auslegte, in dem nicht einfachen Bemühen, leicht zweifelnde Stimmen wieder die rechte Kirchenmelodie singen zu lassen. Einmal gab es eine heftige Debatte über die Frage „Wer kommt in den Himmel“. Pfarrer Plötz sagte, nur der werde ins Himmelreich eingelassen, der getauft und der Sakramente der Kirche teilhaftig geworden sei. In mir ging Widerspruch hoch und ich antwortete: „Herr Pfarrer, das wäre aber eine große Ungerechtigkeit! Ein Christ wird für seine guten Taten belohnt und erwirbt sich dadurch das ewige Leben. Wenn jedoch einer nie vom Christentum gehört hat, aber aus tiefer Menschlichkeit gut zu seinem Bruder ist, hat er dann nicht erst recht einen Anspruch darauf, in den Himmel eingelassen zu werden?“ „Nein“, sagte der Pfarrer, „nur der hat Seligkeit und ewiges Leben zu erwarten, der an den Herrn

Jesus Christus glaubt!" Die Diskussion ging weiter. Alle meine Freunde waren mit mir einer Meinung. Noch spät in der Nacht saßen wir beisammen. Es war die reinste Rebellion, und Pfarrer Plötz hat bald danach diese Gesprächsabende mit uns aufgegeben.

Zu unserem Freundeskreis gehörte auch ein Fräulein von Bassewitz, die mit der Tochter des Pfarrers befreundet war. Beide besuchten noch das Gymnasium. Durch unsere Diskussionen kamen wir uns näher, und eines Tages lud Annemarie von Bassewitz Anneliese Plötz und mich ein, an einem „Adelstreffen" in Oberhof teilzunehmen. Wir sagten zu und waren gespannt, was dort auf dem Programm stehen würde. Wahrscheinlich erwarteten die Adligen eine Belebung ihrer Zusammenkunft durch uns, die wir aus ganz anderen Kreisen kamen. Das Treffen fand bei einer Baronin von Cornitz (sie hatte einen doppelten Familiennamen) statt. Die Teilnehmer waren in ihrem villenähnlichen Haus, einer Pension für zahlende Gäste, untergebracht, das in einem wunderschönen Garten stand. Ich hatte das Gefühl, daß die Damen uns wohlwollend tolerierten und unsere Art „entzückend natürlich" fanden.

Außer uns war die damals in christlichen Kreisen hochverehrte Lyrikerin Marie Feesche anwesend. Sie trug ihre neuesten Gedichte vor und erhielt damenhaften Beifall. Es wurde dann über das veränderte Verhältnis christlich eingestellter Herrschaften zum Hauspersonal und zu den Landarbeitern gesprochen. Ich empfand das als zu allgemein, ohne jede Verpflichtung und im Ton blasiert. Ich fragte, ob sie neben Wohltätigkeitsveranstaltungen und karitativen Einsätzen bei Erkrankungen oder Geburten sich auch die Nöte und Sorgen der Arbeiterfamilien anhörten und versuchten, Mißstände zu beseitigen. Da schwiegen sie. Ich schlug voll auf die Pauke und sagte, daß nach der Bibel alle Menschen, ob Arbeiter, Angestellte oder solche aus sogenannten besseren Kreisen, Kinder Gottes seien. Alle würden nackt geboren und alle müßten, wenn ihre Zeit da sei, sterben. Keiner könne sich sein Leben erkaufen. Der einzige Unterschied wäre, daß sie in Schlössern, die Landarbeiter in Hütten und wir in Stadtwohnungen geboren seien. Für mich stünde das vierte Gebot „Du sollst Deinen Nächsten lieben wie Dich selbst" immer an erster Stelle.

Es gab Ausflüge in die schöne Umgebung Oberhofs und natürlich neue Diskussionen, darunter eine über den Wandervogel und seine Bedeutung als nationale Kraft. Eine junge Adlige behauptete, daß der „wahre" Wandervogel sich im „Friedericus-Bund" zusammengefunden habe. Das konnte ich natürlich nicht auf mir und meinem Wandervogel sitzen lassen und versuchte klarzumachen, daß eine solche Auffassung übertrieben engherzig sei. Auch die linksstehenden Gruppen dieser Bewegung seien „wahre" Wandervögel mit patriotischen Idealen und dem Wunsch nach Völkerfrieden.

Diese Tage in Oberhof hatten mir Spaß gemacht, trotzdem fuhr ich nachdenklich nach Tabarz zurück.

Als das Kindererholungsheim Ende Oktober 1922 seine Pforten für die

Wintermonate schloß, wollte ich noch einige Zeit in Thüringen bleiben. Ich suchte mir eine neue Arbeit und fand sie schließlich als Kontoristin bei der Pfeifenfabrik Robert Supp in Cabarz. In diesem Betrieb waren ungefähr 15 Arbeiter beschäftigt, die aus Rohlingen echte „Bruyere-Pfeifen" drechselten. Obwohl diese Tätigkeit gesundheitliche Risiken einschloß – die Arbeiter mußten viel Staub schlucken – wurde sie sehr schlecht bezahlt. Sie kamen aus den umliegenden Bauerndörfern nach Tabarz-Cabarz und waren froh, neben der Bestellung ihrer kleinen Landwirtschaft auch noch in einem Betrieb Beschäftigung zu finden. Die Ehefrauen und Töchter verdingten sich als Dienstmädchen, Küchenhilfen oder Reinemachefrauen bei den Kurunternehmen. In dieser Gegend gab es fast nur Kleinbetriebe. Ein besonderes Bild hatte sich mir eingeprägt: der verschneite Thüringer Wald und die auf ihren Skiern zur Arbeit fahrenden Pendler.

Inflation und Ruhrbesetzung

Ich war nicht lange bei der Firma Supp beschäftigt. Irgendwann im Frühjahr 1923 machte der Betrieb pleite. Der Chef hatte vor aller Augen ein großzügiges Leben geführt, die Bankkredite überzogen und war hoch verschuldet, die Nachkriegskrise gab ihm den letzten Rest.

In Thüringen erlebte ich den Beginn der Inflation. Nach dem Supp-Konkurs kaufte ich von meinem schnell schwindenden Geld eine Fahrkarte nach Bochum. Zu Hause fand ich die Eltern in großer Unruhe vor. Das Geschäft meines Vaters hatte aufgrund der Geldentwertung fast aufgehört zu existieren. Hinzu kam, daß er durch die Besetzung des Ruhrgebiets von seinen Einkaufsquellen so gut wie abgeschnitten war.

Zur Besetzung des Ruhrgebietes hatte die Regierung Cuno den Anlaß gegeben. Sie verzögerte im Auftrag der deutschen Konzerne die Reparationszahlungen an Frankreich; die französische Regierung Poincaré berief sich auf den Versailler Vertrag und ließ im Januar 1923 ihre Truppen ins Ruhrgebiet einmarschieren. Das Kabinett Cuno rief die Bevölkerung zum „passiven Widerstand" auf, insbesondere die Bergleute wurden aufgefordert, keine Kohle für Frankreich zu fördern.

Der Mann meiner Schwester Else war Bergarbeiter auf der Zeche „Erin" in Castrop-Rauxel. Damals gab es in den Bergarbeiterkolonien noch keine Radios, und die Kumpel saßen nach Feierabend draußen zusammen und diskutierten ihre Lage, die durch die Besetzung noch miserabler geworden war als zuvor schon. Bei diesen Debatten, bei denen ich Zuhörer oder höchstens Fragender war, erklärten fortschrittliche Arbeiter, welch ein schmutziges Spiel die herrschende Klasse mit den Arbeitern trieb. Der Konkurrenzkampf zwischen den deutschen und französischen Monopolherren wurde immer schärfer. Verhandlungen der Stinnesgruppe mit den französischen Stahlindustriellen über die Schaffung einer westeuropäischen Montanunion brachen zusammen. Während Stinnes und seine Gruppe eine fünfzigprozentige Beteiligung des deutschen Monopolkapitals an dem geplanten Riesenkonzern forderte, wollten die französischen Großindustriellen ihren deutschen Rivalen nur 40 Prozent zugestehen.

Nicht nur die Besetzung durch die Franzosen belastete die Menschen, ebenso schwer bedrückte sie die Inflation. 1922 kostete ein Dollar noch 8000,– DM, bis 1923 war der Wert des Dollars auf über 4 Billionen Mark gestiegen. Die Zahlen waren astronomisch. Das Geld wurde den Arbeitern täglich ausgezahlt. Die Frauen standen vor den Fabrik- und Zechentoren, rissen den Männern den Tageslohn aus der Hand und rannten, um für das Geld wenigstens noch ein Brot oder etwas Margarine zu erhalten. Wer auch nur einen Tag zögerte, konnte sein Geld getrost einstampfen, denn in der Zwischenzeit waren die Preise schon wieder um Milliarden gestiegen.

Auf den Trittbrettern der Züge sah ich Arbeiter, Frauen und Kinder mit Rucksäcken, in denen sie das Holz verstauten, das sie gesammelt hatten, um den Ofen heizen zu können, – und das in dem kohlereichen Ruhrgebiet. Da lag die Kohle auf den Halden, aber keiner durfte davon etwas für sich nehmen. Sie wurde von französischen Soldaten bewacht. Nach kurzem Anruf wurde scharf geschossen. Hunger herrschte in den Arbeiterfamilien, aber nicht nur dort, dem Mittelstand ging es nicht besser, gefroren haben wir alle.

Mein Vater versuchte alles, um sein Geschäft zu erhalten und entwickelte – ähnlich wie im Krieg – ungeahnte Initiativen. Er unternahm illegale Fahrten in das nichtbesetzte Gebiet, die mit hundert Gefahren verbunden waren. Er band sich die in Wuppertal und Elberfeld eingekauften Kleinwaren um den Bauch, machte riesige Umwege zu Fuß, um unbehelligt wieder nach Bochum zu gelangen. Aber eines Tages schnappte eine französische Kontrolle ihn doch. Die Waren wurden ihm abgenommen, und als er dann spät abends nach Hause kam, wo wir schon voller Sorge auf ihn warteten, war er völlig niedergebrochen und so deprimiert, daß er es nicht mehr wagte, illegal über die Grenze zu gehen. Außerdem wartete er mit großer Angst auf den Prozeß, den die Franzosen ihm angedroht hatten. So lebten wir sehr bescheiden, am Rande des Hungers von dem, was wir gegen die noch vorhandenen Kleinigkeiten wie Nähgarn, Wolle usw. eintauschen konnten. Ich war erwerbslos, und es gab keine Aussicht auf Arbeit.

Mir fielen die blau-weiß-rot umrandeten Plakate ein, die ich damals an Fabrikmauern und an Ladenscheiben gesehen hatte, auf denen die französischen Soldaten in ihrer Muttersprache aufgefordert wurden, nicht auf ihre deutschen Klassenbrüder zu schießen. Später, als ich selbst politisch tätig war, erzählten mir meine Genossinnen Maria Krollmann und Minna Schweppe, daß sie wegen Agitation unter französischen Soldaten von einem französischen Gericht verurteilt und in Mainz gefangengehalten worden waren.

Die Kommunistische Partei Deutschlands ebenso die Französische Kommunistische Partei rief die Arbeiter beider Länder auf, den französischen und den deutschen Kapitalismus gemeinsam zu bekämpfen. Die politische Hauptlosung der KPD lautete: „Schlagt Cuno und Poincaré an der Ruhr und an der Spree!" Die reaktionäre Cuno-Regierung schränkte die Rechte und Freiheiten, die sich die Arbeiter in der Novemberrevolution von 1918 erkämpft hatten, immer mehr ein und verlangte z. B. von den Bergarbeitern pro Schicht zwei unbezahlte Überstunden. Die allgemeine Unzufriedenheit wuchs. Der von der Betriebsrätekonferenz in Berlin ausgerufene Generalstreik fegte am 12. August 1923 die Cuno-Regierung in vierundzwanzig Stunden hinweg. Das neue Kabinett Stresemann hob den „passiven Widerstand" auf und leitete die Beilegung des Ruhrkonfliktes ein.

Lohnbuchhalterin bei „Constantin" und rechte Hand in Vaters Geschäft

Anfang 1924 erhielt ich endlich wieder Arbeit und zwar als Lohnbuchhalterin bei der Zeche „Constantin" an der Herner Straße. Ich sah die Bergarbeiter noch vor mir, wenn sie aus der Waschkaue kamen und mit schwarzumränderten Augen nach Hause gingen. Der Kohlenstaub war aus den feinen Härchen der Lider nicht auszuwaschen. Vielen Bergarbeitern konnte man den Beruf ansehen, weil sie im Gesicht und an den Händen blaue Punkte und Narben hatten. Der Kohlenstaub war im Laufe der Zeit unter die Haut gedrungen und auch durch medizinische Behandlung nicht mehr zu beseitigen.

Ich fiel unter den Angestellten bald auf, weil ich mich gegenüber den Bergarbeitern natürlich benahm und mich mit ihnen genauso unterhielt wie mit meinen anderen Kollegen. Obwohl ich damals noch nicht organisiert war, wurde ich bald „die Rote" genannt. Wenn schon, denn schon, dachte ich und trat in die Gewerkschaft für Angestellte AfA (Arbeitsgemeinschaft freier Angestelltenverbände) ein. Ich war dort nicht besonders aktiv, aber allein schon die Mitgliedschaft wurde mir von den Vorgesetzten und einigen Kollegen nicht verziehen.

Aus dem Krisenjahr 1923 hatte ich viel gelernt, und meine neuen Erfahrungen als Angestellte in einem Zechenbüro taten das ihre. Allein oder mit Steff Tisken und anderen Freunden suchte ich nach den Ursachen, die solche Not über die arbeitenden Menschen und in weite Kreise des Kleinbürgertums getragen hatten. Die Nazis traten nun auch im Ruhrgebiet auf den Plan und boten ihren „Ausweg" an. Aber die ganze Macherei der Nazis war mir zuwider.

Ihre Parolen erschienen selbst mir, einem in politischen Fragen noch ziemlich unbeschriebenen Blatt, zu gefährlich. Besonders der Chauvinismus der Nazis stieß mich ab, ihre Anmaßung, daß die Deutschen als „das Volk der Dichter und Denker“ das Recht hätten, allen anderen Völkern nationale Eigenart, Kultur, Intelligenz und Können abzusprechen. Diese Überheblichkeit und Unduldsamkeit der Nazis und Völkischen zwangen mich dazu, mehr zu lesen, um den Gegenbeweis antreten zu können. Ich wurde in immer heftigere Diskussionen hineingezogen.

Bei irgendeiner Gelegenheit wurde ich dem Bruder und der Schwägerin von Steff Tisken vorgestellt. Ich kam vom Regen in die Traufe: Es waren Alldeutsche (später fanatische Nazis), die von ihrem Sendungsbewußtsein durchdrungen waren und andere Meinungen nicht einmal anhören wollten. Die Schwägerin trug ihr Haar aufgesteckt wie die später sattsam bekannte NS-Reichsfrauenführerin Gertrud Scholtz-Klinck und hatte ein Gehabe an sich, daß ich dachte: denen fehlen ja nur noch die Opfersteine.

1924 trennte sich mein und Steff Tiskens Weg, zuerst nur persönlich, aber später auch politisch. Er wurde Mitglied der SA und nach dem Machtantritt der Hitlerpartei vollkommen demoralisiert. 1933 ging er zu meinem Bruder Hermann und verlangte meine Adresse, als mein Bruder das verweigerte, hat er ihn halb zu Tode geprügelt.

Im Herbst 1924 erhielt ich von der Zeche Constantin die Kündigung und wurde arbeitslos. Ich half im Laden meines Vaters und war dort für ein Taschengeld Buchhalterin und Kassiererin. Ich versuchte meine Eltern dabei zu unterstützen, ihr Geschäft wieder auf die Beine zu bringen.

Durch meine Tätigkeit in Vaters Geschäft wurde ich dort und bei Kundenbesuchen noch intensiver mit sozialen und politischen Problemen konfrontiert, vor allem mit denen der Bergarbeiter und der Metallarbeiter vom Bochumer Verein, von Eickhoff und anderen Betrieben. Diese Arbeiter waren in ihrer Mehrheit sehr klassenbewußt. Viele ihrer Argumente überzeugten mich, aber trotz vieler Diskussionen mit Sozialdemokraten und Kommunisten zögerte ich immer noch, mich parteipolitisch zu binden. Ich kaufte mir aber schon die „Weltbühne“ und abonnierte „Das andere Deutschland“, die Wochenzeitung der Deutschen Friedensgesellschaft. Den „Völkischen Beobachter“, den „Angriff“ oder andere Naziblätter kaufte ich mir nie, wahrscheinlich hatten meine Begegnungen mit Vertretern der „Alldeutschen“ mich dagegen immun gemacht.

Mitglied der Friedensgesellschaft und Teilnahme am Kampf gegen die Fürstenabfindung

Noch gehörte ich zum Wandervogel e.V., aber meine Gedanken waren schon weit über die Dideldumdei-Interessen hinausgegangen und wandten sich immer mehr jenen Kreisen zu, die es sich zur Aufgabe gestellt hatten, den gefährdeten Frieden zu sichern. Ich erkannte allmählich, daß es nicht bei Worten bleiben durfte, daß es auch für mich hieß, mich aktiv in den Kampf für die Erhaltung des Friedens einzureihen.

Ende 1925 trat ich der Deutschen Friedensgesellschaft unter Hellmut von Gerlach bei. Ich war damals der Meinung, daß nur eine Organisation, die als einziges Ziel die Verteidigung des Weltfriedens auf ihre Fahnen schrieb, Aussicht hatte, die Massen zu gewinnen. An einer Sitzung der Friedensgesellschaft in Bochum, zu der Vertreter aller demokratischen Organisationen eingeladen worden waren, nahmen auch Funktionäre der KPD und des Kommunistischen Jugendverbandes teil. Alle Anwesenden waren sich darin einig, daß der Kampf um die Erhaltung des Friedens eine der wichtigsten Gegenwartsaufgaben sei. Die kommunistischen Vertreter gingen aber weiter und betonten den antiimperialistischen Charakter des Friedenskampfes. Sie sagten, daß man vor allem den Kapitalismus, der die Ursache der Kriege in unserem Jahrhundert sei, angreifen müsse, wenn man den Frieden auf Dauer erhalten wolle. Das machte mich nachdenklich. Hatten die Kommunisten recht? Damals begann ich, mir hin und wieder die „Rote Fahne", das Zentralorgan der KPD, zu kaufen.

Eine meiner ersten politischen Aktivitäten war die Beteiligung am Kampf gegen die Fürstenabfindung. Es erschien mir ungeheuerlich, den Fürsten, die nach der Novemberrevolution auch in Deutschland endlich abdanken mußten, Millionen Morgen Land in den Rachen zu werfen und Milliarden Reichsmark dazu. Die Fürsten, die nach 1918 einige Privilegien eingebüßt hatten und einen geringen Teil ihres Bodens an Landarbeiter und arme Bauern abgeben mußten, forderten lautstark eine staatliche Entschädigung. Allein der ehemalige deutsche Kaiser verlangte eine Jahrespension von 600000,– Mark, einige Fürsten erwarteten sogar staatliche Apanagen für ihre Mätressen. Und das in einer Zeit, in der es Millionen Erwerbslose und Kurzarbeiter gab, die sich oft nur einmal in der Woche ein warmes Mittagessen leisten konnten, die aus ihren Wohnungen exmittiert wurden, weil sie die Miete nicht bezahlen konnten. Die Empörung über die Fürstenabfindung war allgemein. Sie trieb auch die Frauen auf die Straße, die mit entsprechenden Schrifttafeln demonstrierten:

„2 Millionen Erwerbslose!
2,5 Milliarden für die Fürsten!"

Es war nicht zu fassen, daß die Regierung Luther diesen gefräßigen feudalistischen Popanz noch mehr mästen wollte und das Gesetz zur Fürstenabfindung schuf. Die KPD-Fraktion im Reichstag brachte eigene Gesetzentwürfe ein. Die Mehrheit des Reichstages überwies diese an den Rechtsausschuß. Damit die Entscheidung nicht auf die lange Bank geschoben werden konnte, brachte die kommunistische Reichstagsfraktion am 10. Dezember 1925 den Antrag ein, „alle Rechtsstreitigkeiten mit den ehemaligen regierenden Fürstenhäusern, die bei deutschen Gerichten anhängig sind, bis zu einer rechtsgesetzlichen Regelung" auszusetzen. Diesen Antrag nahm der Reichstag einige Wochen später an.

Unter der schnell populär werdenden Losung „Keinen Pfennig den Fürsten" veröffentlichte die „Rote Fahne" am 4. Dezember 1925 einen offenen Brief des ZK der KPD an die Vorstände der SPD, der Gewerkschaften, des Reichsbanners und des RFB mit dem Vorschlag, gemeinsam Volksbegehren und Volksentscheid für die entschädigungslose Enteignung der deutschen Fürsten einzuleiten. Im Januar 1926 kamen Vertreter der KPD, SPD und der freien Gewerkschaften und anderer Organisationen im Reichstagsgebäude zu einer Beratung zusammen. Ernst Thälmann, Vorsitzender der KPD, und Otto Wels, Vorsitzender der SPD, unterzeichneten eine gemeinsame Bekanntmachung zum Volksbegehren für die Fürstenenteignung. Schon vorher hatten sich überall im Reich Ortsgruppen der KPD an die lokalen Organisationen der SPD, des ADGB, der SAJ und anderer, der Sozialdemokratie nahestehenden Vereinigungen mit Vorschlägen zu einheitlichen Aktionen gewandt. Der Erfolg war, daß bis zum Frühsommer 1926 unzählige Versammlungen, Haus- und Hofeinsätze durchgeführt wurden, die unter folgenden Losungen standen:

„Keinen Pfennig den Fürsten!"
„Brot und Arbeit dem notleidenden Volk!"
„Die Fürsten sollen stempeln gehen!"
„Dem Volk die Schlösser – den Fürsten die Asyle!"

Die „Rote Fahne" und andere fortschrittliche Zeitungen berichteten damals laufend über die Aktivitäten. Namhafte Vertreter der Intelligenz waren begeistert vom gemeinsamen Vorgehen der Arbeiterparteien und schlossen sich vollinhaltlich deren Forderungen an. Johannes R. Becher, Hermann Duncker, Albert Einstein, Siegfried Jacobsohn, Käthe Kollwitz, Paul Oestreich, Max Pechstein, Erwin Piscator, Kurt Tucholsky, Heinrich Zille und andere unterzeichneten eine Erklärung, in der es hieß:

„Wenn der Staat die Opfer des Krieges und der Inflation mit Bettelpfennigen zu entschädigen wagt, dürfen die Fürsten, die an dem Unglück Deutschlands in erster Linie mitschuldig sind, nicht bevorzugt und mit Milliarden abgefunden werden. Millionen Deutsche aus allen politischen Lagern und allen sozialen Schichten haben die Forderung der entschädigungslosen Enteignung der Fürsten begeistert aufgenommen und verlangen stürmisch eine schnelle und klare Entscheidung. Jetzt gilt es, dem Volksvermögen Milliarden an Geldwert zu erhalten und sie den durch Krieg und Inflation schwer geschädigten Schichten zuzuführen."

Seit Beginn dieser Kampagne hatte ich mich bemüht, über alles informiert zu sein, aber schließlich wollte ich auch selbst etwas tun. Die Argumente und Losungen der Kommunisten zur Fürstenenteignung erschienen mir am konsequentesten, und so kam es, daß ich dann an Agitationseinsätzen der Bochumer KPD und des KJVD teilnahm. Der Kommunistische Jugendverband hatte mit viel Phantasie einen Leiterwagen dekoriert, auf dem wir durch die Stadtteile, durch die Kolonien zogen; mit einem Lastwagen ging es in die Landgebiete. Überall verteilten wir Material, diskutierten und erläuterten unseren Standpunkt, warum beim Volksentscheid gegen das Gesetz für die Fürstenabfindung gestimmt werden mußte. Von meinen neuen Bekannten, alten und jungen Kommunisten, bekam ich oft das „Ruhr-Echo" geschenkt, und ich freute mich immer besonders, wenn ich etwas von unseren Aktivitäten darin wiederfand.

Der Volksentscheid fand am 20. Juni 1926 statt. Die bürgerlichen Parteien, mit Ausnahme der Deutschen Demokratischen Partei (DDP), hatten zum Wahlboykott aufgerufen. So mußte jeder, der zum Wahllokal ging, praktisch ein offenes Bekenntnis gegen die Fürstenabfindung ablegen. Das wagten viele, die für die Enteignung waren, nicht, besonders die Landarbeiter, die von den Großgrundbesitzern schwer unter Druck gesetzt wurden. Den Bauern und Kleingewerbetreibenden wurde durch die bürgerliche Presse weisgemacht, daß die Gegner der Fürstenabfindung erst die Fürsten enteignen und dann aber jegliches Privateigentum beseitigen wollten. Trotz der scharfen antikommunistischen Propaganda stimmten beim Volksentscheid 14,5 Millionen Wähler (36,4%) gegen die Fürstenabfindung. Das war ein großer Erfolg. Er reichte jedoch nicht aus, um das Gesetz zu Fall zu bringen. Dafür wären 20 Millionen Stimmen notwendig gewesen. So wurden die Fürsten entschädigt nach dem Gesetz, das die bürgerliche Mehrheit im Deutschen Reichstag beschlossen hatte.

Am 1. Juli 1926 wurde ich Mitglied des Arbeiter- Turn- und Sportbundes, Riege Freie Schwimmer e. V., Bochum.[6] Damals gab es noch keine Freibäder, sondern nur eine einzige Bochumer Badeanstalt, um die Wasserbegeisterten zu befriedigen. Wenn die Ruhr genügend Wasser führte, haben wir an den Sonntagen auch dort geschwommen und gepaddelt. Wöchentlich einmal war Training, Probe für Festspiele des Schwimmvereins und einmal monatlich Mitgliederversammlung, auf der oft heftig diskutiert wurde. Zwei Sportwarte gehörten der KPD an, die übrigen Vorstandsmitglieder waren Sozialdemokraten. Damals war die Arbeitersportbewegung noch einheitlich; die Ausschlußkampagne gegen Kommunisten setzte aber nicht lange nach meinem Eintritt ein.

6 siehe Abb. 4

Der entscheidende Schritt: Eintritt in den KJVD

Schon seit Jahren versuchten die Nazis im Ruhrgebiet an Boden zu gewinnen. Sie versprachen den Werktätigen Arbeit und Brot, versprachen, die Rechte der Herren von Kohle und Stahl zu beschneiden, und was weiß ich noch alles. Ende 1926 oder Anfang 1927 warb die NSDAP für eine Veranstaltung mit Joseph Goebbels in dem größten Bochumer Saal, im „Schützenhof". Das wollte ich mir einmal anhören. Goebbels war wirklich ein begabter Demagoge, der unkritische Menschen einzuwickeln verstand. Er sprach vom „nationalen Sozialismus" Adolf Hitlers, vom Kampf gegen den Bolschewismus und das raffende Kapital des internationalen Judentums. Er sprach von der germanischen Rasse, die heute mit der NSDAP wieder auferstanden sei und die das deutsche Volk aus dem Elend herrlichen Zeiten entgegenführen werde.

Auf der einen Seite des Saales saßen junge Kommunisten, die bei einer der Goebbelsschen Tiraden riefen: „Goebbels, wo bist du denn ein hochgewachsener blonder Germane?" Goebbels fing hysterisch an zu schimpfen, aber ich hörte nicht weiter zu. Die Zwischenrufer hatten mein Interesse geweckt. Ich mußte sie näher kennenlernen. Ich ging zu ihnen und fragte eine junge Kommunistin: „Wie stellen Sie sich das denn vor? Glauben Sie, in der Lage zu sein, Arbeitslosigkeit, Wohnungsnot, Hunger und Kriegsgefahr beseitigen zu können?"

Die junge Frau, auf die ich zugegangen war, war Maria Krollmann. Nach der Versammlung gingen wir zwei noch lange spazieren. Wir brachten uns gegenseitig nach Hause, bis die Nacht fast vorüber war. Am nächsten Abend trafen wir uns wieder, und wieder wurde gefragt, diskutiert und erklärt. Ich las jetzt die Briefe Rosa Luxemburgs an Luise Kautsky, ich las „Fragen des Leninismus" von Stalin, von Plechanow: „Beiträge zur Geschichte des Materialismus" und andere Bücher und verstand kaum etwas. Trotzdem fühlte ich: „Hier gehörst du hin; hier kannst du etwas lernen und das Durcheinander in deinem Kopf in Ordnung bringen. Hier gibt es einen Weg, auf dem du mitgehen kannst."

Nach reiflicher Überlegung entschloß ich mich, Mitglied des Kommunistischen Jugendverbandes zu werden. Aber ich wollte ganz konsequent sein und vorher aus der Kirche austreten. Daß ich 21 Jahre alt und mündig war, erleichterte mir diese Entscheidung. Innerlich hatte ich mich schon lange von der Evangelischen Gemeinschaft entfernt und nur noch auf die Eltern Rücksicht genommen.

Mit unserem Briefträger, der der SPD angehörte, hatte ich abgemacht, daß er mir den Brief der Kirchenbehörde, die meinen Austritt bestätigte, persönlich aushändigen sollte. Ich wollte den Eltern diesen Kummer ersparen. Das Pech wollte es, daß mein Briefträger an jenem Tage keinen Dienst hatte. So gelangte das Schreiben in die Hände meiner Mutter. Eine harte Auseinandersetzung folgte, bei der jeder auf seinem Standpunkt beharrte.

Am 27. Februar 1927 trat ich in den KJVD ein. Ich war sehr froh und glücklich darüber, daß ich endlich meine politische Heimat gefunden hatte. Aber ich schaffte es nicht, meine Eltern von der Richtigkeit meines Schrittes zu überzeugen. Als mein Vater einmal die „Arbeiter-Illustrierte-Zeitung" (A-I-Z) im Laden fand, die ich, nachdem ich sie gelesen hatte, als Packpapier unter die Theke legte, war das Maß wieder einmal voll. Noch blieb ich zu Hause, aber das Verhältnis war gespannt.

Die KJVD-Gruppe in Bochum hatte damals etwa dreißig aktive Mitglieder. Unser Büro war in einer Nebengasse der Rottstraße, wo auch die Unterbezirksleitung der KPD Bochum ihren Sitz hatte. Eine meiner ersten Aufgaben war die Mitarbeit bei der Renovierung des Jugendbüros. Wir bespannten eine Wand mit rotem Stautz (Nessel), dekorierten die andere Wand mit Fahnen und hingen die erste Nummer unserer selbstgefertigten Wandzeitung „Die junge Garde" auf. Das Büro wurde unser Zuhause. Wir organisierten Demonstrationen. Trotz der geringen Mitgliederzahl marschierten wir mit 300 und mehr Jungarbeitern und Jungarbeiterinnen, die sich unterwegs angeschlossen hatten, durch das sogenannte „Blaue Büxen"-Viertel von Bochum, in dem in der Hauptsache Arbeiter vom Bochumer Verein wohnten.

Noch vor der starken Parteiorganisation wagte es der Bochumer Jugendverband, zu einem „Bunten Abend" im größten Saal der Stadt, im „Schützenhof" einzuladen. Der Saal war voll, fast ausschließlich Jungarbeiter und Jungarbeiterinnen waren gekommen. Wir hatten zwei Theaterstücke einstudiert. Das eine war der „Chinasong". Wir hatten uns schwarze, kurze Röcke genäht, dazu gelbe, ärmellose Blusen aus Satin, auf der linken Schulter eine große, schwarze Schleife, so tanzten wir auf der Bühne und sangen. Wir kamen uns in dieser Kleidung ganz schön verrucht vor.

Das andere Stück spielte vor den Mauern des Zentralgefängnisses in Bochum. Ich stellte eine Arbeiterfrau dar, deren Mann zusammen mit seinem Kameraden eingesperrt war. Ich war hoch in anderen Umständen, ließ mich – wie die anderen – aber nicht davon abbringen, den Männern die neuesten Nachrichten zuzurufen, bis die Polizei uns verjagte.

Der Abend war ein voller Erfolg. 65 Neuaufnahmen bewiesen es. Unsere Gruppe hatte an Anziehungskraft gewonnen und wuchs und wuchs, bis wir 200 Mitglieder zählten und dann immer mehr wurden.

Ein anderes Mal spielten wir den „Holzwurm", der von dem Leben der Lehrlinge in den Kleinbetrieben erzählte. Die Lehrlinge wurden dort besonders hart ausgebeutet, mußten Überstunden machen und bis zur physischen Erschöpfung arbeiten. Die Theaterstücke, die wir aufführten, waren lebensecht, die Sprache für alle verständlich. Oft hörten wir Bemerkungen: „Mensch, so is dat auch bei mein' Krauter!"

In allen Orten unseres Unterbezirkes wurden Versammlungen organisiert, Theater gespielt und Texte rezitiert. Für Witten beispielsweise hatten wir ein Stück eingeübt, das die antikommunistische Berichterstattung der bürgerlichen Presse aufs Korn nahm. Redaktionssitzung im Redaktionsbüro, Chefredakteur: „Ich schlage für die erste Seite vor, fettgedruckt: ‚Überfall der Kommunisten auf wehrlose Frauen und Kinder. Wie uns aus gut unterrichteten Kreisen mitgeteilt wird, haben kommunistische Banditen in Ch. Frauen und kleine Mädchen vergewaltigt und Häuser niedergebrannt.'" Ich spielte den Lokalredakteur und sagte entsetzt: „Aber das stimmt doch gar nicht!" Chefredakteur: „Das macht nichts. Wir bringen dann in den nächsten Tagen auf der letzten Seite kleingedruckt eine Berichtigung, in der wir zu unserem Bedauern mitteilen, daß unsere Redaktion falsch unterrichtet worden sei."

Ich besuchte auch einige Aufführungen des sozialdemokratischen Arbeiter-Theater-Vereins. Hier nahm man sich besonders klassischer Stücke an. Einmal wurde „Faust" angekündigt. Das Lokal war bis zum letzten Platz besetzt. Arbeitertheater war billiger als Kino und bot mehr als die gängigen Filme. Goethes Text war ein wenig abgeändert worden, um die Handlung verständlicher zu machen. In einer solchen abgeänderten Szene fragte Gretchen: „Wohin gehst dū, Faust?" In die gespannte Stille hinein rief eine Stimme aus dem Publikum: „Stempeln!". Ein solches Gelächter hatte ich selten gehört. Es war gar nicht daran zu denken, daß weitergespielt wurde. Der Saal brodelte. Immer wieder fielen Bemerkungen, die zu neuem Lachen Anlaß gaben. Alles amüsierte sich königlich. Noch Wochen danach wurde gefragt: „Wohin gehst du, Faust?", und immer kam die gleiche Antwort: „Stempeln!"

Die Theatergruppe des Bochumer Jugendverbandes trat in vielen Versammlungen auf, auch auf den jährlichen LLL-Feiern (Lenin-Liebknecht-Luxemburg-Gedenkveranstaltungen) im Januar. Voller Leidenschaft rezitierten wir dann aus Liebknechts letztem Artikel vom 15. Januar 1919 in der „Roten Fahne":

„... wir sind es gewohnt, vom Gipfel in die Tiefe geschleudert zu werden. Aber unser Schiff zieht seinen geraden Kurs fest und stolz dahin bis zum Ziel.

Und ob wir dann noch leben werden, wenn es erreicht wird – leben wird unser Programm: es wird die Welt der erlösten Menschheit beherrschen. Trotz alledem!"

Das war eine Zeit! Mit welchem Schwung sind wir an unsere Arbeit gegangen, mit welchem Elan haben wir sie durchgeführt. Ich wurde bald in die Unterbezirksleitung des KJVD Bochum gewählt; später gehörte ich durch das Vertrauen meiner Jugendgenossen auch der erweiterten Bezirksleitung des KJVD Ruhrgebiet an.

Meine Eltern konnten für meine Einstellung und meine Aktivitäten durchaus kein Verständnis aufbringen. Als ich das erste Mal mit der roten Fahne durch unser Viertel marschierte – was ich bis dahin vermieden hatte –, mußte ich mein Zuhause verlassen. Freunde nahmen mich auf. Nach einigen Tagen, als ich meine Kleidung und andere mir gehörende Dinge von zu Hause holen wollte, bat mich meine Mutter, doch nicht wegzugehen. Sie erlaubte mir, die Veranstaltungen des Jugendverbandes weiter zu besuchen. Ich sah Tränen in den Augen meiner Mutter und bin gern bei ihr geblieben.

Ich begann, dann und wann für das „Ruhr-Echo" (das Bezirksorgan der KPD) zu schreiben, Erlebnisse aus dem Alltag, darunter auch den Artikel „Goebbels und die Judensau". Damit hatte es folgende Bewandtnis: Auf einer Naziversammlung in einem Arbeiterviertel war Goebbels als Redner angesagt. Wir verabredeten uns, hinzugehen. Ich verspätete mich, und als ich eintrat, winkte ich lachend meinen Jugendfreunden zu. Im gleichen Moment erhob sich schallendes Gelächter. Ich wußte nicht warum, wahrscheinlich war es eine Antwort auf eine Behauptung des Redners. Goebbels zeigte mit ausgestrecktem Zeigefinger auf mich und schrie hysterisch in den Saal: „Ich stelle fest, daß eine ‚Judensau' zuerst gelacht hat!" Ich parierte sofort und war bei meiner Antwort auch nicht gerade fein geblieben.

Meinen ersten Reichsjugendtag des KJVD machte ich 1927 in Hamburg mit. Aus allen Gebieten des Reiches kamen die Jugendlichen in Sonderzügen und auf Lastwagen in die Hansestadt. Es waren zuletzt so viele Quartiere bereitgestellt worden, daß gar nicht alle belegt werden konnten. Obwohl die Menschen arm waren, wollten alle „ihren" Jugendlichen haben. Maria Krollmann und ich landeten bei einem Ehepaar in einer Nebengasse der Rothesoodstraße in einer kleinen Wohnung, die nur aus Schlafzimmer und Küche bestand.

Das Ehepaar, dessen Namen ich leider vergessen habe, wollte uns erst einmal mit Hamburg bekanntmachen. Es zog mit uns über die Reeperbahn, zeigte uns die Arbeiterviertel, aber auch Lokale um den Großneumarkt herum. Uns beiden „unbefleckten" Jungfrauen aus der Provinz standen manchmal die Haare zu Berge. Besonders beeindruckt waren wir von einem Lokal, in dem Lesbierinnen verkehrten. Was wußten wir schon von lesbischer Liebe? Als mich eine Frau zum Tanz aufforderte, tanzte ich zwar mit ihr, fragte später aber entsetzt unsere Gastgeber: „Sagt mal, was wollte die Frau eigentlich von mir? Die hat so komisch gequatscht", worauf schallendes Gelächter erfolgte.

Am nächsten Tag fand die Riesendemonstration Zehntausender disziplinierter Jugendlicher statt. Und als der Jugendverband „Ruhrgebiet" aufmarschierte, klatschten die Hamburger Arbeiter, die am Rande der Straße dichtgedrängt hintereinander standen. Wir sangen mit unseren hellen, kräftigen Stimmen, daß man glauben konnte, alle Mauern der Reaktion müßten zusammenstürzen, wie seinerzeit die Mauern von Jericho. Viele Menschen stimmten in unsere Lieder ein, begleiteten den Aufmarsch der kommunistischen und Arbeiterjugend mit ununterbrochenem Klatschen. Eine ebenso starke Sympathiebezeugung erlebten wir beim nächsten Reichsjugendtag in Chemnitz. Auf beiden Abschlußkundgebungen hatte Ernst Thälmann zu uns gesprochen, dem nun unsere Begeisterung entgegenschlug. Diese Treffen und das Bewußtsein unserer Kraft ließen uns mit noch mehr Freude an unsere politischen Aufgaben und zur Kleinarbeit an der Basis zurückkehren.

1927 stand auch der KJVD Bochum mitten in der Schlußphase des internationalen Kampfes um die Freilassung der beiden amerikanischen Streikführer Nicola Sacco und Bartolomeo Vanzetti. Sacco und Vanzetti, ein Schuhmacher und ein Fischverkäufer, beide 1908 aus Italien in die USA eingewandert, waren 1920 in Boston verhaftet worden. In der Stadt war damals ein abscheulicher Raubmord geschehen, und die politische Polizei versuchte, den beiden Arbeiterführern das Verbrechen in die Schuhe zu schieben. Aufgrund vorsätzlich falscher Anklage wurden Sacco und Vanzetti 1921 zum Tode verurteilt. Obwohl beide ihre Unschuld beteuerten und der Ankläger sich ausschließlich auf Indizien stützen konnte, wurde das Urteil nicht aufgehoben und Sacco und Vanzetti nicht freigelassen. Aus Angst vor der erstarkenden Arbeiterbewegung nach der Oktoberrevolution in Rußland wollte die amerikanische Klassenjustiz ein Exempel statuieren. Nach sechs Jahren Haft wurde die Hinrichtung Saccos und Vanzettis auf dem elektrischen Stuhl für den 12. August 1927 festgelegt.

Die bisher schon starken Solidaritätsaktionen entwickelten sich nun zu einem Proteststurm. Die ganze Welt stand gegen das Urteil auf. Der KJVD Bochum beteiligte sich aktiv an den Solidaritätskundgebungen, an einer Demonstration auf dem Moltkeplatz, an Unterschriftensammlungen gegen den geplanten Justizmord. Daß wir protestierten, war selbstverständlich, aber auch kirchliche und bürgerliche Kreise, selbst der Papst, und Regierungsmitglieder erhoben ihre Stimme. Sie schrieben, telegraphierten an die amerikanischen Botschaften ihrer Länder, wurden beim Gouverneur von Massachusetts, Alvan Fuller, vorstellig, wandten sich an den Präsidenten der USA. Überall in der Welt fanden Demonstrationen und Massenkundgebungen statt. Auf den in Deutschland mitgeführten Transparenten konnte man lesen:

„Sacco und Vanzetti,
Karl Liebknecht, Rosa Luxemburg, Leo Jogisches,
10000 Arbeiter fielen der Klassenjustiz zum Opfer.
Das Schicksal der Arbeiterklasse
im Krieg: Gas und Granaten,
im Frieden: elektrischer Stuhl!"

Die Frau Nicola Saccos und die aus Italien eingereiste Schwester Bartolomeo Vanzettis mußten von Gouverneur Fuller empfangen werden. Er lehnte eine Begnadigung mit der Begründung ab, daß er von der Schuld der beiden Männer überzeugt sei. Auch als sich neue Zeugen meldeten und weiteres Entlastungsmaterial auftauchte, selbst als die wirklichen Mörder gefunden waren und ein Geständnis abgelegt hatten, weigerte sich die US-Justiz, den Prozeß wieder aufzurollen. Die Hinrichtung wurde lediglich auf den 22. August verschoben.

Die Welt hielt den Atem an. Sollte die herrschende Klasse der USA es trotz erwiesener Unschuld der beiden und weltweiter Empörung wirklich wagen, das Urteil zu vollstrecken? Und sie wagte es. Sie brauchte die Kriminalisierung der Arbeiterführer, um noch schärfer gegen die Gewerkschaften und gegen die Kommunistische Partei Amerikas vorgehen zu können.

120000 Werktätige in Berlin, Hunderttausende im gesamten Deutschen Reich gingen auf die Straße, gaben ihrer Trauer über den Tod dieser tapferen Männer Ausdruck, protestierten gegen den Mord der Klassenjustiz.[7]

Wegen meiner politischen Arbeit im KJVD kam es zu Hause immer wieder zu Zusammenstößen mit den Eltern, besonders mit dem Vater, der weniger tolerant als meine Mutter war. Nach einer harten Auseinandersetzung hielten Mutter und ich es für besser, wenn ich dem Vater aus dem Wege ginge und auszöge. Meine Freundin Maria hatte damals gerade in Bochum-Hofstede eine Wohnung bekommen und gleich ein Zimmer für mich mitgemietet. Das ging also klar. Aber wovon sollte ich leben und die Miete bezahlen? Reinemachen bei Bochumer „Herrschaften“ wollte ich nicht; die Aversion gegen das Dienstmädchenschicksal hatte uns schon die Mutter zu tief eingepflanzt. Ich sprach mit meinen Freunden, ob sie nicht Rat wüßten. Da machte mir meine Jugendgenossin Hertha Buchner den Vorschlag, in der Matratzenfabrik, in der sie arbeitete, anzufangen. Ich war dazu sofort bereit.

Was mich in der Matratzenfabrik erwartete, davon hatte ich keine Ahnung. Als ungelernte Arbeiterin mußte ich – wie alle – im Akkord schuften. Ich konnte die vorgegebene Leistung auch nicht zu zehn Prozent erfüllen. In manchen Wochen verdiente ich nur die Fahrkarte und ein paar Mark darüber. Meine Hände waren kaputt von dem rauen Drell, vom Einnähen der Wülste rund um die Matratze und dem Einziehen der Knöpfe. Es gehörte schon eine jahrelange Übung dazu, bei dieser Arbeit den Akkord zu erreichen. Der Frauenlohn war hier – wie überall – noch geringer als der der männlichen Kollegen, und Schmalhans war bei allen Küchenmeister. Dabei hätten die Frauen und Mädchen diese schwere Arbeit mit Gold aufgewogen bekommen müssen. Ich habe mit den anderen Staub geschluckt, ihn ausgehustet und es dort nur einige Wochen ausgehalten. Dann wurde ich Kundin beim Arbeitsamt.

---

7 Während Gouverneur Fuller und die Namen der amerikanischen Blutrichter längst der Vergessenheit anheimfielen, ist das Andenken an Sacco und Vanzetti lebendig geblieben; sie sind in die Geschichte der USA und der internationalen Arbeiterbewegung eingegangen. Viele Lieder und Bücher wurden über Sacco und Vanzetti geschrieben, Theater und Film nahmen sich ihres Schicksals an. Anläßlich des 50. Jahrestages ihrer Hinrichtung mußte sogar der derzeitige Gouverneur von Massachusetts, Michael Dukakis, die beiden Arbeiter rehabilitieren, das Mordurteil als „Justizirrtum“ erklären und dazu auffordern, den 22. August 1977 als Gedenktag für Sacco und Vanzetti zu begehen.

Metallarbeiterstreik und Mitarbeiterin der IAH

Ich war einige Zeit erwerbslos. Auf der Stempelstelle beim Diskutieren mit meinen arbeitslosen Kollegen lernte ich soziale und politische Zusammenhänge noch besser verstehen. Es war keine Ausnahme, sondern die Regel, daß die kapitalistische Gesellschaftsordnung immer wieder zu sozialer und politischer Unterdrückung, zur Erwerbslosigkeit, zur Zurückdrängung und Zerschlagung der erkämpften Rechte der Werktätigen führte. Das bestärkte mich in meinen politischen Ansichten und Aktivitäten. Anfang 1928 trat ich in die Kommunistische Partei Deutschlands ein.

Kurz vor dem großen Streik der Metallarbeiter 1928 im Ruhrgebiet wurde ich als Mitarbeiterin der IAH (Internationale Arbeiterhilfe) angestellt. Leiter der IAH für das Ruhrgebiet war der Genosse Ludger Zolikofer, der später von den Nazis ermordet worden ist. Maria hatte mir erzählt, daß das Büro der IAH in Essen dringend eine Hilfe bei dem bevorstehenden Arbeitskampf der Metallarbeiter benötige. Ich stellte mich bei Ludger Zolikofer vor und wurde nach einem längeren Gespräch eingestellt. Ich erhielt eine wöchentliche Vergütung von 20,– RM.

Die Internationale Arbeiterhilfe war 1921 aufgrund eines Aufrufs von Lenin als proletarische Hilfsorganisation gegründet worden. Ihre erste Aufgabe bestand in der Unterstützung für die Opfer der Hungerkatastrophe 1921 in Sowjetrußland. 1923 wurde die Hilfe für die hungernden deutschen Werktätigen Schwerpunkt ihrer Tätigkeit. Die IAH wurde eine Kampforganisation des proletarischen Internationalismus. Sie mobilisierte das Proletariat für die Unterstützung streikender oder durch Katastrophen in Not geratener Werktätiger, so u.a. 1925 in China, 1926 in Großbritannien. Zu den Mitbegründern der IAH in Deutschland gehörten u.a.: Albert Einstein, Leonhard Frank, George Grosz, Maximilian Harden, Edwin Hoernle, Käthe Kollwitz, Alexander Moissi, Willi Münzenberg, Paul Oestreich, Heinrich Vogeler und Clara Zetkin. Interessant war auch, daß 52 Prozent der Mitglieder der IAH Frauen waren, die sich auf allen Gebieten, als Funktionärinnen, als Helferinnen, bei der Werbung neuer Mitglieder, beim Sammeln und bei Streiks bei den betroffenen Familien, in den Küchen der IAH, usw. aktiv einsetzten. So war es auch beim Metallarbeiterstreik 1928 im Ruhrgebiet.

Die Metallarbeiter forderten 12 Pfennige Lohnerhöhung pro Stunde, mit dem Schiedsrichter waren 6 Pfennige ausgehandelt worden. Die Metallindustriellen lehnten den Schiedsspruch ab und behaupteten, daß durch diese Mehrbelastung die gesamte Metall- und Eisenindustrie in einem Jahr bankrott sei, obwohl sie gerade in diesem Jahr Riesenprofite erzielt hatte. Nun traten die Arbeiter geschlossen in den Streik. Auf Kommando des Präsidenten des Reichsverbandes der Deutschen Industrie, Geheimrat Dr. Carl Duisberg, wurden 213000 Metallarbeiter ausgesperrt. Die Arbeiter, die in werkseigenen Wohnungen wohnten, wurden auf die Straße gesetzt. Sie fanden Unterkunft bei Verwandten und Freunden und bei anderen klassenbewußten Arbeitern.

Die IAH leistete schier Unmögliches. Ihre größte Sorge war die Unterbringung der Arbeiterkinder, deren Eltern im Streik standen, und zwar in Kinderheimen, die die IAH in Deutschland und im Ausland unterhielt. Eine große Rolle spielten die sowjetischen Frauen, die sich mit Liebe und Aufmerksamkeit unserer Kinder annahmen und ihnen in den schönsten Gegenden und Heimen der Sowjetunion für die Zeit des Streiks eine Heimat boten. So brauchten die Kinder nicht das Gefühl zu haben, in der demütigenden Abhängigkeit vom Wohlfahrtsamt zu leben. Überall wurde aufs beste für das leibliche Wohl und die ärztliche Betreuung der zum größten Teil unterernährten Kinder gesorgt. Die IAH hatte berufene Pädagogen und andere Helfer gefunden, die den Kindern das Bewußtsein vom gerechten Kampf ihrer Eltern vermittelten, sie zur Charakterstärke und zum solidarischen Zusammenleben erzogen.

Mit dem Streik kam eine ungeheure Arbeit auf die IAH des Ruhrgebiets zu. Wir organisierten ein großes Kinderlager bei Wedau an der Ruhr. Viele Kinder wurden für dieses Lager gemeldet. Wir organisierten Schlafmöglichkeiten in Zelten, Häusern usw., sorgten für eine Großküche und die notwendigen sanitären Anlagen. Unsere ganze Vorarbeit brach fast zusammen, als doppelt so viele Kinder als gemeldet kamen. Auf der Riesenwiese kam es zu einem Tumult, weil die Kinder zu lange warten mußten. Sie weinten, riefen nach ihrer Mutter und schliefen sofort übermüdet ein, wenn sie einen Schlafplatz zugewiesen bekommen hatten. Die ersten Tage arbeiteten wir nicht 12, sondern 36 Stunden hintereinander weg. Die Versorgung mußte neu organisiert, mehr Hilfskräfte mußten angefordert werden, bis sich dann alles eingespielt hatte. Noch jetzt lief mir eine Gänsehaut über den Rücken, wenn ich an diese Probleme im Kinderlager dachte. Die Arbeit ging weiter, neue Küchen wurden eingerichtet, Lagerräume gefunden, in denen die Ausgesperrten und ihre Familien ihre Lebensmittelzuteilungen abholen konnten. Hunderte Frauen stellten sich für die Kinder zur Verfügung, um das Mittagessen vorzubereiten und auszuteilen. Lehrer, Kindergärtnerinnen, Menschen mit pädagogischen Fähigkeiten unterhielten die Kinder. Wir hatten zwei herrliche Kasperle-Theater, die neben lustigen Szenen die Situation, in der sich ihre Eltern und sie befanden, für die Kinder verständlich erklärten und darstellten. Die Kinder machten Tanz- und Gesellschaftsspiele und waren auf alle mögliche Weise beschäftigt.

Dann mußte ich wieder ins IAH-Büro nach Essen, um eine Kollegin abzulösen. Zahlreiche Spenden aus ganz Deutschland waren eingetroffen. Auch die Arbeiter der anderen Länder bewiesen ihre Solidarität. Lastwagen mit Käse kamen aus Holland, viele Spezialitäten aus Frankreich, Ungarn, Italien und anderen Ländern. Kartoffeln, Gemüse und Obst erhielten wir zum großen Teil von den Gemüsehändlern, von den Bauern, zu denen wir aufs Land fuhren.

Brot gaben uns die Bäcker als Solidaritätsspende. Was fehlte, mußte gekauft werden. Die Gasthofbesitzer in den Arbeitervierteln stellten uns ihre Säle zur Verfügung, damit die Arbeiter mit ihren Familien dort essen konnten, wenn sie die Mahlzeit nicht mit nach Hause nahmen. Die kleinen Transportunternehmer liehen uns kleine und größere Lastwagen. Die aus dem Ausland kommenden Laster wurden gar nicht erst beim IAH-Büro abgeladen, die Spenden wurden gleich zum Kinderlager gefahren, wohin ein ortskundiger IAH-Helfer die ausländischen Kollegen begleitete.

Wir organisierten Konzerte mit dem damals sehr bekannten sowjetischen Geiger Eduard Soermus. In vielen Orten fanden Theaterabende mit der progressiven „Gruppe junger Schauspieler" statt. Daran beteiligten sich Schauspieler wie Renée Stobrawa und Fritz Genschow. Auch das „Schauspielerkollektiv Berlin" spielte. Der Reinerlös aus den überfüllten Veranstaltungen floß in den Solidaritätsfonds der IAH.

Nach Beendigung des Metallarbeiterstreiks, nach Rechenschaftslegung und Abrechnung verließ ich die IAH. Auf Bitte der IAH-Leitung arbeitete ich dann für Max Hölz, der damals in einem Essener Hotel wohnte. Ich wußte, daß er 1920 den Kampf der Werktätigen im Vogtland gegen den Kapp-Putsch organisiert hatte und Anführer einer bewaffneten Arbeiterabteilung in den mitteldeutschen Märzkämpfen 1921 gewesen war. Max Hölz war 1928 aus dem Zuchthaus entlassen worden und diktierte mir einen Teil seiner Memoiren in die Maschine. Seine Erinnerungen erschienen 1929 unter dem Titel „Vom weißen Kreuz zur roten Fahne" im Malik-Verlag. Ich selbst kam mit Max Hölz nur schwer zurecht; er wirkte auf mich überaus egozentrisch, und wegen zu großer Meinungsverschiedenheiten währte diese Zusammenarbeit nur kurze Zeit. Ich bat die Partei um eine andere Aufgabe.

Ich arbeitete weiter in Essen und war Anfang 1929 einige Wochen im Büro der Bezirksleitung der KPD Ruhrgebiet als Schreibkraft beschäftigt. Dort lernte ich Wilhelm Florin, Albert Funk und Matthias Thesen näher kennen, die schon damals bekannte Arbeiterführer waren, und deren Wesen und politische Weitsicht mich junge Genossin ungeheuer beeindruckten. Alle drei waren 1920 aus der USPD zur KPD gekommen und vertraten später die Werktätigen des Ruhrgebiets als Abgeordnete der KPD im Reichstag. Wilhelm Florin, Metallarbeiter, während der Ruhrbesetzung 1923 einer der Organisatoren des antimilitaristischen Widerstandskampfes, Mitglied des ZK der KPD und politischer Leiter der KPD des Ruhrgebietes, hatte 1928 an der Spitze des großen Metallarbeiterstreiks im Ruhrgebiet gestanden. Albert Funk, Bergarbeiter, Betriebsrat, hatte 1920 an der Niederschlagung des Kapp-Putsches teilgenommen und war Mitglied der Bezirksleitung der KPD Ruhrgebiet. Matthias Thesen, Dreher, gewerkschaftlicher Vertrauensmann, Betriebsratsvorsitzender, wirkte als Unterbezirkssekretär der KPD in Duisburg, Bochum und Essen. Ich verehrte diese Genossen wegen ihrer unbestechlich klaren

Klasseneinstellung, ihrer menschlichen und politischen Qualitäten und ihrer Einsatzbereitschaft. Keiner kam vergeblich zu ihnen, sie waren jederzeit für jeden Genossen zu sprechen.[8]

Mein weiterer Lebensweg führte mich aus dem Ruhrgebiet fort, fort von den Genossen, die mir lieb und teuer geworden waren. Die Bezirksleitung der KPD Ostpreußen suchte eine zuverlässige Kraft, die neben der Büroarbeit auch politische Aufgaben übernehmen konnte. Diese Arbeit wurde mir angetragen. Ich nahm sie schweren Herzens an.

Funktionärin in Ostpreußen

Im Frühjahr 1929 trat ich die lange Reise von Bochum nach Königsberg an. In Berlin mußte ich vom Lehrter Bahnhof zum Schlesischen Bahnhof fahren, von wo aus die Züge in den Osten gingen. Es war für mich, die ich Berlin nicht kannte, sehr schwer, mich in den schier unübersehbaren Verkehrsverhältnissen zurechtzufinden. Der Zug nach Königsberg fuhr abends ab und dann die ganze Nacht hindurch. Als ich morgens aus meinem Abteil vierter Klasse hinaussah, fuhren wir schon durch die wunderschöne Umgebung Königsbergs. Ich ging vom Bahnhof zum Unterhaberberg, wo sich das Büro der Bezirksleitung Ostpreußen der KPD sowie Redaktion und Verlag der Zeitung „Echo des Ostens" befanden. Hinter unserem Haus floß der Pregel.

Bei einer Aussprache mit den im Haus anwesenden Bezirksleitungsmitgliedern, an der u. a. Robert Neddermeyer und Walter Schütz teilnahmen, wurde mir mein neues Tätigkeitsfeld angewiesen und erklärt. Ich sollte mich zuerst im Frauenaktiv einarbeiten, um dann die gesamte Frauenarbeit im Bezirk Ostpreußen verantwortlich leiten zu können. Der Genosse Walter Schütz bot mir ein Zimmer an und nahm mich gleich zu seiner Wohnung „Auf den Hufen" mit.

Solange ich in Ostpreußen arbeitete, habe ich bei der Familie Schütz gewohnt. Walter Schütz, Jahrgang 1897, war von Beruf Maschinenschlosser und durch das Vertrauen der Arbeiter 1930 in den Deutschen Reichstag gewählt worden. Ich sah ihn noch vor mir: ein kleiner, schlanker, drahtiger

8 Wilhelm Florin, Albert Funk und Matthias Thesen nehmen in der Geschichte der Arbeiterbewegung ihren Platz als aufrechte Kämpfer für sozialen Fortschritt, Frieden und Sozialismus ein. Albert Funk wurde am 27. April 1933 von den Nazis in Recklinghausen ermordet. Matthias Thesen wurde im September 1933 in Hamburg verhaftet und kam nach Verbüßung seiner Zuchthausstrafe ins KZ Sachsenhausen, wo er am 11. Oktober 1944 mit Ernst Schneller, 22 anderen Funktionären der illegalen Organisation der KPD und drei französischen Genossen von der SS erschossen wurde. Wilhelm Florin kämpfte nach 1933 in der Emigration gegen den Faschismus und war Sekretär der Komintern. Er ist am 5. Juli 1944 in Moskau gestorben.

Mann, der in seinem breiten ostpreußischen Dialekt auf den Versammlungen in Dörfern und Städten sprach. Er kam immer gut an. Er war einer der ihren.

Gleich nach dem Machtantritt Hitlers waren die Barbaren bei der Familie Schütz eingebrochen. Walters Immunität als Reichstagsabgeordneter gab ihm keinen Schutz. Die SA-Leute haben die Möbel demoliert und Walter vor den Augen seiner Frau verprügelt und zusammengetreten. Ich dachte oft an ihn: Er lachte so gern und konnte sich von Herzen freuen, wenn wir in unserer Arbeit Erfolge hatten. Wenn Walter zu Hause war – was selten vorkam – haben wir die halbe Nacht hindurch über unsere Arbeit diskutiert, um Klarheit und neue Methoden in vielen politischen Fragen gerungen.

Walter Schütz wurde schon im März 1933 von der SA ermordet, wie überhaupt die KPD Ostpreußens und viele klassenbewußte Arbeiter schwere Opfer bringen mußten. Ich dachte an die „Schwarzen Listen" der Nazis und der Gutsherren in Ostpreußen. Obwohl dieses System gerade dort schon sehr ausgebaut war, war die Koordination im Reichsmaßstab anscheinend noch nicht soweit gediehen, daß die Nazis die Namen der Arbeiterfunktionäre an jeden Gau weiterleiteten. Und manchmal, wenn ich jetzt beim Verhör vor der Hamburger Gestapo stand, dachte ich: „Ein Glück, daß ihr so gut wie nichts über meine politische Arbeit von vor 1933 wißt!"

Unerwartet wurde der Aufenthalt in Ostpreußen für mich eine sehr fruchtbare Zeit. Fähigkeiten, von denen ich vorher nichts wußte, konnten sich in mir entfalten, nicht zuletzt durch Anregungen, Verständnis und Vertrauen meiner neuen Genossen. Ich machte meine Arbeit im Büro und schrieb auch mal einen Artikel für das „Echo des Ostens", das Bezirksorgan der KPD Ostpreußen. Bald stellte mir das Redaktionskollegium wöchentlich eine halbe Seite in der Wochenendausgabe für Frauenprobleme zur Verfügung. Im „Echo des Ostens" schrieb ich die Fortsetzungsserie „Was wollen die Kommunisten? – Frau Maier und Frau Schultze unterhalten sich." Mit einfachen Worten versuchte ich klarzumachen, was wir wollten und warum wir davon überzeugt waren, daß sich die arbeitenden Menschen nur dann befreien können, wenn die Produktionsmittel aus privater Hand in die Hände des Volkes übergingen. Ich bemühte mich darzulegen, daß man gegen die krassen Mißstände, die in Ostpreußen besonders auf dem Lande so ungeheuerliche Formen annahmen, sofort etwas unternehmen müßte, daß aber die endgültige Beseitigung von Ausbeutung, Hunger, Wohnungselend, Arbeitslosigkeit nur durch Veränderung der Gesellschaftsordnung zu erreichen sei. In meiner Serie war Frau Schultze die Kommunistin, Frau Maier die Indifferente.

Alle Fragen, die uns im Verlaufe unserer Diskussionen bei der Hausagitation gestellt wurden, wurden hier im Frage- und Antwortspiel verarbeitet. Dem Frauenaktiv wurden 250 Exemplare dieser Artikel als Flugblätter zur Verfügung gestellt. Systematisch verteilten wir sie in einem Arbeiterviertel und gingen wöchentlich einmal mit zehn bis zwölf Genossinnen des Frauenaktivs von Haus zu Haus, bis wir das ganze Gebiet durchgearbeitet hatten. Bei Meinungsverschiedenheiten kam es oft zu heftigem Wortwechsel. Die meisten Diskussionen waren jedoch von einer ehrlichen Suche nach einem Weg, aus dem Elend herauszukommen, gekennzeichnet.

Ich war besessen von meiner Arbeit, sprühte von Ideen, meine Kräfte schienen unerschöpflich, und das Frauenaktiv, angesteckt von meinem Enthusiasmus, machte mit. Eine gute Kameradschaft verband uns und ließ uns Aufgaben anpacken, die unlösbar zu sein schienen. Es wurde mir nichts geschenkt: Ich hatte meine Arbeitszeit im Büro abzuleisten – acht Stunden und länger –, wo ich für alle Abteilungen die Korrespondenz erledigen mußte, aber auch Texte von Flugblättern und was weiß ich noch wurden mir in die Maschine diktiert. Bald wurde mir die Erledigung der Korrespondenz selbst überlassen. Nach kurzen Bemerkungen konnte ich allein formulieren. Wir sparten dadurch eine ganze Menge Zeit ein. Meine Korrespondenz mit den Frauen in anderen Orten erledigte ich nach Feierabend.

Nachdem wir systematisch in den verschiedenen Arbeitervierteln agitiert hatten, glaubten wir, es wagen zu können, eine größere Frauenversammlung einzuberufen. Aber wer sollte dort sprechen? Meine Genossinnen sagten sofort: „Lucie!" Ich bekam einen Mordsschreck und machte darauf aufmerksam, daß ich keine Rednerin sei und bisher nur auf kleinen Zusammenkünften gesprochen hätte. Ich sollte aber... – und es war auch danach. Der Saal war gerammelt voll, Stühle mußten noch hineingestellt werden. Obwohl ich mich wirklich stundenlang eifrig vorbereitet hatte, war mein Kopf in dem Augenblick, als ich vor der großen Versammlung stand und die erwartungsvollen Augen auf mich gerichtet sah, vollkommen leer, meine Denkmaschine war wie abgestellt. Was ich gesagt hatte, wußte ich nicht mehr; nur an eines erinnerte ich mich noch genau: Als die Frage nach dem Sinn und Zweck der Religion kam, bewegte ich mich auf sicherem Boden, und so erhielt ich am Ende doch noch Beifall. Aber der Schock, den ich damals bekam, saß mir noch lange in den Knochen.

Bald darauf beschlossen wir, eine Frauenkonferenz in Königsberg zu veranstalten. Es war die erste dieser Art in Ostpreußen; über 100 Frauen waren anwesend. Sie kamen aus Königsberg, Insterburg, Tilsit, Braunsberg und aus vielen Dörfern. Was hatten sie, um daran teilnehmen zu können, für Schwierigkeiten überwinden müssen, auch bei ihren Männern, von denen noch viele die Frauen als ihr Privateigentum betrachteten. Sie waren nicht bereit, auch nur einen einzigen Tag die Kinder oder das Vieh zu versorgen. Das kam sogar bei politisch organisierten und anderen fortschrittlichen Männern vor. Und die Bahnverbindungen... Oft mußten die Frauen schon um Mitternacht aus dem Haus, um pünktlich um 10 Uhr auf der Konferenz zu sein. Die Frauen meisterten alle Schwierigkeiten und waren da. Und was hatten sie alles auf dem Herzen. Sie erzählten von ihrer bitteren Armut, dem Hunger, dem sie ausgesetzt waren. Die Frauen vom Lande, die auf den Gütern arbeiteten, erzählten, daß sie ihre Söhne nicht in eine Lehre geben durften, um sie vor dem „Knechtsein" und den Launen des Gutsherrn und seiner Kreaturen zu bewahren. Es nützte nichts, der Sohn mußte „Hofgänger" (Knecht) bleiben. Wagten die Eltern es doch, die Zukunft ihres Sohnes zu verbessern, indem sie ihn in eine Fachlehre gaben, flog meist die gesamte Familie vom Hof, verlor ihre Kate, in der sie oft mit ihrem bißchen Vieh in einem Raum leben mußten. Arbeit bei einem anderen Gutsbesitzer bekamen sie dann nicht, weil die „Schwarzen Listen" schon längst dort eingetroffen waren. So zogen sie in die überfüllte Stadt, die ihnen nur selten Arbeit zu bieten hatte. Gelernt hatten die Männer nichts, und Hilfsarbeiter waren genug da. Eine Wohnung zu finden, war fast unmöglich. So wohnten sie bei Verwandten, teilten sich die Wohnung und die Miete. Es gab Auseinandersetzungen, und so sahen sie bald keinen anderen Ausweg mehr, als zurückzukehren in das demütigende Knechtsleben. Aber auch dieser Weg war den meisten versperrt.

Dreimal wurde die Diskussion auf der Konferenz unterbrochen. Männer erschienen, schlugen Krach und verlangten, daß ihre Frauen sofort mit nach Hause kämen und sonst gar nicht erst versuchen sollten, in die Wohnung zurückzukehren. Nachbarn kamen und erzählten, daß der Mann dieser oder jener Teilnehmerin zu Hause die Möbel demoliere. Die Frauen blieben; keine hat vorzeitig die Konferenz verlassen, denn ob sie jetzt gleich ihre Prügel bezogen oder ein paar Stunden später, war für sie schließlich egal. Trotz aller Schwierigkeiten sind die Frauen in ihrem Selbstvertrauen gestärkt nach Hause gegangen; manche fortschrittliche Frauengruppe ist entstanden. Auch im Auftreten den Gutsherren und ihren Inspektoren gegenüber machte sich die Konferenz bemerkbar; manche Frau hat sich auch in der eigenen Familie mit mehr Erfolg durchgesetzt.

Wie wir es damals geschafft haben, diese Frauenkonferenz zu organisieren, daran konnte ich mich im einzelnen nicht mehr erinnern. Unser Frauenaktiv war so aufeinander eingespielt, daß es oft nur einer Idee und einer kurzen Absprache bedurfte und alles klappte.

Nach der Frauenkonferenz wurden wir von den Mitgliedern der Bezirksleitung zu einer Flasche Wein eingeladen. Die Konferenz hatte mich derart euphorisch gestimmt, daß ich an diesem Abend nicht zu bremsen war. Ich war witzig, schlagfertig und schloß alle Anwesenden im Lokal in diese Stimmung ein. Ich war trunken von der interessanten und erfolgreichen Konferenz, aber nicht betrunken. Der Genosse Robert Neddermeyer zog mich auf und sagte, er wolle mir meine Nüchternheit erst glauben, wenn ich am nächsten Morgen einen Artikel, der auf seinem Schreibtisch lag, um 7,30 Uhr in die Redaktion gebracht haben würde. Der Artikel wurde zur richtigen Zeit abgegeben.

Die Verhältnisse in diesem Agrarbezirk waren in sozialer Hinsicht unvorstellbar rückständig. Es gab unendlich viel zu tun, um Aufklärung unter die abhängige Landbevölkerung zu tragen. Nach dem Aufruf des ZK der KPD „Das

Gesicht dem Dorfe zu“ von 1926 wurde auch der so wichtigen Parteiarbeit auf dem Lande mehr Wert beigemessen und entsprechend gehandelt.

Unsere „Abteilung Land“ hatte mit Robert Neddermeyer bestimmt einen der fähigsten Sekretäre. Robert stammte aus einer Hamburger Arbeiterfamilie und war schon als junger Hafenarbeiter Mitglied der SPD und der Gewerkschaft geworden. Nach Ausbruch des Krieges zur Marine eingezogen, nahm er 1918 am Aufstand der revolutionären Matrosen in Kiel teil. Robert trat in die KPD ein, arbeitete als Parteifunktionär in Bielefeld und später als 1. Sekretär des Bezirks Niedersachsen. 1924 nahm er in der deutschen Delegation am V. Weltkongreß der Kommunistischen Internationale in Moskau teil. Im gleichen Jahr wurde Robert als Abgeordneter der KPD in den Reichstag gewählt. 1928 beauftragte ihn Ernst Thälmann, in der Bezirksleitung Ostpreußen die Landabteilung zu übernehmen.

Da unser Bezirksorgan „Echo des Ostens“ die vielen dörflichen Belange nicht immer genügend berücksichtigen konnte, gab die Landabteilung ein eigenes Blatt heraus, die vierseitige „Dorfzeitung“, die einmal wöchentlich erschien und zehn Pfennige kostete. Unsere Landobleute brachten Robert jede Woche die neuesten Informationen aus den Dörfern mit und zogen jeden Sonntag mit dieser Kleinzeitung aufs Land, um sie zu verkaufen und mit den Landarbeitern und Kleinbauern zu diskutieren. Unsere Genossen wurden in den Dörfern freundlich aufgenommen. Oft wagten die Landarbeiter allerdings nicht, die Zeitung offen auf dem Hofplatz zu kaufen, aus Angst vor dem Gutsbesitzer und seinem Verwalter. So wurden die Agitatoren in die Wohnung eingeladen.

Einen solchen Landeinsatz wollte ich unter allen Umständen einmal mitmachen. Eines Sonntagmorgens traf ich mich mit meinen Freunden. Mit dem Rad fuhren wir auf schmalen Wegen in „unser“ Dorf. Daß eine Frau unter den Agitatoren war, sprach sich schnell herum. Vom Erzählen ging es bald in eine ernsthafte Diskussion, wobei mich die Landarbeiterinnen zaghaft ansprachen, ich war – wie sie – eine Frau. Bei den Männern hätten sie mit vielen Fragen Hemmungen gehabt. Was mir besonders auffiel, war die geringe Achtung mancher Arbeiterfrau durch ihren Ehemann; oft galt sie weniger als die Kuh im Stall. Eine Frau war leichter zu ersetzen als eine Kuh. Der Druck, den der Gutsherr auf seine Knechte und Landarbeiter ausübte, wurde von diesen unbewußt an die Frauen weitergegeben. Hier auf dem Lande waren die Klassenverhältnisse klar sichtbar: Hier stand die Herrschaft und dort waren die ausgebeuteten Landarbeiter. Es gab nichts zu vertuschen.

Unsere Zeitungen hatten wir in kurzer Zeit verkauft. Wir wurden zum Mittagessen eingeladen. In „meiner“ Landarbeiterfamilie wurden Pellkartoffeln mit Leinöl aufgetischt. Fleisch gab es selten. Die Gutsherrschaft war der Meinung, daß Kartoffeln sehr gesund seien und die Landarbeiter davon auch satt würden. Beim Abschied hatten einige Landarbeiterfrauen mein Fahrrad mit

Blumen geschmückt, und viele, viele Blumen mußte ich mitnehmen, so daß ich das ganze Frauenaktiv damit beschenken konnte. Von nun an bin ich oft in dieses Dorf mitgefahren. Wenn ich nicht dabei war, fragten die Frauen nach mir. Ich habe viele Freundschaften mit den Landarbeiterinnen geschlossen.

Man fühlte, wie sehr die Landarbeiter unserer Unterstützung bedurften, wie sie auf uns warteten, um ihre Probleme, ihre Sorgen mit uns zu besprechen. Sie hatten auch Angst vor den Gutsverwaltern, die mit einer „neuen Zeit" drohten, in der sie endgültig einsehen würden, wer der Herr im Hause sei.

Trotz des starken Abhängigkeitsverhältnisses der Landarbeiter wurden in vielen Orten neue Ortsgruppen der KPD gegründet, Stützpunkte in den kleineren Dörfern. Viele übernahmen den Vertrieb der „Dorfzeitung". Wir konnten die Auflage in kurzer Zeit erheblich erhöhen. Vermutlich war die „Dorfzeitung" 1929 schon in über 20000 Exemplaren erschienen.

Die tollste Sache, die wir zu viert organisiert und auch durchgeführt haben, war folgende: Ein 17jähriger sympathischer und kluger Jugendgenosse aus Königsberg wurde eines Tages von seinem Vormund ersucht, aus dem Jugendverband auszutreten, sonst würde er ihn in eine Erziehungsanstalt stecken. War dieser Junge etwa schwer erziehbar oder gar kriminell? Nein, das war er auf keinen Fall. Im Gegenteil: Er war seiner Mutter ein guter Sohn und seinen Geschwistern ein liebevoller Bruder. Er hatte nur das Pech gehabt, daß sein Vater im Weltkrieg „für Kaiser und Reich" gefallen war. Als unser Jugendgenosse sich weigerte, aus dem KJVD auszutreten, steckte ihn sein Vormund in die Erziehungsanstalt. Seine Mutter, die wir nach seinem Aufenthalt befragten, sagte uns, daß er in die Anstalt Rastenburg eingesperrt worden sei. Das war eine ganz große Schweinerei, und wir beschlossen, ihn dort herauszuholen. Zwei Jungen, ein anderes Mädchen und ich liehen uns das Auto von der Verlagsanstalt der Partei und fuhren eines Sonntags früh im Winter los. Alles war geplant, eine Lehrstelle für unseren Freund gefunden. Meine junge Kollegin sollte „ihren Bruder" besuchen. Nach Beendigung der Besuchszeit sollte sie die Verwaltung bitten, daß ihr „Bruder" sie bis auf die Straße begleiten dürfe. Dort wollten wir dann mit dem Auto langsam vorfahren. Das Nummernschild hatten wir „präpariert". Es war kalt, die Erde war gefroren, wir kratzten so viel Sand wie nötig los, die Jungen pinkelten gegen das Nummernschild, und ich warf den Sand dagegen, wodurch die Autonummer unkenntlich geworden war. Wir warteten. Nach kurzer Zeit tauchten „Bruder" und „Schwester" auf. Schnell waren die beiden eingestiegen, und los ging es mit Höchstgeschwindigkeit durch das Land, kreuz und quer, bis wir sicher waren, daß wir nicht mehr verfolgt werden konnten. Bei einem kleinen Gutsbesitzer, der Mitglied unserer Partei war, kam der befreite Jugendgenosse in die Lehre.

Eine wichtige Rolle spielten bis 1933 die Arbeiter-Sport-Vereine. Gerade in Königsberg hatte der Wassersport eine lange Tradition und war auch unter den

Arbeitern sehr beliebt. Als ich dort war, wirkte sich der Antikommunismus schon stark in der Arbeitersportbewegung aus, und die Ausschlüsse von politisch aktiven Sportlern und Sportfunktionären nahmen immer mehr zu. So kam es in Königsberg zur Spaltung des Arbeiter-Paddler- und Kanutenvereins. Der alte Verein behielt das Bootshaus. Die Opposition, die viel stärker an Mitgliedern war, baute sich auf dem gleichen Grundstück ein neues, größeres Bootshaus.

Immer mehr Wassersportler kamen zu uns, und unsere Bootsbauer bauten neue Boote. Fahrten zu den Dörfern am Rande der Kurischen und Frischen Nehrung wurden unternommen.[9] Dort diskutierten wir mit den Fischern und Landarbeitern. Ostern, wenn Anpaddeln war, ging es – wenn nicht gerade noch Schnee lag – für zwei Tage an die Kurische Nehrung. Am Abend gab es dann ein Lagerfeuer mit vielen Gästen und Zuschauern. Fische wurden gebraten, es wurde gesungen und getanzt. Am nächsten Tag ging es von der Nehrung in den Pregel und zu unserem Bootshaus zurück.

Bei den Demonstrationen durch Königsberg boten unsere Sportler ein buntes Bild: Vier Kanuten oder Paddler trugen ihr Boot auf den Schultern, die Radfahrer radelten wie Artisten, die Turner marschierten in roter Hose und weißem Hemd... Es war eine Pracht, uns junge Menschen anzusehen. Nachmittags gab es eine Galavorstellung der Wassersportler auf dem Pregel, und es kamen Hunderte von Zuschauern und Sympathisanten zu uns.

Cuddl

Unter den Mitgliedern der Bezirksleitung Ostpreußen waren mir besonders die Genossen Walter Schütz und Robert Neddermeyer Vorbild gewesen, und ich verehrte die beiden sehr. Als Robert später mein Schwager wurde, vertiefte sich die Beziehung noch. Doch davon ahnte ich während der ersten Monate meines Aufenthaltes in Königsberg noch nichts. Robert war damals Abgeordneter des Preußischen Landtages und Stadtverordneter im städtischen Parlament von Königsberg. Er war ein vorzüglicher Redner. Seine Argumentation und seine bildreiche Sprache waren unter den Arbeitern, Landarbeitern, Intellektuellen, Künstlern und Studenten sehr beliebt. Jeder verstand ihn und hörte ihm gern zu. Er wirkte auf mich wie ein moderner Märchenerzähler, der Vergangenheit, Gegenwart und Zukunft auf eine neue Weise lebendig machte, der die Tatsachen der Ausbeutung und die Notwendigkeit des politischen Kampfes so weitergab, daß auch beim Zuhörer der Wunsch nach Veränderung der gesellschaftlichen Verhältnisse entstand.

Eines Tages lud Robert Neddermeyer mich ein, bei ihm und seiner Frau Olly

---

9 siehe Abb. 5

in Liebenwalde für einige Tage Station zu machen, bevor ich zum Sommerurlaub weiter zu meinen Eltern ins Ruhrgebiet fuhr. Die Neddermeyers[10] hatten in der Mark Brandenburg eine kleine Hühnerfarm, und Robert fand hier Erholung von seiner aufreibenden politischen Tätigkeit. Wie wir alle arbeitete er 12 bis 18 Stunden am Tag, oft auch das Wochenende durch, verzichtete, wenn die politische Lage es erforderte, auf Urlaub und das alles bei kleinem Gehalt.

Ich nahm die Einladung nach Liebenwalde an und begegnete hier meinem späteren Mann, Carl Suhling[11], dem Bruder Olly Neddermeyers. Cuddl war erwerbslos und hatte bei seiner Schwester Unterkunft und Arbeit gefunden. Mit ihr gemeinsam versorgte er die Hühnerschar, baute neue Ställe, reparierte alte. Er übernahm die Lieferfahrten zu dem kleinen Ort Liebenwalde; die Hühnerfarm lag sehr einsam in der Nähe der Finow inmitten einer wunderschönen Heidelandschaft.

Es hatte bei uns beiden gleich gefunkt, und von nun an gingen Grüße hin und her von Liebenwalde nach Königsberg und umgekehrt. Oft, so hörte ich später, hat Cuddl sich bei einem weiten Weg abgehetzt, um ja noch vor Abreise seines Schwagers nach Königsberg wieder zu Hause zu sein, um ihm taufrische Grüße für mich mitzugeben. Meinen Weihnachtsurlaub 1929 verlebte ich in Liebenwalde. Neddermeyers waren zu Freunden in Berlin eingeladen. Cuddl und ich waren allein auf der Farm. Es bedurfte nicht mehr vieler Worte, wir wußten schon lange, daß wir uns liebten.

Ich erzählte Cuddl von mir, er von sich und seinen Eltern. Cuddl kam aus einer Hamburger Arbeiterfamilie. Sein Vater war Schriftsetzer, seine Mutter, früh verstorben, sei „die schönste Plätterin von Barmbek" gewesen. Schon Cuddls Großvater war ein „Roter" und hatte in den Jahren des Bismarckschen Sozialistengesetzes zu den politisch Verfolgten gehört. Cuddls Vater und dessen Bruder Otto waren ebenfalls seit jungen Jahren Mitglieder der SPD. Beide arbeiteten in der Hamburger Buchdruckerei „Genzsch & Heyse", und Cuddl erzählte mir, daß sie dort manche wichtige Erfindung gemacht hatten. Sie seien aber mit ein paar Mark abgespeist worden, und die Besitzer hätten den Gewinn eingesteckt. Cuddls Vater hatte zum zweiten Mal geheiratet, und beide, Vater und Stiefmutter, traten in den zwanziger Jahren in die KPD ein.

Cuddl wurde 1904 in Hamburg geboren, besuchte bis 1919 die Volksschule und begann dann die Schlosserlehre im Eisenwerk Carl Spaeter. Nach Beendigung seiner Lehrzeit war er einige Zeit arbeitslos und musterte 1923 auf dem Dampfer „Martha Ruß" an. Auf diesem Schiff fuhr er bis 1924 zu Häfen in der Nord- und Ostsee, zuerst als Meßjunge, dann als Jungmann und zuletzt als Leichtmatrose. Er blieb noch vier Jahre als Matrose bei der christlichen Seefahrt und fuhr auf verschiedenen Schiffen durch die Weltmeere, u. a. an die Levante,

---

10 siehe Abb. 6
11 siehe Abb. 7

zum Schwarzen Meer und nach Südamerika. Als er im Frühjahr 1928 eine schwere Malaria bekam, mußte er aussteigen und erhielt keine Arbeit mehr. Zusammen mit seinem Schwager Paul Pochert und mit Unterstützung seines Vaters kaufte er einen Lastwagen und wollte Fuhren übernehmen. Es waren aber Krisenzeiten, und da die beiden Männer auch alles andere als Geschäftsleute waren, mußten sie bald wieder aufgeben. Danach zog Cuddl zu seiner Schwester nach Liebenwalde. Wie ich war er 1928 Mitglied der KPD geworden.

Cuddls ganzes Wesen, seine großzügige Art zu denken und zu leben, sich leger zu kleiden, zogen mich an. Er wirkte auf mich wie ein Typ aus den Büchern Jack Londons, wie ein Globetrotter. Seine meist etwas zusammengekniffenen Augen, die zwar alles wahrnahmen, aber irgendwie immer in die Ferne zu schauen schienen, sein schwarzes, volles Haar mit den grauen Schläfen, der ganze gutgewachsene Kerl... ich hatte mich von Herzen in ihn verliebt und wußte: diesen für's Leben.

Wenn Cuddl mich bei meinen Besuchen in Liebenwalde vom Bahnhof abholte, stand er da in seinem Troyer, Manchesterhose an, die blaue Schirmmütze auf dem Kopf, die unvermeidliche Pfeife im Mund. Blumen bekam ich auch, aber die trug er nicht offen, die waren in seiner Aktentasche.

Cuddl sagte nicht viel, war überhaupt ein großer Schweiger, was mich nicht störte; ich redete und lachte gern. Wenn wir mal eingeladen waren und es sich nicht vermeiden ließ, daß wir uns „fein“ machen mußten, sah er in seinem „guten Anzug“ fast unglücklich aus, setzte sich in eine Ecke und schwieg, bis es wieder nach Hause ging.

Was sollte nun aus uns beiden werden? Wir hatten selbstverständlich den Wunsch, so schnell wie möglich zusammen zu sein. Ich sprach mit meinen Genossen in Königsberg und bewarb mich um eine Anstellung bei der Bezirksleitung Wasserkante. Meine Arbeit als Frauenleiterin für Ostpreußen übergab ich nach und nach in die Hände der Genossin Lembke, arbeitete aber bis zu meiner Übersiedlung nach Hamburg weiter im Frauenaktiv mit. Es muß im Frühjahr 1930 gewesen sein, als mich meine Königsberger Freunde an den Zug brachten. Mit einem lachenden und einem weinenden Auge winkte ich ihnen zu; es war ein gutes und erfülltes Jahr mit ihnen gewesen.

In Hamburg wohnte ich bei meiner Freundin Maria und ihrem Mann Erich Krollmann; sie war inzwischen aus dem Ruhrgebiet zur Arbeit bei der Bezirksleitung Wasserkante in die Hansestadt gekommen. Cuddl kam so oft er konnte aus Liebenwalde zu Besuch. Die Entfernung zwischen uns war zwar geringer geworden, das Ideale war es jedoch immer noch nicht. Aber wir waren jung und vertrauten fest darauf, daß wir eines Tages als Mann und Frau zusammenleben würden.

Stenotypistin bei der BL Wasserkante

Im Frühsommer 1930 begann meine Arbeit als Stenotypistin bei der Bezirksleitung (BL) Wasserkante am Valentinskamp. Der KPD-Bezirk Wasserkante umfaßte Hamburg, Schleswig-Holstein und das nördliche Niedersachsen. Politischer Leiter des Bezirks war Hermann Schubert, Organisatorischer Leiter Erich Klann, dessen Nachfolger später Anton Saefkow wurde. Leiter der Abteilung Agitation und Propaganda war Carl Olbrisch, der, als er in Berlin eine neue Aufgabe übernahm, vom Genossen Franz Jacob abgelöst wurde. Leiter der Landabteilung war Gustav Bruhn; ich habe zeitweilig mit ihm zusammengearbeitet und ihn dabei ganz besonders schätzen gelernt. Weitere BL-Mitglieder waren Fiete Lux, Etkar André, Fiete Schulze, Liesel Augustat, Adolf Deter, Fiete Dettmann, Hermann Jacobs und viele andere Genossen sowie die verschiedenen Unterbezirksleiter, darunter Jule Jürgensen (Salzwedel), Emil Mathews (Harburg), Ernst Henning (Bergedorf/Vierlanden), Christian Heuck (Flensburg), Albert Ohlrogge (Lübeck).

Meine Kollegin Gertrud Gottschalk und ich arbeiteten für das Politische und für das Org.-Sekretariat. Weitere technische Mitarbeiterinnen der BL waren Elfi Moll, Ruth Aron und Elsa Schirdewahn. War bei uns Hochbetrieb, z. B. wenn Ernst Thälmann auf Konferenzen der erweiterten BL im „großen Saal" des Hamburger Parteihauses sprach, halfen auch unsere bei der sowjetischen Handelsvertretung beschäftigten Kolleginnen aus: Kati Kunze, Elsa Schaible, Rosl Weiß, Dora Paustian u. a.

Ich war hauptsächlich als Sekretärin unseres Orgleiters tätig. Erich Klann gab mir breitesten Spielraum für selbständige Arbeiten und unterstützte mich gleichzeitig bei der Erstellung von Statistiken, bei der Aufstellung von Referentenlisten, bei der Erarbeitung eines Verteilerschlüssels von Materialien und Flugblättern für die Unterbezirke, Betriebs- und Stadtteilgruppen, bei der Beantwortung der vielen Briefe, die jeden Tag aus den über hundert Parteigruppen des Bezirks bei uns eingingen. Die Zusammenarbeit mit unserem Polleiter Hermann Schubert war dagegen nicht immer ganz einfach. Er war ein kluger Politiker, aber im kameradschaftlichen Umgang mit seinen Genossen haperte es manchmal. Wenn diese Riesenausgabe eines Mannes uns in barschem Ton Aufträge erteilte, war meine kleine und zarte Kollegin Gertrud oft verunsichert. Bei mir kam er damit nicht durch; ich fühlte mich gleichberechtigt und vertrat auch ihm gegenüber meinen Standpunkt.

Insgesamt gesehen waren wir ein gutes Kollektiv, die Arbeit machte Freude und brachte mich auch persönlich weiter. Genossen und Sympathisanten kamen aus den Betrieben, Stadtteilen, Unterbezirken zu uns, wir besprachen die Organisierung bestimmter Aufgaben, redeten aber auch über persönliche Probleme oder Schwierigkeiten. Hein Fink arbeitete damals in der Anmeldung, und wie oft hat er zu Freunden, die einen Rat suchten, gesagt: „Doröber snack man mit Lucie!“

Viele neue Mitglieder wurden gewonnen, neue Parteigruppen entstanden, die Organisation wuchs und wuchs. In dieser Zeit der Weltwirtschaftskrise, in der das Kabinett Brüning fast nur noch mit Notverordnungen regierte und die Faschisierung der Weimarer Republik immer sichtbarer wurde, waren viele Werktätige eher bereit, sich zu organisieren, um der wachsenden Gefahr einer Hitler-Diktatur und eines neuen Weltkrieges entgegenwirken zu können.

Neben meiner Tätigkeit als Stenotypistin arbeitete ich im Frauenaktiv des Bezirks Wasserkante mit. Leiterin der Frauenabteilung war Liesel Augustat. Sie war verantwortlich für die politische Arbeit, ihr zur Seite stand als Orgleiterin Maria Krollmann, die vorher technische Kraft in der Agitprop-Abteilung gewesen war. Liesel Augustat, 1889 in Ostpreußen geboren, kam aus Lägerdorf im Kreis Dithmarschen und hatte, obwohl nun schon lange Zeit in der Großstadt tätig, ihren leicht singenden Dithmarscher Dialekt nie verloren. Wie sich Liesel von einer einfachen Landarbeiterin zu einer fähigen Politikerin in der Partei und im Deutschen Reichstag entwickelt hatte, war erstaunlich und zeigte mir, wie schnell sich eine Frau in der revolutionären Arbeiterbewegung emanzipieren kann.

Im Frauenaktiv diskutierten wir Initiativen für die Arbeit unter den werktätigen Frauen in Stadt und Land, wobei ich die Erfahrungen aus meiner Tätigkeit im Bezirk Ostpreußen einbringen konnte. Im Mittelpunkt standen Aktivitäten in Frauenbetrieben für den Grundsatz „gleicher Lohn für gleiche Arbeit“ und der Kampf gegen den Paragraphen 218.

Unvergessen war mir, was ich in verschiedenen Gerichtssälen erlebte: Verhandlungen gegen unglückliche Frauen, die abgetrieben hatten. Frauen aus Arbeiterfamilien, die schon fünf und mehr Kinder zu ernähren hatten, wollten einfach kein weiteres Kind in diese unbarmherzige Welt setzen. Hart waren die Urteile: Zuchthaus, im günstigeren Fall Gefängnisstrafe. Für uns war es keine Frage, wer größere Verantwortung für das werdende Leben bewies, die Frau, die abtrieb, oder die Klassenjustiz, die sie zwingen wollte, trotz schwieriger sozialer Verhältnisse ein Kind zu gebären und es dem Hunger preiszugeben. So allein gelassen, fand manche Frau nur einen Ausweg: den Freitod.

Ich dachte auch an die vielen jungen Mädchen, die vom Land in die Städte gekommen waren, in „herrschaftlichen Häusern“ dienten und „Mädchen für alles“ wurden. Kaum oder gar nicht aufgeklärt, ohne Selbstbewußtsein, wurden sie oft zum Lustobjekt für den Herrn oder Sohn des Hauses. Erwartete eines dieser Mädchen dann ein Kind, wurde es mit Schimpf und Schande aus dem Haus gejagt; denn als „schuldig“ sah man immer nur die Mädchen an und nicht die Dienstherren, die sie verführt oder auch vergewaltigt hatten.

Viele Frauen aus dem Volk, die ungewollt schwanger geworden waren, gingen zu einer „Kurpfuscherin“; manche Frau ist an einem solchen unqualifizierten Eingriff zugrunde gegangen. Auch ich mußte eines Tages eine Abtreiberin aufsuchen. Ich kam in ein halbdunkles, nicht ganz sauberes Zimmer, mußte auf den Tisch klettern, und dann begann die Tortur. Wegen starker Blutungen mußte ich ins Barmbeker Krankenhaus eingeliefert werden. Als ich später in Berlin arbeitete und es wieder einmal soweit war, hatte ich das Glück, zu Frau Dr. med. Ruben-Wolf gehen zu können, die mir wie so vielen anderen Arbeiterfrauen aus der Not half. Es war eine schmerzhafte Prozedur, aber jede Frau wußte, daß bei ihr die Abtreibung fachmännisch ausgeführt wurde. Als ich bei der Nachuntersuchung von Dr. med. Ruben-Wolf gefragt wurde, was ich verdiene, und ich wahrheitsgemäß antwortete: „150,– RM brutto“, gab sie mir von dem 50,– Mark-Honorar 30,– RM wieder zurück. Noch ärmeren Frauen hat sie ohne jede Bezahlung geholfen. Wie leicht hatten es dagegen die Frauen aus den Ober- und Mittelschichten, sie konnten ohne finanzielle Sorgen in ein gutes Sanatorium fahren und dort unter ärztlicher Aufsicht abtreiben lassen.

Unser Kampf gegen den Paragraphen 218 drückte sich in vielerlei Aktivitäten aus. Wir organisierten Versammlungen, in denen z. B. die kommunistische Reichstagsabgeordnete Martha Arendsee sprach; aber auch andere gute Referenten standen uns zur Verfügung. Die Versammlungen waren brechend voll. Unterschriften gegen den §218 wurden gesammelt, Demonstrationen fanden statt, auf denen Schrifttafeln mit den Losungen „Wir wollen Kinder, die nicht hungern müssen“, „Wir wollen kein Kanonenfutter gebären“ mitgetragen wurden. Zu den einzelnen Aktionen verteilten wir Flugblätter.

Wir beriefen eine Frauenkonferenz für den Bezirk Wasserkante ein, in der zu verschiedenen Problemen und Berufsgruppen in Arbeitskreisen beraten wurde. Diese Konferenz muß 1931 stattgefunden haben, sie war gut besucht und verlief sehr erfolgreich. Die Genossinnen aus der Frauenabteilung waren für die verschiedenen Arbeitskreise verantwortlich. Ich hatte die Gruppe der Landarbeiterfrauen zu leiten und zu betreuen.

Mehrere Berliner Stadtärzte, die in den Arbeitervierteln praktizierten und dort die entsetzliche Not der Arbeiterfamilien erlebten, äußerten sich scharf gegen den §218, so Dr. Max Hodann, Magnus Hirschfeld und andere. Sie verfaßten Schriften über Schwangerschaftsverhütung, die von Hand zu Hand gingen. Auch das Bühnenstück „Cyankali“ des kommunistischen Schriftstellers und Arztes Friedrich Wolf löste damals große Diskussionen aus. Es war eine Kampfansage gegen den Abtreibungsparagraphen des bürgerlichen Strafgesetzbuches, eine Entlarvung des kapitalistischen Systems. Den Film „Cyankali“ sahen wir im Kino am Nobistor.

Die Jahre nach dem Ende 1929 erfolgten Ausbruch der Weltwirtschaftskrise waren vom Wettlauf der demokratischen mit den faschistischen Kräften um die politische Macht in Deutschland gekennzeichnet. Schon während meiner Zeit in

Ostpreußen hatten wir die immer offener und gewalttätiger auftretenden Faschisten zu spüren bekommen. Mancher unserer Freunde, besonders in den ländlichen Gebieten, war dem braunen Terror zum Opfer gefallen. Große Kampf- und Trauerdemonstrationen fanden statt. Bei der letzten Wahl, die ich in Ostpreußen erlebte, hatten viele Landarbeiter und Kleinbauern – trotz Versprechungen und Drohungen der Nazis – ihre Stimme der KPD gegeben, so auch auf Hindenburgs Gut Neudeck.

Überall im Deutschen Reich zeigte der Faschismus sein wahres Gesicht, wurde offenbar, daß Konzerne und Banken die Hitlerbewegung massiv unterstützten. Bereits 1926 hatte Hitler im Hamburger Hotel „Atlantic" vor Vertretern des „Hamburger Nationalklub von 1919", d.h. vor Politikern, Bankiers, und Großkaufleuten, eine programmatische Rede gehalten. Seinen Ausführungen, daß die NSDAP nicht eher Ruhe gebe, bis die letzten marxistischen Organisationen, Zeitungen und Bildungsstätten vernichtet seien, bis der letzte Marxist bekehrt oder ausgerottet sei, spendeten die 400 Herren „stürmischen Beifall".

Als ich 1930 meine Arbeit von Ostpreußen nach Hamburg verlegte, wurden die Überfälle der Nazis auf Lokale der KPD, des RFB und des Reichsbanners immer häufiger, immer brutaler. Fast immer gab es Tote und Verwundete. Obwohl nachweislich Nazis diese Überfälle provoziert hatten, wurden sie von den bürgerlichen Gerichten sehr milde beurteilt, oft freigesprochen, von der Polizei toleriert. Kommunisten hingegen und andere Antifaschisten, die bei Naziüberfällen ihre Kameraden, ihre Versammlungslokale verteidigten, erhielten von denselben Richtern schwere Strafen.

In großen Versammlungen zeigten wir die Rolle der Klassenjustiz auf. Eine Riesenkundgebung, zu der sich Ernst Thälmann angesagt hatte, fand in der Hamburger Innenstadt, in den Sagebiel-Sälen statt. Die Menschen strömten herbei. Lange vor Versammlungsbeginn waren die Säle bei Sagebiel überfüllt. In der Nähe wurde ein weiterer Saal gemietet, der auch nicht ausreichte. Schließlich sprachen unsere Referenten in 13 Sälen; immer wurde versprochen: Thälmann kommt auch hierher. Nach seiner ausnahmsweise kurz gehaltenen Rede, die den gemeinsamen antifaschistischen Kampf von Sozialdemokraten, Kommunisten und allen demokratisch gesinnten Menschen zum Inhalt hatte, sauste Thälmann dann in die anderen Versammlungen. Auch wenn er nur wenige Minuten da war, hatten die dort Wartenden doch ihren „Teddy" gesehen und gehört.

Alle, die die Gefahr des Faschismus erkannten, waren auf den Beinen, auf der Straße und bei uns. Nach wie vor war jedoch die SPD-Führung nicht bereit, mit uns gemeinsam dem Faschismus die Stirn zu bieten. Die Notwendigkeit des Zusammenwirkens der beiden großen Arbeiterparteien und aller anderen demokratischen Kräfte gegen die immer aggressiver auftretende Hitlerbewegung war offenkundig und zwingend.

Zu den Hamburger Arbeiterführern, die die Nazis am meisten haßten, gehörte Etkar André, ein klassenbewußter, temperamentvoller Funktionär, Angeordneter der Hamburgischen Bürgerschaft für Cuxhaven, Leiter des Rotfrontkämpferbundes Gau Wasserkante. Er war in der Arbeiterschaft sehr beliebt und schon damals eine fast legendäre Persönlichkeit. Auch uns Genossen nahm er durch seine Kameradschaftlichkeit, seinen Charme und sein Wissen immer wieder gefangen. Etkar war ein harter Klassenkämpfer, bei dem es keine Kompromisse gegenüber dem Klassenfeind gab, und er war ein begehrter Redner. Die in größeren und kleineren Orten organisierten Versammlungen versprachen überfüllte Säle, wenn Etkar kam. Er strahlte Kraft und Zuversicht aus.

So war Etkar auch für eine KPD-Veranstaltung in Fünfhausen in den Vierlanden am 14. März 1931 angekündigt. Aus irgendeinem Grunde konnte er an dieser Versammlung nicht teilnehmen. Wir baten Ernst Henning, statt seiner dort zu sprechen. Als Ernst Henning nach Schluß der Versammlung mit einigen Freunden den letzten Bus Richtung Bergedorf benutzte, sprangen SA-Leute mit gezogenen Revolvern in den Bus und schrieen: „Wo ist André, dieses rote Schwein?" und schossen ohne Bedenken in den besetzten Bus.

Ernst Henning, den die Nazis mit Etkar André verwechselt hatten, war sofort tot. Genosse Louis Cahnbley verlor ein Auge, zwei zufällige Mitfahrer wurden verletzt. Ernst Henning, Leiter der KPD Bergedorf und der Vierlanden, Bürgervertreter im Bergedorfer Stadtparlament und Abgeordneter der Hamburgischen Bürgerschaft, war ein hochgeachteter Arbeiterfunktionär. Sein Leichnam wurde im Leichenhaus in der Jarrestraße aufgebahrt.[12] Am Tage seiner Beerdigung hatten sich in der Jarrestraße und in den vielen Nebenstraßen Zehntausende Menschen eingefunden. Dem Trauerzug vorweg ging die Familie, es folgten die Mitglieder der Bezirksleitung der KPD. Der Zug setzte sich in Richtung Barmbeker Straße in Bewegung. Als die ersten Teilnehmer schon auf dem Ohlsdorfer Friedhof einmarschierten, warteten immer noch Menschen in der Jarrestraße, um sich dem Demonstrationszug anzuschließen. Auf den Bürgersteigen standen Arbeiter, Mitglieder des RFB und Sympathisanten mit erhobener Faust, die später ebenfalls mitmarschierten. Ich hatte noch den Klang der Schalmeienkapellen im Ohr, die den Trauermarsch der internationalen Arbeiterbewegung spielten:

„Unsterbliche Opfer, Ihr sanket dahin;
wir stehen und weinen, voll Schmerz, Herz und Sinn.
Ihr kämpftet und starbet um kommendes Recht,
wir aber, wir trauern, der Zukunft Geschlecht.
Einst aber, wenn Freiheit den Menschen erstand
und all Euer Sehnen Erfüllung fand:

---

12 siehe Abb. 10

Dann werden wir künden, wir Ihr einst gelebt,
zum Höchsten der Menschheit empor nur gestrebt!"

Immer wieder haben mich diese Verse und diese Melodie tief bewegt, und ich dachte dabei an die vielen Opfer, die die Arbeiterklasse gebracht hat und noch bringen muß in ihrem berechtigten Kampf für eine Gesellschaftsordnung ohne Ausbeutung und Krieg. Als wir Ernst Henning zu Grabe trugen, war diese Demonstration von 35000 Hamburgern nicht nur Ausdruck der Trauer, sondern auch Ausdruck unserer Kraft. Sie war ein gewaltiger Protest gegen die Barbarei der Nazis und ihrer Drahtzieher aus dem Großkapital. Diese starken antifaschistischen Manifestationen in den letzten Jahren der Weimarer Republik zeigten die Kampfbereitschaft der deutschen Arbeiterklasse.

Bei der Pressereklame GmbH in Berlin

So ausgefüllt ich auch von unserer politischen Arbeit in Hamburg war, so zog es mich doch mit aller Macht in die Nähe von Cuddl. Wir beide hatten schon bei seinen Besuchen in Hamburg oder bei meinen Stippvisiten in Liebenwalde immer wieder überlegt, wie das zu bewerkstelligen sei. Ich sprach mit meinen Genossen darüber, die viel Verständnis zeigten und mir rieten, einmal mit Hermann Beuck zu reden. Hermann Beuck war bis zu dieser Zeit, etwa Herbst 1931, Chefredakteur unserer Zeitung „Der Arbeitslose, Kampforgan der Erwerbslosen, Pflicht- und Fürsorgearbeiter des Bezirks" (Wasserkante)[13] gewesen. Er und andere Genossen vom Hamburger Erwerbslosenausschuß hatten damals den Auftrag erhalten, in Berlin die „Pressereklame Anzeigenexpedition GmbH" aufzubauen, um durch zentrale Anzeigenwerbung der in verschiedenen Bezirken des Reichs erscheinenden Zeitung „Der Arbeitslose" und den Erwerbslosenausschüssen finanzielle Rückenstärkung zu geben. Bald nachdem ich mit Hermann gesprochen hatte, erhielt ich einen Arbeitsvertrag mit der Pressereklame GmbH.

Seit Anfang 1932 wohnte ich zusammen mit Cuddl bei Robert und Olly Neddermeyer in Liebenwalde und fuhr jeden Tag zur Arbeit nach Berlin. Dort, in der Großen Präsidentenstraße 3, wo die Pressereklame GmbH ihr Büro hatte, traf ich Freunde aus Hamburg wieder. Hermann Beuck, Anita Vogt, Martha Bleckmann, Alfred Cohnfeld u.a. waren schon Ende 1931 in die Hauptstadt gekommen und hatten die Büros eingerichtet. Unsere vier oder fünf Akquisiteure sorgten für Anzeigen aus dem gesamten Reichsgebiet – große, kleine und Kleinstanzeigen, die in „Der Arbeitslose" und anderen Zeitungen veröffentlicht wurden. Die kleinen Geschäftsleute mußten in diesen Krisenjahren selbst hart

---

13 siehe Abb. 12

um ihre Existenz kämpfen und hofften mit der Werbung in unserer Presse die Käufer aus den werktätigen Schichten auf sich zu ziehen. Chef der Pressereklame GmbH war Hermann Beuck, Anita Vogt und Martha Bleckmann unterstand die Mahnabteilung, Alfred Cohnfeld war unser Buchhalter, ich arbeitete als Leiterin der Korrespondenzabteilung.

In dieser Zeit gab es sechs Millionen registrierte Erwerbslose und Millionen Kurzarbeiter, darunter Hunderttausende Jugendliche. Am 1. Dezember 1932 hatte Ernst Thälmann in „Der Arbeitslose" geschrieben: „Unsere ganze Partei hat die gewaltige Aufgabe zu lösen, an der Spitze von Millionen Erwerbsloser einen Millionenkampf im bevorstehenden Krisenwinter gegen die Hungersnot zu entfesseln." Da die Ernte 1932 besonders gut gewesen war, forderte Thälmann, die berstenden Lebensmittellager und die überfüllten Kohlenhalden zu öffnen und den hungernden und frierenden Familien Mehl, Kartoffeln und Kohlen auszuliefern. Er schloß seinen Artikel mit der Losung: „Es lebe das Kampfbündnis der Betriebsarbeiter mit den Erwerbslosen!"

Unsere Arbeit bei der Pressereklame GmbH und für die Zeitung „Der Arbeitslose" betrachteten wir als notwendig und wichtig, trug sie doch dazu bei, die Notleidenden und Betrogenen über die Ursache ihres Elends zu informieren, ihnen neuen Mut zu geben, ihren Kampfgeist zu wecken und zu stärken. Unsere Zeitung wurde überall im Reich gelesen und vor allem vor den Arbeitsämtern verkauft.

Auch in dieser Tätigkeit habe ich sowohl politische als auch persönliche Befriedigung gefunden; ich betrachtete sie als Teil der Parteiarbeit. Unsere Arbeit bei der Pressereklame GmbH nahm nie ein Ende. Oft wären wir abends gern in den Sportpalast gegangen, um Erich Weinert oder Ernst Busch zu hören. Aber wir machten viele Überstunden, um all unsere Aufgaben zu bewältigen, denn jeder Pfennig half der Erwerbslosen-Bewegung. Manchen Abend konnte ich nicht mehr nach Hause fahren, weil der letzte Zug nach Liebenwalde schon weg war. Dann waren Anita und Martha meine Gastgeber.

Cuddl und ich waren in der Ortsgruppe der KPD Liebenwalde organisiert; unsere politische Arbeit spielte sich meist auf dem Lande ab. Manchen Sonntag fuhren wir in die Dörfer der Mark, wir diskutierten, verkauften unsere Zeitungen, bereiteten Landarbeiter- und Bauernversammlungen vor. Immer wieder mußte ich feststellen, wie gut Cuddl über die Probleme der Landleute Bescheid wußte, wie sicher er in seiner Argumentation war. Aber vor vielen Menschen zu sprechen, gar in einer Versammlung, das lag ihm überhaupt nicht. An einem Sonnabendabend hatten wir in einem Dorf eine Landarbeiter- und Bauernversammlung organisiert und Cuddl nach langem Überreden dazu gebracht, diese Versammlung zu leiten. Er hatte immer wieder seine Bedenken geäußert, daß er kein Mann der Öffentlichkeit sei. Ich war einfach taub und spürte seine Angst nicht, und so war er dann an dem betreffenden Abend als Versammlungsleiter eingesetzt. Ich sah, wie ihm der Schweiß ausbrach, seine Hände fühlten sich eiskalt an, und mir war nicht sehr wohl zumute. Als es dann soweit war, erhob sich Cuddl mit schweißüberströmtem Gesicht und sagte angestrengt: „Ich eröffne die Versammlung der Landarbeiter und Bauern und gebe dem Genossen Robert Neddermeyer das Wort." Cuddl fiel auf seinen Platz zurück. Wir spürten sofort, daß wir ihm im eigenen und im Interesse der Anwesenden die weitere Versammlungsleitung nicht überlassen konnten, und so ging sie stillschweigend an mich über. Cuddl sagte hinterher, es sei doch für die Landarbeiter und Kleinbauern mal was anderes gewesen, eine Frau als Versammlungsleiterin zu erleben. Ich aber dachte: Es ist falsch, einen Menschen einfach so ins „Wasser zu werfen", in der Annahme, „er wird schon von allein schwimmen lernen". Die Gefahr des Ertrinkens ist groß, und mancher ist so einen Schock sein Leben lang nicht wieder losgeworden.

Manchen Sonntag, wenn keine Landagitation angesetzt war, fuhren Cuddl und ich mit den Rädern durch die seenreiche Mark Brandenburg. So eine Rundreise dauerte Stunden; manchmal besuchten wir auch Freunde in Wensickendorf, die Familie Marquardsen, deren Tochter Elsa ich während meiner morgendlichen Fahrten zur Arbeit nach Berlin kennengelernt hatte.

In Berlin zu arbeiten und weit draußen, etwa 40 km nördlich der Hauptstadt zu wohnen, hieß jeden Werktag morgens um halb fünf aufzustehen, mit dem Rad nach Liebenwalde und weiter mit der Bimmelbahn nach Reinickendorf zu fahren, um schließlich mit der S-Bahn die Station „Börse" zu erreichen. Von dort ging's zum Hackeschen Markt, an dem unser Büro lag. Die lange Bahnfahrt nach Berlin war nie langweilig. Sehr bald hatte ich Kontakt zu den Mitreisenden. Von Liebenwalde bis Basdorf waren die Zugabteile mit Oberschülern überfüllt. Ich hörte den Diskussionen der Schüler, die zum großen Teil mit reaktionärem und nazistischem Gedankengut vollgepfropft waren, zu und nahm bald an ihren Gesprächen teil. In Wensickendorf stieg meine Freundin Elsa Marquardsen ein, die von einigen Schülern mit einem freundlichen „Hallo, Fuchs!" und von anderen gehässig mit „Hallo, Rote!" begrüßt wurde. Elsa hatte tizianrotes Haar, war eine schöne junge Frau und, wie ich, nicht auf den Mund gefallen. Gemeinsam schlugen wir manche Bresche in das elitäre Denken bestimmter Oberschüler; wir setzten ihnen mit konkreten Fragen zu und gewannen den Eindruck, daß wir sie von ihren nazistischen Überzeugungen lösen oder zumindest darin verunsichern konnten. In Basdorf verließen die Gymnasiasten den Zug und Arbeiter und Angestellte stiegen ein, von denen sich viele hier in der Heide unter gegenseitigem Beistand ein Häuschen gebaut hatten. Die Diskussionen gingen weiter, allerdings nicht mehr so kontrovers, weil es in der Beurteilung der sozialen und politischen Situation viel Gemeinsames gab. In Reinickendorf mußte jeder eilen, um die S-Bahn nach Berlin zu erreichen.

Wenn unser Schwager Robert zu Hause war, wurden wir morgens von ihm geweckt. Er schlug gegen einen großen Topfdeckel und sang laut und monoton ein altes Matrosenlied:

„Reiße, reiße, nach Seemansweise.
Überall zurrt Hängematt',
Einer stoß' den andern an.
Jeder weckt sein' Nebenmann!"

Der Kaffee war schon fertig, es gab noch einen kurzen Klönschnack, und dann mußte ich zur Bahn. Es gab keinen Morgen, an dem Cuddl mich nicht nach Liebenwalde gebracht hätte. Im Sommer, wenn wir frühmorgens auf unseren Rädern durch den Wald fuhren, empfanden wir die Stille so wohltuend, als wären wir die einzigen Menschen auf der Welt. Erste Vogelstimmen wurden laut, hier und da hämmerte ein Specht, oft konnten wir den Sonnenaufgang erleben. Manchmal waren Cuddl und ich so versunken, daß wir kein Wort sprachen. Innerlich war uns jedoch bewußt: Beeilung, der Zug wartet nicht! Abends, wenn keine Versammlung oder Funktionärsitzung war, holte Cuddl mich in Liebenwalde wieder ab, und wir radelten denselben Weg zurück. Jetzt hatten wir Zeit abzusteigen, um unbekannten Geräuschen nachzugehen und ein Stück durch Wald und Heide zu laufen. Wenn wir dann fast zu Hause waren, hörten wir unseren Hund „Afra" erwartungsvoll bellen. Der große, schwarze Neufundländer raste zur Pforte, sprang an Cuddl hoch, legte ihm die Pfoten auf die Schulter, hechelte und war außer sich vor Freude. Einmal sagte ich: „Cuddl, sieh mal, Afra lacht!" – „Merkst du jetzt erst, daß Afra lachen kann?" antwortete mein frischgebackener Ehemann. Wir hatten am 15. April 1932 in Liebenwalde geheiratet.

Allmählich richteten sich unsere Gedanken auf eine eigene Wohnung, und wir überlegten, ob wir nach Berlin oder Hamburg ziehen sollten. Cuddl war für einen Umzug in seine Heimatstadt, und ich schloß mich seinem Wunsche an, weil auch ich gern wieder nach Hamburg zurückging. Nach einigen Briefen, die Cuddl mit seinem Vater wechselte, bot dieser uns die Dachwohnung in seinem Siedlungshaus an. Im Frühsommer 1932 übersiedelten wir nach Hamburg. Viel einzupacken hatten wir beide nicht.

Sekretärin bei der „Hamburger Volkszeitung"

Cuddls Arbeitssuche in Hamburg blieb erfolglos; auch ich konnte meine alte Stelle im Parteibüro der BL Wasserkante nicht wieder einnehmen, weil dort inzwischen Elfi Moll meine Nachfolgerin geworden war. Aber schon nach kurzer Zeit hatte ich Glück: Am 1. Juli 1932 wurde ich bei der „Hamburger Volkszeitung" als Redaktionssekretärin angestellt.

Die „Hamburger Volkszeitung" hatte in den Kämpfen der Novemberrevolution das Licht der Welt erblickt. Damals hatte der Arbeiter- und Soldatenrat das „Hamburger Echo" übernommen und es am 8. November 1918 unter dem Titel

„Die Rote Fahne" herausgebracht. Aber schon zwei Tage später erschien das „Hamburger Echo" wieder als sozialdemokratische Zeitung, die „Rote Fahne" blieb weiter Organ des Arbeiter- und Soldatenrates. Mit dem 2. Dezember 1918 wurde die „Rote Fahne" Organ der USPD, das dann zwei Wochen später unter dem Titel „Hamburger Volkszeitung" herausgegeben wurde. Nach dem Vereinigungsparteitag der USPD (Linke) mit der KPD im Jahre 1920 wurde die „Hamburger Volkszeitung" Organ der KPD für die Werktätigen Groß-Hamburgs.[14]

Wie die Räume der Bezirksleitung lagen die der HVZ-Redaktion auf der ersten Etage unseres Parteihauses am Valentinskamp.[15] Verlag, Druckerei und Expedition waren im Erdgeschoß untergebracht; dort wurden auch die „Norddeutsche Zeitung" (für Schleswig-Holstein) und viele andere Druckschriften hergestellt. Nach meiner Erinnerung hatte die Redaktion der HVZ mindestens fünf Zimmer, in denen der Chefredakteur, die Politische Redaktion, die Lokalredaktion, der Gewerkschaftsredakteur und das Sekretariat arbeiteten. Im Sekretariat, das wir meist „die Ablage" nannten, waren meine Kollegin Emmy Schneider und ich tätig. Wir machten unsere Schreibarbeiten und bedienten das Telefon. Zum Diktat wurden wir in die Redaktionsräume gerufen. Besonders gern tippte ich die Berichte unserer Arbeiterkorrespondenten ab, die jeden Tag bei uns eingingen.

Bei der HVZ mußte ich mich auf einen anderen Arbeitsrhythmus einstellen als ich ihn bisher in den Parteibüros in Essen, Königsberg und Hamburg kennengelernt hatte. Wenn ich Frühschicht hatte, mußte ich um 6,30 Uhr am Valentinskamp sein, denn um 6,45 Uhr wurden uns die Nachrichten von Berlin durchgegeben. Das war eine Tätigkeit, die große Konzentration erforderte. In zehn bis fünfzehn Minuten wurden uns im Eiltempo die Meldungen über wichtige Ereignisse im Reich und in der Welt über Telefon durchgesagt, und unser Bleistift raste nur so über den Stenoblock. In den ersten Wochen war ich nach der Durchgabe oft mit den Nerven am Ende, manchmal rätselte ich auch an der eigenen Niederschrift herum, bis alles wieder richtig zusammengestellt war. Emmy und ich wechselten uns wochenweise mit der Frühschicht ab, bei normalem Dienst begann unsere Arbeit um 8 Uhr.

Emmy oder ich schrieben die Stenogramme ab und gaben die neuesten Meldungen in die Politische Redaktion. Chefredakteur war Hermann Jacobs, zur Politischen Redaktion gehörten weiter die Genossen Hubert Heesch und Ulrich Brurein. Bei der morgendlichen Redaktionssitzung sprachen die Genossen die Meldungen durch und legten das Thema für den Leitartikel fest. Emmy oder ich wurden gerufen, und dann wurde der Leitartikel direkt in die Maschine diktiert. Redaktionsschluß war mittags; oft mußte der Spiegel der ersten Seite

14 siehe Abb. 13
15 siehe Abb. 11

aber noch in letzter Minute geändert und ein Artikel herausgenommen werden, weil noch eine wichtige Nachricht, z. B. aus einem Betrieb oder über einen Nazi-Überfall neu eingeschoben werden mußte.

Gegen 13 Uhr fuhr ich nach Hause, wo Cuddl schon mit dem Mittagessen auf mich wartete. Nach einer Stunde Aufenthalt in Langenhorn ging es wieder zurück zum Valentinskamp. Nachmittags hatte ich meist in der Politischen Redaktion zu tun, wo mir die Genossen Artikel zu grundsätzlichen Fragen in die Maschine diktierten, die für die Ausgabe des nächsten Tages bestimmt waren. Manchmal habe ich auch in der Gewerkschaftsredaktion für den Genossen Hein Wienecke geschrieben. Oft kamen Betriebsarbeiter in die Redaktion und berichteten über bestimmte Vorkommnisse in ihrer Firma. Das war immer besonders interessant und lehrreich für mich.

Einmal bin ich mit Hein Wienecke zusammengeraten, weil er den Bericht eines Arbeiterkorrespondenten nicht sorgfältig genug behandelte und so stark abänderte, daß das ursprünglich Gesagte fast unterging. Es wurde so gedruckt, und der Genosse Betriebsarbeiter kam empört in die Redaktion. Das nächste Mal, als Hein wieder so rigoros in einen solchen Bericht eingreifen wollte, habe ich mich geweigert zu schreiben, denn ich hatte ja mit angehört, was der Genosse ihm gesagt hatte. Dabei gab es dann eine Auseinandersetzung, weil ich ihm immer wieder vorhielt: „So hat es der Genosse nicht erzählt! Er wird unglaubwürdig in seinem Betrieb und unsere Zeitung auch!" Ich blieb stur, und wir rauften uns zusammen, bis er mir, wie von dem Arbeiter berichtet, diktierte. Vielleicht hatte ich auch deshalb so viel Verständnis für unsere Arbeiterkorrespondenten, weil ich selbst einer war und es auch nicht liebte, wenn die Redakteure ohne Rücksprache meine Beiträge zu stark veränderten. Daß Hein und unsere anderen Redakteure einzelne Berichte redigieren und kürzen mußten oder sie in einen allgemeinen Zusammenhang stellten, fand ich natürlich richtig.

Auch für die Lokalredaktion habe ich oft geschrieben; das tat ich besonders gern. Viele Artikel haben die Redakteure selbst getippt, aber es blieben noch genug für Emmy und mich. In der Lokalredaktion arbeiteten Anni Kreuzer für Schleswig-Holstein, Hein Körber für Harburg/Niedersachsen-Nord und Willi Bredel für Hamburg. Willi Bredel, ursprünglich Dreher bei Nagel & Kaemp (später Kampnagel), war seit 1928 Redakteur der HVZ. 1930 wurde er wegen „literarischen Hoch- und Landesverrats" zu zwei Jahren Festungshaft verurteilt. In der Haft hatte er seine beiden ersten „Romane aus dem proletarischen Alltag" geschrieben: „Maschinenfabrik N & K" und „Die Rosenhofstraße". Sie gehörten zu den ersten Arbeiterromanen, und wurden für eine Mark verkauft. Cuddl und ich hatten sie auch erstanden und gelesen. Nach Entlassung aus der Festungshaft arbeitete Willi Bredel wieder bei der HVZ. In meiner Erinnerung flitzte der kleine rundliche und stets freundliche Mann noch immer den Redaktionsgang entlang zur Treppe, die hinunter in die Druckerei führte.

Wenn am Nachmittag die „Hamburger Volkszeitung“ ausgedruckt war und ausgeliefert wurde, rückte auch für Emmy und mich langsam der Feierabend heran. „Feierabend“ im eigentlichen Sinne gab es aber für uns selten; denn meistens stand nun irgendeine Veranstaltung auf dem Programm.

Im Herbst 1932 war es auch bei der HVZ mit einem relativ ruhigen Arbeitstag schon lange vorbei. Immer häufiger erschienen Kriminalbeamte in der Redaktion, Haussuchungen fanden statt, einzelne HVZ-Ausgaben wurden beschlagnahmt. Oft wurden wir aber von Freunden bei der Polizei schon vorher gewarnt: „Vorsicht, heute soll die Zeitung beschlagnahmt werden!“ Schnellstens wurden dann die Zeitungspakete in den Bezirk, in die Stadtteile gefahren, und die Abgesandten des Polizeisenators Schönfelder fanden nichts mehr vor.

Oft kam die Polizei aber auch unerwartet, z. B. wenn die Redaktion einen Skandal in den Kreisen von Industrie und Banken, in der Verwaltung oder Justiz aufgedeckt hatte. Dann wollte die Polizei die Informanten für solche Artikel feststellen; aber da kam sie bei uns schlecht an. Meist gab es dann ein Verbot für einen oder mehrere Tage. Manchmal wußten wir schon nicht mehr: war die Polizei schon wieder da, oder war sie noch vom vorigen Abend her anwesend?

Die polizeilichen Durchsuchungen galten natürlich nicht nur der Redaktion, sondern mindestens ebensooft der Bezirksleitung. Die Warnungen von der BL zur Redaktion oder umgekehrt gingen hin und her. Meistens haben wir die Männer von der Kripo tüchtig aufgezogen; es waren oft Sozialdemokraten darunter. Allmählich kannte man sich gegenseitig, und wir wußten, mit welchem Kriminalbeamten man reden oder sogar diskutieren konnte, und bei welchem man es lieber unterließ.

Neben meiner Tätigkeit als Redaktionssekretärin schrieb ich hin und wieder auch selbst einen Artikel für die HVZ. Nachdem ich nun schon einige Jahre politisch verantwortlich gearbeitet hatte, füllte mich meine überwiegend technische Arbeit nicht mehr voll aus, und ich begann wieder, kleine Beiträge zu schreiben, besonders zu Frauenfragen, die immer mein besonderes Anliegen geblieben waren.

Meine Verbindung zu den Genossen der BL, insbesondere in der Frauenabteilung, hatte ich gleich nach meiner Rückkehr aus Berlin wieder aufgenommen. Wir waren ja in einem Hause tätig, und wenn die HVZ gerade mal wieder verboten war, ließen wir uns von der BL Arbeit zuweisen. Oft beteiligten wir uns auch an zentralen Aktionen der Partei. Bei diesen Einsätzen habe ich viele neue Freunde und Genossen kennengelernt, darunter auch Bodo Uhse und Bruno von Salomon. Bald waren wir herzlich befreundet und trafen oft zusammen. Bodo Uhse stand mir besonders nahe. Bodo Uhse und Bruno von Salomon hatten eine ähnliche Entwicklung wie der ehemalige Reichswehrleutnant Richard Scheringer genommen. Sie hatten den „nationalen Sozialismus“ Hitlers zuerst ernstgenommen; nachdem sie aber seine Demagogie und sein in

Wirklichkeit imperialistisches Programm erkannt hatten, gingen sie konsequent auf die Arbeiterbewegung zu und wurden schließlich Kommunisten.

In diesen letzten Monaten vor Hitlers Machtantritt unter den Regierungen von Papens und von Schleichers, ganz besonders nach unserem Erfolg und der Niederlage der Faschisten in der Reichstagswahl am 6. November 1932, kamen immer mehr Aufgaben auf uns zu. Die NSDAP hatte damals 2 Millionen Stimmen und 12 Sitze verloren, die KPD hatte 11 Mandate gewonnen und zog zum ersten Mal mit hundert Abgeordneten in den Reichstag ein. Die Herren der Großindustrie wollten ihren Mann Adolf Hitler jetzt unbedingt sofort zum Reichskanzler machen, ehe es mit der NSDAP noch weiter abwärts ging; in dem Petitionsschreiben deutscher Konzernherren, Bankiers und Großgrundbesitzer von Ende November 1932 an Reichspräsident Paul von Hindenburg wurde unverhüllt gefordert, Hitler die Macht zu übergeben.

Vor und nach dieser Reichstagswahl nahm ich an zahlreichen Agitationseinsätzen unserer Partei und der „Antifaschistischen Aktion" teil. So oft wir konnten, waren wir unterwegs, sprachen mit den sich auf der Straße schnell bildenden Gruppen in Hamburg und auf dem Land. Überall versuchten wir die Frage „wo wird das alles hinführen?" zu beantworten und die Menschen für den gemeinsamen Kampf gegen Hitler und die Kriegsgefahr zu mobilisieren. Die Arbeiter bildeten Häuserschutzstaffeln, verteidigten Parteilokale und anderes Arbeitereigentum gegen die zunehmenden Überfälle der SA.

Wir und andere Hamburger Antifaschisten verstanden nicht, daß sich die SPD-Bürgerschaftsfraktion, der SPD-Landesvorstand und das „Hamburger Echo" zwar in Worten gegen die Nazis äußerten, aber nicht mit uns und anderen demokratischen Kräften zusammen den entschlossenen Kampf gegen die braune Bedrohung führten. Besonders erbittert waren wir darüber, daß die Polizei SPD-Senators Schönfelder den Übergriffen der Nazis meist tatenlos zusah.[16]

Auch den Altonaer Blutsonntag vom 17. Juli 1932 hatten wir nicht vergessen, als der sozialdemokratische Polizeipräsident von Altona, Otto Eggerstedt[17] den

---

16 Adolf Schönfelder wurde 1933 von den Nazis vorübergehend in Schutzhaft genommen und war auch einige Tage auf der Polizeistation im Hamburger Untersuchungsgefängnis. Wie in anderen Haftanstalten versuchten die Faschisten auch hier, Kommunisten und Sozialdemokraten aufeinanderzuhetzen, worüber mein Kamerad Rudi Homes eine bezeichnende Episode berichtet. Rudi lag im Juni 1933 mit anderen Kommunisten auf der Polizeistation im Männer-UG, als Schönfelder und andere Sozialdemokraten dort eingeliefert wurden. Kurz darauf hätten die SA-Bewacher alle RFB-Männer im Gefängnishof antreten lassen, ihnen gegenüber mußten sich Adolf Schönfelder, Paul Thormann und andere sozialdemokratische Funktionäre aufstellen. Ein SA-Führer wandte sich an die Kommunisten: „Ihr habt doch eine Stinkwut auf den Schönfelder. Jetzt könnt ihr mit dem Polizeisenator mal machen, was ihr wollt!" Keiner rührte sich, kein Gefangener machte gemeinsame Sache mit den Faschisten.

17 Otto Eggerstedt wurde nach dem Machtantritt der Nazis ins Moorlager Esterwegen gebracht und dort im Oktober 1933 von der SA erschossen.

großen SA-Aufmarsch durch die Arbeiterviertel nicht nur erlaubt hatte, sondern auch durch seine Polizei beschützen ließ. Bei den Zusammenstößen zwischen Faschisten und Einwohnern wurden 14 Altonaer – Kommunisten, Parteilose und zwei Sozialdemokraten – von SA-Leuten und Polizisten erschossen.

Jetzt in meiner Fuhlsbütteler Zelle ging mir dieses Geschehen und seine Folgen für vier unserer Genossen nicht aus dem Sinn; ich dachte an meine Kameraden August Lütgens, Karl Wolff, Walter Möller und Bruno Tesch, die ebenso wie Sacco und Vanzetti durch die Klassenjustiz ermordet worden waren. August Lütgens und Genossen wurden nach Hitlers Machtantritt verhaftet und von der gleichgeschalteten Justiz für die Toten des Altonaer Blutsonntags verantwortlich gemacht. Mit den Aussagen gekaufter Zeugen verurteilte das Altonaer Gericht die vier Männer zum Tode und ließ sie am 1. August 1933 hinrichten. Sie waren die ersten Opfer der Blutjustiz in Hitlerdeutschland.

III. In Untersuchungs- und Strafhaft (1935–1936)

Ein Wiedersehen

Mit dem Ruf „Suhling, fertigmachen zur Vorführung!“ wurde ich aus meinen Gedanken herausgerissen. Das war an einem Tag im Januar 1935. Soweit ich es überblicken konnte, waren in unserem Fall die Ermittlungen der Gestapo abgeschlossen. Wir konnten damit rechnen, jetzt endlich aus der Schutzhaft entlassen und der Justiz übergeben zu werden. Aber davon, daß ich meine Habseligkeiten zusammenpacken sollte, hatte die Aufseherin nichts gesagt. Doch noch ein Verhör? Von der oberen Etage des B-Flügels, die nach 1933 als Frauen-KZ eingerichtet worden war, brachte man mich zum A-Flügel, in dem ausschließlich Männer in Schutzhaft waren.

Im A-Flügel des KZ Fuhlsbüttel, in dem alle Vorzuführenden zusammengetrieben wurden, stand ich an der Wand in der Nähe der Treppe. Unauffällig beobachtete ich, wer von den Kameraden die Treppe herunterkam. Wie groß war meine Freude, als ich Cuddl auf der Treppe sah, und zwar mit seinen zusammengepackten Sachen. Auch er hatte mich entdeckt und flüsterte mir durch die fast geschlossenen Lippen „UG“ zu. Unsere Freude dauerte nicht lange.

Ein SS-Mann brüllte Cuddl an: „Suhling, warum bringst du deine Klamotten mit runter?“

„Der Wachtmeister hat mir gesagt, daß ich meine Sachen mitnehmen solle, ich käme ins UG.“

„Das möchtest du wohl, nichts ist mit UG. Wir wollen dich noch hier behalten, um dich ein wenig zu verwöhnen. Zack! Zack! Nach oben! In einer Sekunde bist du wieder unten, sonst passiert was!“

Was sollte das bedeuten? Kamen wir noch einmal zur Vorführung? Wir beide allein? Waren die Voruntersuchungen doch noch nicht abgeschlossen? Was war geschehen? Cuddl kam im Laufschritt die Treppe herunter. Er hob leicht die Schultern. Auch er konnte sich unsere Vorführung nicht erklären. Voller Unruhe standen wir an der Wand, dann wurden wir „verladen“ und ins Stadthaus gefahren.

Wieder kamen wir in den großen Vorführraum, den wir von unseren vielen Vernehmungen kannten, immer unter Aufsicht des „langen Paul“ und seines SS-Kumpanen Fritz. Cuddl und ich hatten durch frühere Vernehmungen bald heraus, wie wir uns sehen konnten, ohne daß dieser niederträchtige Paul Leppin seine perversen Redensarten bei uns loswerden konnte. Cuddl setzte sich, wenn möglich, weit vorn in die erste, ich schräg hinter ihn in die letzte Reihe. Wir lächelten uns zu, deuteten einen Kuß an. Mein Mann hob leicht den Kopf, das bedeutete: Sei tapfer! Trotz all der schweren Erlebnisse haben wir in diesen wenigen Minuten tiefes Glück empfunden. Wir saßen also wieder in diesem Raum, sahen uns aus den Augenwinkeln an und waren darauf gefaßt, noch einmal durch die Mühle gedreht zu werden.

Nach einiger Zeit wurden wir aufgerufen. Auf dem Flur stand Kriminalrat Kraus und sah uns entgegen. Peter Kraus, in dessen berüchtigten Vernehmungszimmer wahrscheinlich die meisten nach 1933 in Hamburg verhafteten Kommunisten und Sozialdemokraten einmal verhört wurden, war langjähriges Mitglied der NSDAP und hatte schon in der Weimarer Zeit in der Politischen Polizei das Sachgebiet „Kommunismus" geleitet und für den Sicherheitsdienst (SD) der Nazis gearbeitet. Cuddl und ich blieben vor ihm stehen. „Sie haben Besuch", sagte Kraus und wies auf sein Zimmer. Er trat mit uns ein, und wir sahen Cuddls Eltern auf uns warten.

Mein kriegsblinder Schwiegervater und seine Frau waren immer wieder zur Gestapo gelaufen und hatten endlich erreicht, uns besuchen zu dürfen. Der Vater weinte, als wir uns die Hand gaben. Wir fragten nach unserem Kind, von dem wir nur einmal gehört hatten. Die Eltern erzählten, daß es Ursel gut ginge. Nach unseren Freunden konnten wir nicht fragen, weil Kraus im Zimmer war. Mein Schwiegervater reichte mir eine halbe Tafel Schokolade. Seinem Sohn wollte er ein Päckchen Zigarillos geben, aber Cuddl winkte ab und sagte: „Ich kann sie doch nicht rauchen, Vater. Ich bin Tag und Nacht gefesselt." Die Eltern sahen ihn entsetzt an, dann fing Cuddls Vater mächtig an zu schimpfen. „Die Besuchszeit ist zu Ende!" rief Kraus dazwischen.

Cuddl und ich durften im Keller des Stadthauses noch unseren Schlag Mittagessen in Empfang nehmen. Ein Gestapobeamter führte uns hin. Wie haben Cuddl und ich den Weg dorthin genossen! Immer, wenn der Gestapomann eine Tür aufschließen mußte, fanden sich unsere Hände, wir drückten sie innig und standen, wenn sich unser Aufpasser umdrehte, mit unbewegten Gesichtern da. Der Weg in den Keller war lang. Viele Türen mußten auf- und zugeschlossen werden. Immer wieder berührten sich unsere Hände.

Überführung ins UG

Vier Monate hatten wir im Konzentrationslager zugebracht, hatten gehungert, gefroren, um unsere Lieben gebangt, um unsere Freunde, um Tod und Leben. Endlich war die Zeit unmittelbarer Lebensgefahr vorbei. Die Verhafteten unserer Langenhorner Gruppe wurden nach und nach aus der Schutzhaft in Untersuchungshaft überführt oder, wie es in der Fachsprache hieß, der

„ordentlichen Gerichtsbarkeit überstellt", womit eingestanden wurde, daß Gestapo und KZ keine „ordentlichen" Einrichtungen waren. Ich wurde ruhiger, obwohl weitere Verhöre durch die Gestapo durchaus im Bereich des Möglichen lagen.

Im Gefangenenwagen, der „Grünen Minna", wurden andere Häftlinge und ich im KoLaFu abgeholt und zum UG am Holstenglacis gefahren. Durch einen langen unterirdischen Gang brachte man uns weibliche Gefangene ins Frauen-UG.

Die Aufseherin, die uns abholte, schrie uns gleich an: „Als erstes merkt euch: Das Klauen werden wir euch hier abgewöhnen." Wir sahen uns verwundert an.

Nachdem die Aufnahmeformalitäten erledigt waren, fragte sie mich: „Wie kommen denn Sie in diese Sache hinein? Ich halte Sie nicht für so dumm, als daß Sie nicht begriffen hätten, welche weltpolitische Aufgabe dem Nationalsozialismus zufällt."

Schweigen.

Neue Frage: „Wieviele Kinder haben Sie?"

„Ich habe ein Kind."

„Nur eins? Eine Frau, die wie Sie gebaut ist, sollte dem Führer zehn Kinder schenken."

„Gestatten Sie mir eine Frage?"

„Bitte!"

„Wieviele Kinder haben Sie?"

„Zwei."

„Nun, wenn Sie dem Führer zehn Kinder geschenkt haben, werden mein Mann und ich, sobald wir hier entlassen sind, mit dem größten Vergnügen um weiteren Nachwuchs bemüht sein."

Am nächsten Tag wurde ich Frau Sommer, der Vorsteherin des Frauenuntersuchungsgefängnisses vorgestellt. Frieda Sommer war eine gebildete, gütige Frau, die mit mir ein Gespräch führte, als wäre auch ich ein freier Mensch. Später erfuhr ich, daß sie als junge Frau diesen Beruf gewählt hatte, um zur Humanisierung des Strafvollzugs beizutragen. Sie war bereits vor 1933 Beamtin auf Lebenszeit geworden und blieb auch nach Hitlers Machtantritt Leiterin des Frauen-UG. Auch einige andere langjährige Wachtmeisterinnen verhielten sich mehr oder weniger höflich zu den Gefangenen. Wenn auch hier eine Reihe von „Nazissen" ihren Einzug gehalten hatten, so herrschte doch im UG ein anderes Klima als im KoLaFu. Vor allem ließ uns der Umstand, daß man aus dem UG in der Regel nicht mehr zum Verhör ins Gestapohaus geholt wurde, eine gewisse innere Ruhe wiedergewinnen.

Die Wachtmeisterin Frau Schröder, die mir in ihrer freundlichen Rundlichkeit noch deutlich vor Augen steht, war für die Stationen I und II verantwortlich. Als wir einmal unsere halbstündige Freistunde absolvierten und ich dabei mein Gesicht der Sonne zuwandte, sagte sie: „Frau Suhling, ist etwas mit Ihnen? Sie haben ja ein ganz rotes Gesicht!" Als ich antwortete: „Nein, Frau Schröder, meine innere Einstellung schlägt nur nach außen durch", meinte sie: „Vorsichtig, Frau Suhling, es hören zu viele Ohren mit!"

Nach meiner Erinnerung waren etwa 20 Aufseherinnen im Frauen-UG tätig. Auf der Station III gab es zwei Beamtinnen, die der SPD angehörten oder ihr nahestanden. Diese beiden Frauen haben, wie ich später erfuhr, sogar Briefe von politischen Häftlingen, die keinesfalls die Zensur passieren durften, hinausbefördert. Sie taten das nicht in jedem Fall, sondern nur für Gefangene ihrer Station, denen sie absolut vertrauten. Auf Station IV waren unsere Jugendlichen untergebracht, neben und unter Kriminellen, sowie das Lazarett. Wir konnten – außer beim Hofrundgang – kaum andere politische Gefangene sehen oder sprechen.

Wir hatten schnell heraus, wer unter den Gefängnisbeamtinnen Mitglied der NSDAP war. Die Aufeseherinnen Boddin und Geerds waren fanatische Nationalsozialistinnen, letztere ein ganz primitiver Typ, die uns mit kleinlichen Schikanen zusetzte. Vom gleichen Kaliber war die Wachtmeisterin Scharf von unserer Station, die nur die „scharfe Scharf" genannt wurde. Als ich von meinen Schwiegereltern einmal ein Paket bekam, was 1935 noch möglich war, wurde es wie immer in meiner Gegenwart geöffnet und kontrolliert. Ein Becher mit Kunsthonig erregte die Aufmerksamkeit der Scharf, sie nahm ein Messer und stocherte darin herum. Ich versuchte sie zu bremsen, weil ich wußte, daß sie den Pappboden durchlöcherte und der kostbare Honig auslaufen würde. Die Scharf stach weiter mit dem Vorwand: „Ihr seid doch zu allem fähig – es ist bestimmt ein Kassiber darin." War aber keiner.

Warten auf den Prozeß

In der Zelle, die mich nun für fast sechs Monate aufnahm, mußte ich die Tage und Nächte mit zwei Unpolitischen zubringen. Die eine, eine alte schmuddelige Lumpensammlerin, gutmütig, aber unwissend, war in eine kleine Betrugsgeschichte hineingeschliddert. Die andere war „zünftig". X-mal vorbestraft, war sie wegen Diebstahls von 102 Fahrrädern, Autoknackerei und Villeneinbrüchen eingesperrt worden. Die totale Ungepflegtheit der alten Lumpensammlerin hätte ich noch ertragen. Emma Thiel aber war eine echte Kriminelle, war zänkisch und bösartig und dazu noch entsetzlich entstellt. Durch eine Gesichtsoperation hing das linke Auge nach unten, der Mund war schief und schlaff, ein Eckzahn ragte aus dem unteren Kiefer heraus. Alle Hexengeschichten, die mir als Kind erzählt worden waren, standen vor mir auf. Als wir einmal in eine harte Diskussion gerieten, weil sie sich ihrer Diebestaten rühmte, konnte ich mir die Bemerkung nicht verkneifen: „Für die gestohlenen Fahrräder verdienen Sie eine harte Strafe. Wie schwer mögen sich ihre Besitzer dafür die Groschen vom Mund abgespart haben..." Mit hocherhobener Hand ging Emma auf mich zu, doch ich war näher an der Tür und hätte unweigerlich die „Fahne" geworfen.[1]

Wir waren in der engen Gefängniszelle, die nur für eine Untersuchungsgefangene vorgesehen war, zu dritt zusammengepfercht. Das zum Inventar der Zelle gehörende Eisenbett wurde, wenn wir die Matratzen festgezurrt hatten, hochgestellt und mit einem großen Haken an der Wand befestigt. Ein zweites Eisenbett war unter das Fenster gestellt und ein Strohsack, der auf dem Steinfußboden lag, diente nachts als Bett und wurde tagsüber unter das Eisenbett geschoben. Dazu kamen ein Tisch und drei Hocker. Weil in unserer Zelle gearbeitet wurde, standen zusätzlich zwei Nähmaschinen in dem Raum und zahlreiche Lazarettkittel, die geflickt werden sollten, lagen daneben. In dieser Enge fand ich immer noch einen Platz zum Lesen. Es gab eine alte, zerrissene Aufstellung der vorhandenen Bücher, die nach nationalsozialistischen Gesichtspunkten zusammengestrichen war.

Um uns zu sehen, eventuell sogar ein Wort miteinander zu flüstern, gingen wir Politischen sonntags in die Kirche. Wir amüsierten uns über den Pfarrer, der von uns „die Todesspirale" genannt wurde. Er fing einen Satz an, baute viele andere Sätze ein und, da er nicht mehr wußte, was er am Anfang gesagt hatte, beendete er den Satz mit den Worten „...und dann kommt die Todesspirale", womit er den Weg in die Hölle meinte.

Wir nutzten jede Möglichkeit, Neuigkeiten miteinander auszutauschen. Ein anderer Treffpunkt war bei der Ärztin oder der Lazarettbeamtin. Wenn etwas Wichtiges mitzuteilen war, hieß es: „Zum Lazarett melden!" Dann standen wir an der Wand und warteten darauf, aufgerufen zu werden. Während die Wachtmeisterin die betreffende Gefangene vorführte, haben wir schnell die Plätze gewechselt und konnten oft ausführlich miteinander flüstern, fragen, wer noch im UG einsitzt, auch über neue Verhaftungen, über Freunde, die die Folterungen nicht überstanden hatten. Die Nachrichten wurden, soweit wir diese Möglichkeit hatten, an unsere Kameradinnen in den anderen Zellen weitergegeben. Oft halfen uns auch die Kalkfaktorinnen. Während die Wachtmeisterin die Tür der nächsten Zelle aufschloß, flüsterten wir und baten, eine Nachricht in diese oder jene Zelle weiterzugeben, bis dann die laute Stimme der Aufseherin „Unterhalten Sie sich nicht!" unser Geflüster unterbrach. So ist manche Nachricht von draußen oder von drinnen weitergegeben worden.

Bald nach meiner Einlieferung ins UG hieß es noch einmal: „Suhling, fertigmachen zur Vorführung!" Ich wurde in eine Sprechzelle des UG geführt.

---

1 Als „Fahne" wurde die in einen Schlitz der Zellentür eingepaßte, rot angestrichene Metallplatte bezeichnet, die wir von innen bewegen und draußen im Zellengang herunterfallen lassen konnten, wenn wir etwas von der Aufseherin wollten.

Dort wartete ein Gestapobeamter auf mich und eröffnete mir, daß er mich in Sachen Fiete Schulze vernehmen wolle. Ich hatte Fiete Schulze als Funktionär der Bezirksleitung 1932 im Parteibüro kennengelernt, aber nicht unmittelbar mit ihm zusammengearbeitet. Alle Genossen wußten, daß die Faschisten seinen Kopf wollten, und obwohl mir klar war, daß Fietes Leben nicht zu retten war, bedrückt mich noch heute der Gedanke, daß ich vielleicht anders hätte aussagen sollen. Der Gestapomann fragte mich, ob Fiete Schulze an dem und dem oder an einem anderen Tag bei mir im Büro angerufen hätte. Wie sollte ich reagieren? Wäre es für meinen Kameraden besser, mich für diesen oder für den anderen Tag zu entscheiden? Ich versuchte, eine direkte Antwort zu umgehen und sagte, sowohl das eine als auch das andere sei möglich. Gesprochen hätte ich oft mit ihm, sicher auch an dem Tag, den er angegeben hätte. Ich bat, man möge mich Fiete Schulze gegenüberstellen, dann würde sich alles leicht erklären lassen. Zu einer Gegenüberstellung kam es jedoch nicht. Der Prozeß gegen Fiete fand im Frühjahr 1935 vor dem Hanseatischen Oberlandesgericht statt. Er wurde zum Tode verurteilt und am 6. Juni 1935 im Hof des Untersuchungsgefängnisses Hamburg hingerichtet.

Die Tage im UG schleppten sich dahin. Ich wartete auf meine Anklageschrift, aber die Staatsanwaltschaft ließ sich Zeit. Besuch erhielt ich nicht, meinen Schwiegereltern konnte ich die Laufereien um einen Besuchsschein nicht zumuten. Für sie war Cuddls und meine Versorgung mit frischer Wäsche, die alle zehn Tage abgegeben werden konnte, schon eine große Belastung. Meine anderen Verwandten wohnten weit weg im Ruhrgebiet. Genossen und Freunde befanden sich wie Cuddl und ich hinter Gittern oder konnten aus Sicherheitsgründen nicht ins UG kommen.

Um so größer war mein Erstaunen, als es eines Tages hieß: „Frau Suhling, machen Sie sich fertig, Sie haben Besuch." Wer konnte das sein? Den ganzen Weg zu den Besuchsräumen rätselte ich. Es war mein Bruder Hermann, der mit dem Fahrrad von Bochum nach Hamburg gefahren war, um mich zu besuchen und mir von unserer Ursel zu berichten. Mit meinem Bruder verband mich viel. Nicht nur, daß er und seine Frau unsere Tochter aufgenommen hatten und ihr alle Liebe angedeihen ließen, auch weltanschaulich gab es viel Gemeinsames. Hermann hatte mir früher schon erzählt, daß die Bochumer Gestapo ihm die Nieren blutig geschlagen hatte, so daß er lange Zeit nur auf dem Bauch liegend schlafen konnte. Mein ehemaliger Jugendfreund, der jetzige SA-Mann Steff Tisken, hatte ihn zur Gestapo geholt, nachdem Hermann sich geweigert hatte, ihm meine Adresse zu geben.

Auf dem Weg zum Besuchsraum sah ich vor mir Martha Berg, die Lebensgefährtin Etkar Andrés, über den Flur gehen. Ich räusperte mich vernehmlich, und Martha reagierte sofort. Sie kniete nieder, um sich ein Schuhband zuzubinden, und als ich sie erreichte, sagte sie leise: „Gleich kommt Edie. Wir erwarten für ihn die Todesstrafe." Dann verschwand sie in einem der Besuchsräume. Während meine Wachtmeisterin nachsah, ob mein Besuch schon da sei, öffnete sich die Tür vom Männer-UG und Etkar wurde hereingeführt. Eine Sekunde lang sahen wir uns an, grüßten uns mit den Augen. So habe ich Etkar André das letzte Mal gesehen.

Prozeß 37 aus der Serie „Lemke und Genossen"

Im Mai 1935 bekam ich endlich meine Anklageschrift ausgehändigt. Ich blätterte in dem umfangreichen Schriftstück und stellte fest, daß sie gegen elf Langenhorner Genossen, gegen neun Männer und zwei Frauen (Agnes Gierck und mich), gerichtet war. Cuddl gehörte nicht dazu, also würde ich ihn beim Prozeß wohl kaum sehen. Die „Anklageschrift No. 37 aus der Sache Lemke u. Gen." stammte von der Generalstaatsanwaltschaft beim Hanseatischen Oberlandesgericht Hamburg und war von dem berüchtigten NS-Staatsanwalt Dr. Wilhelm Stegemann unterzeichnet. Die Serie „Lemke und Genossen" gehörte wie die unter dem Sammelrubrum „Heldt und Genossen" und viele andere Verfahren zu den Massenprozessen gegen die illegale KPD Hamburg.

In unserer Anklageschrift wurden wir beschuldigt, „zu Hamburg-Langenhorn... bis September 1934 das hochverräterische Unternehmen, mit Gewalt die Verfassung des Deutschen Reiches zu ändern, vorbereitet zu haben, wobei die Tat darauf gerichtet war, 1. einen organisatorischen Zusammenhalt aufrechtzuerhalten oder herzustellen und 2. auf Beeinflussung der Massen durch Verbreitung von Schriften". Mir wurde besonders meine illegale Tätigkeit als Kassiererin der KPD, meine Sammlungen für die Rote Hilfe, der Verkauf des „Klassengewerkschaftlers" und die Verbreitung von Flugblättern angelastet. Als ich das gelesen hatte, atmete ich erst einmal auf. Alles hatten sie doch nicht herausgekriegt, nach meiner Schätzung konnte mir das höchstens ein oder zwei Jahre Gefängnis einbringen. In der Sprechzelle des UG traf ich zweimal mit meinem Verteidiger zusammen; er war weniger optimistisch als ich.

Unser Prozeß war auf Anfang Juni 1935 anberaumt. Als wir vom UG über die Straße zum Oberlandesgericht am Sievekingsplatz geführt wurden, standen unsere Angehörigen und Freunde dort, um uns trotz aller Gefahr zu sehen und uns zuzuwinken. Das ist ein gutes Zeichen, dachte ich.

Der Vorsitzende eröffnete. Zuerst kamen Fragen und Antworten zur Person. Dann hatte Staatsanwalt Stegemann seinen Auftritt. Er klagte uns des „gemeinen Verbrechens gegen Führer und Volk" an. Wir saßen ruhig da und hörten uns seine Tiraden an. Bei Suhling, der er Rädelsführerschaft unterschob, beantragte er zweieinhalb Jahre Gefängnis. Als mildernden Umstand: „Sie war ihrem Kind eine gute Mutter." Unbeherrscht sprang ich auf und rief: „Herr Staatsanwalt, lassen Sie mein Kind aus dem Spiel!"

„Halten Sie den Mund, Angeklagte", donnerte der Vorsitzende, „sonst lasse ich Sie vom Prozeß ausschließen. Sie haben nur zu antworten, wenn Sie gefragt werden!"

Ich nahm mich zusammen, obwohl mir die Tränen im Halse steckten.

Die Verteidiger hielten ihre lendenlahmen Plädoyers. Das Gericht zog sich zu kurzer Beratung zurück. Ergebnis für mich: Zwei Jahre Zuchthaus! Obwohl Zuchthaus eine viel härtere Strafe bedeutete als Gefängnis, empfand ich in diesem Augenblick nur eins: Ich hatte ein halbes Jahr weniger bekommen, als der Staatsanwalt gefordert hatte. Wenn alles gutging, würde ich ein halbes Jahr früher draußen sein, ein halbes Jahr eher bei unserem Kind. Ich würde meinen Mann schneller wiedersehen, und falls er eine längere Strafe als ich bekommen sollte, würde ich ihn besuchen können. Und überhaupt, ob Zuchthaus oder Gefängnis – eines Tages wird das Naziregime zerschlagen sein. Noch wurde diese Strafe als „ehrenrührig" angesehen, aber eines Tages, wenn der braune Spuk verjagt ist, wird es als ehrenvoll gelten, gegen die Verderber Deutschlands gekämpft zu haben, davon war ich, davon waren wir alle fest überzeugt.

Die Aufseherin Frau Buchholz, die mich abholte, fragte neugierig: „Na, Frau Suhling, wie ist das Urteil ausgefallen?"

„Zwei Jahre Zuchthaus."

„Und da lachen Sie noch?"

In meiner übermütigen Stimmung antwortete ich: „Ach, wissen Sie, zwei Jahre, die sitze ich doch auf einer Arschbacke ab!"

Einlieferung in Lübeck-Lauerhof

Früh am Morgen meines dreißigsten Geburtstages wurde ich im UG abgeholt. Die „Grüne Minna" brachte mich und andere abgeurteilte weibliche Häftlinge in die Frauenhaftanstalt Lübeck-Lauerhof. Während der Fahrt dorthin konnte ich aus den vergitterten Fensterchen des Wagens hinausschauen. Es war ein wunderschöner Junitag. Nach den neun Monaten Schutz- und Untersuchungshaft, in denen wir während der halbstündigen Freistunde nur hohe Mauern gesehen hatten, konnte ich jetzt meinen Blick über das Land schweifen lassen, das in seinem herrlichen Grün an mir vorbeizog. Das war das einzige Geburtstagsgeschenk, das ich diesmal bekam, und – ausgerechnet von der Gefängnisbehörde.

Der Wagen hielt vor dem großen Tor der Lübecker Strafanstalt. Voller Neugierde betrat ich das Gebäude, in dem ich mich nun fünfzehn Monate – die Untersuchungshaft war angerechnet worden – aufhalten sollte. Zuerst brachte man uns Neuankömmlinge zur Kleiderkammer. Die Effekten der Häftlinge wie Uhren, Ringe etc., waren vom UG verschlossen nach Lübeck gebracht worden.

Als ich mich ausgezogen hatte und nackt dastand, forderte mich die Aufseherin auf: „Kniebeuge!"

Verständnislos blickte ich sie an.

„Nun los, machen Sie schon Kniebeuge!"

„Aber warum denn?" fragte ich.

„Wer weiß, was Sie sich alles reingesteckt haben."

„Um Himmelswillen, ich verstehe Sie nicht."

„Was meinen Sie wohl, was auf diese Weise schon hier reingeschleppt wurde an Feilen, Gold, Tabletten und anderen Dingen."

Ich protestierte noch einmal scharf gegen diese unwürdige Behandlung, betonte, daß ich keine Erfahrungen mit den Gepflogenheiten Krimineller hätte. An der Kniebeuge kam ich jedoch nicht vorbei.

Die Anstaltskleidung für Neuzugänge war häßlich und abgetragen. Sie bestand aus einem verwaschenen und geflickten hellbraunen Drellkleid aus dickem, hartem Stoff, dazu eine tellerartige weiße Mütze, die den Gipfel der Geschmacklosigkeit darstellte. Man fühlte sich darin gezeichnet und gedemütigt, und das war wohl auch die Absicht des Erfinders.

In dieser Kleidung machten wir unsere Vorstellungsrunde. Wieder mußten wir uns an der Wand aufstellen, aber diesmal nicht mehr mit dem Gesicht zur Wand. Zuerst ging es zur Vorsteherin, dann zur Ärztin und schließlich zur Fürsorgerin. Ich begann zu ahnen, daß hier ein anderes Klima herrschte als im Hamburger UG, wo die gute Frau Sommer als Leiterin waltete und für die Gefangenen, besonders für die politischen, großes Verständnis aufbrachte und uns, wenn sie konnte, gewisse Erleichterungen verschafft hatte. Hier in Lübeck aber gaben die Vorsteherin Oberinspektorin Ellering und die unausstehliche Anstaltsärztin, deren Namen ich leider vergessen habe, den Ton an.

Nach all diesen Formalitäten wurde ich in den Zuchthausflügel der Anstalt gebracht. Vom Parterre führte eine Treppe zu den einzelnen Stationen. Die mich begleitende Wachtmeisterin rief die Treppe hinauf: „Station II, ein Zugang!" Oben zeigte sich die verantwortliche Aufseherin und brachte mich in mein Schlafkabuff. Auf der einen Seite der Station lagen größere Zellen, auf der anderen die Schlafkabinen, in denen die am Tage im Arbeitssaal beschäftigten Zuchthausgefangenen untergebracht waren.

Als ich Ende Juni 1935 nach Lübeck-Lauerhof kam, war ich die siebente mit Zuchthaus bestrafte politische Gefangene, die nach 1933 hier eingelieferte wurde.

Frauenzuchthaus von innen

Am nächsten Tag kam ich in den Arbeitssaal, wo etwa 25 Frauen beschäftigt wurden. Wir mußten Sisal zupfen und Lumpen sortieren. Ich war dort die einzige Politische, alle anderen Frauen waren wegen krimineller Delikte abgeurteilt worden, wegen Diebstahl, Betrug usw., aber auch wegen Abtreibung. Es waren wirkliche Kriminelle oder Frauen, die von den Gerichten der Weimarer oder der Nazizeit zu Verbrecherinnen abgestempelt worden waren. Abends ging es zurück ins Schlafkabuff, in dem nur ein Bett und ein Hocker standen, unsere Spinde hingen im Arbeitssaal.

Wie im UG Hamburg hatten wir auch hier in Lübeck Toiletten mit Wasserspülung, außerdem fließendes Wasser in der Zelle; einmal in der Woche durften wir unter Aufsicht für fünf Minuten die Duschkabinen benutzen. Ich weiß nicht, ob diese und andere sanitäre Einrichtungen auf Krischan Koch zurückgingen. Christian Koch, ein liberaler Politiker, war Bürgerschaftsabgeordneter und bis 1933 Präsident des Strafvollzugamtes für Hamburg, Bremen, Lübeck, Braunschweig und Oldenburg. Er hatte in den Weimarer Jahren eine Reihe von Reformen im Strafvollzug eingeführt und war vielen Frauen in Lübeck-Lauerhof auch jetzt noch ein Begriff. Fließendes Wasser und WC's in den Zellen gab es in vielen Gefängnissen des Deutschen Reiches nicht.

Aus Anlaß von Inspektionen, die Koch in Lübeck-Lauerhof durchgeführt hatte, gab es auch jetzt noch das sogenannte „Krischan-Koch-Essen". Es unterbrach die Monotonie der Zuchthausküche, und in den Bitons schwammen Fettaugen und Fleischstückchen. Nachdem Christian Koch 1933 aus dem Staatsdienst entlassen worden war, wurden auch einige langjährige Gefängnisbeamtinnen in Pension geschickt und immer mehr Nazi-Aufseherinnen eingestellt, die aber erst in ihre Arbeit eingeführt werden mußten. Als ich nach Lübeck-Lauerhof kam, schien es mir, daß die „Alten" ihren Platz noch behaupteten, sie waren erfahren, hielten sich an die Vorschriften, paßten sich an. Nach und nach verschlechterte sich das Klima immer mehr, Nazi-Beamtinnen übernahmen das Zepter.

Am dritten Tag meines Zuchthausaufenthaltes rief die Wachtmeisterin Blume: „Suhling, raus zum Essenholen!" Die Aufseherin, die sehr streng aussah, gehörte zum Stamm der alten Beamtinnen, die wie einige andere der SPD nahegestanden hatten, und die sich dieses und jenes einfallen ließen, damit wir dem ewigen Einerlei des Zuchthausalltages ein wenig entgehen konnten. Mit anderen Gefangenen machte ich mich auf den Weg zur Küche, in der für alle drei Abteilungen der Strafanstalt – Zuchthaus, Gefängnis, Jugendgefängnis – gekocht wurde. Vor der Küchentür im Flur trugen jugendliche Gefangene gerade ihre Bitons vorbei. Eine von ihnen stellte plötzlich ihren Kübel hin und rief: „Lucie!" Es war Anita Vogt, mit der ich 1932 bei der Pressereklame in Berlin zusammengearbeitet hatte. Zueinanderkommen und miteinander sprechen konnten wir aber nicht.

So bitter es auch für uns war, wieder einen Kameraden mehr in Nazihaft zu wissen, wo draußen jeder für den antifaschistischen Kampf gebraucht wurde, so war es doch immer eine Freude, einen Gleichgesinnten zu sehen. Am liebsten wären wir uns in die Arme gefallen, aber sowohl Anita als auch ich mußten unsere Essenkübel weitertragen. Bei einer solchen Begegnung spielt sicher auch das Gefühl eine Rolle, bestätigt zu bekommen, daß fast alle ihre politische Arbeit fortgesetzt hatten und die Gewißheit, daß wir nach unserer Haftentlassung weitermachen würden. Später erfuhr ich, daß eine ganze Reihe junger Hamburger Genossinnen, darunter Lina Knappe, Anni Krümmel, Änne Scheliga und Ilse Jahn im Jugendbau, einem umgebauten Pferdestall, einsaßen und dort wegen unzumutbarer Arbeitsbedingungen sogar einmal einen Streik durchgeführt hatten.

In der dritten Abteilung der Haftanstalt, im Gefängnis, waren ebenfalls viele Hamburger Kommunistinnen eingesperrt, u. a. Maria Cords, Käthe Hochmuth, Lotte Ehmann, Mia von Bargen und Elisabeth Bruhn.[2] Die Häftlinge der drei Anstaltsabteilungen wurden streng getrennt gehalten und wir mit einer Zuchthausstrafe besonders scharf bewacht. Schon äußerlich konnten die Aufseherinnen uns gut unterscheiden: Die Zuchthausgefangenen hatten eine braune Kleidung, im Gefängnis und im Jugendbau mußten blaue Kleider getragen werden.

Nach einer Woche Aufenthalt in Lauerhof bekam ich meine endgültige Zuchthauskleidung. Für den Alltag: ein hellbraunes, verwaschenes Drellkleid mit einem abknöpfbaren, breiten, weißen Kragen, dessen Ecken mit blauweißkariertem Stoff eingefaßt waren. Für den Sonntag, Besuchstag und bei Vorführungen erhielten wir ein dunkelbraunes, rauhes Wollkleid, auf dem wir den gleichen Kragen tragen mußten. In der Taille wurden die Kleider mit einem Band zusammengezogen, so daß jedes Kleid auf fast jede Figur paßte. Zu dieser endgültigen Zuchthauskleidung gehörte noch eine weiße Mütze in der Art, wie sie die holländischen Frauen tragen.

Die farbigen Ecken auf den Kragen gehörten zur Klassifizierung der Gefangenen. Die blau-weiß eingefaßten Kragen wurden neun Monate lang getragen. In dieser Klasse konnten wir Zuchthäusler alle 8 Wochen schreiben, alle 8 Wochen Besuch bekommen und erhielten 10 Pfennig am Tag für unsere Arbeit. Die eine Hälfte des „Verdienstes" war in der Regel für Einkäufe bestimmt, die andere Hälfte wurde gespart oder für Porto usw. ausgegeben. Für Einkäufe konnten wir alle zehn Tage unsere Bestellungen bei der zuständigen Wachtmeisterin aufgeben.

In der zweiten Klasse, die man bei „guter Führung" erreichen konnte, waren die Kragenecken braun-weiß kariert; man konnte alle 6 Wochen schreiben, alle 6 Wochen Besuch empfangen, der „Verdienst" stieg auf 15 Pfennig pro Tag.

---

2 Elisabeth und ihr Mann Gustav Bruhn sind während des Krieges noch einmal verhaftet und zusammen mit zwei anderen Hamburger Widerstandskämpfern auf Befehl des Reichsführers-SS Himmler 1944 im KZ Neuengamme durch Erhängen exekutiert worden.

Hatte man eine längere Strafe abzubüßen, konnte bei „guter Führung" ein Kragen mit rot-weiß karierten Ecken erreicht werden, das bedeutete: Briefschreiben und Besuchserlaubnis alle 4 Wochen, Verdienst pro Tag 20 Pfennig. Der rotweiße Kragen zeigte die höchste Stufe an, die aber auch wieder aberkannt werden konnte.

Während ich im Arbeitssaal Sisal auseinanderzupfen mußte, hatten die wenigen anderen Politischen meist Kalfaktorenarbeit zu leisten. Wenn ich mich richtig erinnere, war Gertrud Bartz Kalfaktorin in der Kleiderkammer, Toni Schmidt war Kalfaktorin auf B II und damit „rechte Hand" der Wachtmeisterin dieser Station. Diese Kameradinnen konnten viel für uns bewirken, uns z. B. für bestimmte Arbeiten vorschlagen, helfen, wenn einer krank wurde, uns Informationen zuflüstern, was draußen oder im Haus vor sich ging und wer neu eingeliefert worden war.

Post

Ich war etwa 10 Wochen in Lübeck, als ich eines Tages zur Fürsorgerin Frau Bayer geholt wurde. „Suhling, Sie haben von Ihrem Mann Post bekommen. Ich werde Ihnen den Brief vorlesen." Ich war empört. Nie hätte ich geglaubt, daß ein Mensch die Taktlosigkeit besitzen könnte, der Frau einen Brief ihres Mannes vorzulesen. Die Fürsorgerin konnte sich nicht damit entschuldigen, den Inhalt des Briefes nicht gekannt zu haben. Sie hatte ihn gelesen und wußte, daß es ein sehr persönlicher Brief war und keines der Schreiben, das wegen angeblicher „Verdunkelungsgefahr" nur stellenweise vorgelesen werden durfte und dann zu den Effekten ging.

Sie begann: „Meine Liebste!" Entsetzt rief ich: „Nein, Frau Bayer, lesen Sie bitte nicht weiter! Es ist mein Brief. Mein Mann hat ihn nur für mich geschrieben. Müssen Sie ihn mir vorlesen, dann verzichte ich und bitte Sie, ihn zu den Effekten zu geben. Ich kann es nicht ertragen, diesen Brief aus dem Mund eines wildfremden Menschen vorgelesen zu bekommen!"

Ich wandte mich der Türe zu. Die Fürsorgerin rief mich zurück: „Suhling, nehmen Sie sich zusammen!"

„Bitte, geben Sie mir meinen Brief!"

„Ich lese die Briefe immer vor, das gehört zu meinen Pflichten. Wenn Sie sich aber so anstellen, dann nehmen Sie ihn in Gottes Namen mit."

Cuddls Brief kam aus dem Zuchthaus Hamburg-Fuhlsbüttel, in das er am 1. August 1935 eingeliefert worden war, nachdem ihn das Hanseatische Oberlandesgericht „wegen Vorbereitung zum Hochverrat" zu zweieinhalb Jahren Zuchthaus verurteilt hatte.[3] Schnell rechnete ich nach: Dann würde

3 siehe Abb. 20

Cuddl erst 1937 entlassen werden. Und ich dachte: In Deutschland tragen die Anständigen den Zuchthauskittel, und die Verbrecher regieren den Staat. Cuddl hinter Gittern, er, der die Güte und Hilfsbereitschaft in Person war. In allen Lebenslagen konnte man sich auf ihn verlassen. Seine Heiterkeit, sein stiller Humor machten das Leben bunter und glücklicher. Wer seine Freundschaft besaß, wußte, hier sind Herz und Hand, dem Freund zu helfen, hier war ein Kamerad, der sich des Bedrängten annahm, ihm Halt und Sicherheit gab, sich für seine Rechte bedingungslos einsetzte. Solche Menschen hatten im faschistischen Deutschland keinen Platz, das war klar.

Zu Hedwig Voegt auf die Zelle

1935 verhängte die NS-Justiz immer mehr Zuchthausurteile gegen aktive Antifaschisten, und auch in Lübeck-Lauerhof wurde der Zuchthausflügel bald zu klein. Es muß um die Jahreswende 1935/36 gewesen sein, als Häftlinge mit einer Gefängnisstrafe in die Hamburger Strafanstalt Fuhlsbüttel verlegt wurden und wir in den viel größeren D-Flügel umzogen.

Die Häftlingsarbeiten wie Kartoffelschälen und Gemüseputzen, die bisher von den „Blauen" geleistet wurden, gingen nun in die Hände der „Braunen" über. Diese Küchenarbeiten mußten in den engen Zellen ausgeführt werden. Wir bekamen nur alte Kartoffeln zu essen. Nach der Anlieferung der oft schon angefaulten Kartoffeln krochen Maden, Würmer und Käfer in den Zellen und auf den Korridoren herum. Es stank nicht nur in den Zellen bestialisch, der eklige Geruch durchzog den ganzen Bau. Als Festtage galten dagegen jene, an denen Gemüse geputzt wurde. Dann wurden bei Unachtsamkeit der Aufseherin schnell einige Möhren oder Kohlrabi stibitzt. Die Zellentüren unserer Kameradinnen standen offen, weil das schon fertig geputzte Gemüse herausgeholt und in die Küche gebracht wurde. Blitzschnell steckten sie uns, wenn wir vorübergingen, ein paar gesäuberte Möhren oder Kohlrabi zu, die wir in unseren Kleidertaschen verschwinden ließen. Als einmal die von uns sehr geachtete Wachtmeisterin Frau Hupmann Aufsicht führte, sagte sie zu uns: „Na, ihr Verhungerten, steckt euch ein paar Möhren ein!" Wir schlugen unsere Schürzen zur Seite, unsere Taschen waren bereits voll. „Wie ihr das nur immer macht! Ich habe doch so aufgepaßt..."

Eines Tages mußte ich mein langweiliges Sisalzupfen unterbrechen, weil ich zur Vorsteherin Ellering gerufen wurde. Dorthin ging man immer mit gemischten Gefühlen. Vor ihrem Büro stand schon eine andere Gefangene, und ich war hocherfreut, als ich in ihr meine Hamburger Genossin Hedwig Voegt erkannte. Die Vorsteherin teilte uns mit, daß wir nach Abgang der Gefangenen Thomsen (eine Politische mit Gefängnisstrafe) die Arbeit in der Bibliothek zu übernehmen hätten. Hedwigs und meine Blicke kreuzten sich blitzschnell. Wir zeigten unsere Freude nicht, aber innerlich waren wir froh über diese neue Arbeit.

Ich zog aus meinem Kabuff aus und zu Hedwig auf die Zelle. Persönlich kannte ich Hedwig von vor 1933 nur flüchtig, hatte aber manche ihrer Arbeiterkorrespondenzen gelesen, die schon damals ein starkes literarisches Können verrieten.[4] Nicht nur ihr konsequentes politisches Engagement nahm mich für sie ein, auch ihr reiches Wissen, das sie sich angeeignet hatte. Wir konnten uns stundenlang unterhalten, keinen Augenblick waren wir uns fremd. Wir brauchten nur eine kurze Zeit, um uns in der Bibliothek einzuarbeiten.

Tagsüber und abends konnten wir nun lesen. Wir bevorzugten belletristische Literatur und Geschichtsbücher und führten eine Art Selbststudium durch. Wenn, wie vorgeschrieben, um 21 Uhr das Licht gelöscht wurde, wurde der Stoff wiederholt und diskutiert, um das Gelesene zu vertiefen. Und wer von uns hat nicht, wenn er in den kostbaren Besitz eines Bleistiftes gelangen konnte, mehr oder weniger druckreife Geschichten oder Gedichte geschrieben? Besonders in der Nacht, wenn der Schlaf nicht kommen wollte, wenn ich von quälenden Gedanken an meine Familie und an die Freunde verfolgt wurde, fügte sich Zeile an Zeile. Hedwig und ich waren in dieser Beziehung sehr aktiv. Am Tage war ich durch meine Arbeit in der Bibliothek abgelenkt, aber nachts überfiel mich der Kummer, so lange von unserer Tochter, von meinem Mann getrennt zu sein. Immer wieder träumte ich, Ursel wäre in einen sumpfigen Abflußgraben gefallen und dort erstickt. Ich schrie auf, von Alpträumen gepeinigt. Hedwig weckte mich: „Lucie, du hast wohl wieder diesen schrecklichen Traum?" Tagelang blieb ich voller Unruhe, bis ich wieder Post von Schwägerin und Bruder bekam, die mir schrieben, daß unser Kind gesund sei und sich prächtig entwickele.

Hedwig und ich legten – wie das wohl alle Politischen taten – unser Geld für gemeinsame Einkäufe zusammen. Wir bestellten z.B. ein halbes Pfund Margarine, ein bis zwei Zitronen wegen der Vitamine, der Rest wurde für billige Wurst ausgegeben. Das Angebot an zusätzlichen Lebensmitteln war sehr gering, und wir mußten mit dieser einen Mark alle zehn Tage tüchtig rechnen und überlegen. Manchmal ist uns das Wasser im Munde zusammengelaufen bei dem Gedanken, einmal wieder nach Belieben einkaufen zu können. Ich war erstaunt, daß meine feinsinnige Zellengenossin genau wie ich so kannibalische

---

4 Hedwig Voegt lebt heute als Literaturwissenschaftlerin in der DDR und hat eine Reihe Bücher zur revolutionären Publizistik des 18. Jahrhunderts herausgegeben. Sie war nach der Kapitalution als Referentin beim Landesarbeitsamt Hamburg tätig gewesen und ging 1948 nach Weimar, wo sie als 45jährige noch das Studium der Germanistik aufnahm. Ihre Doktorarbeit „Die deutsche jakobinische Literatur und Publizistik 1789–1800", die 1955 als Buch erschien, gilt als ein Standardwerk zur Geschichte des deutschen Jakobinismus. Bis zu ihrer Emeritierung 1963 lehrte sie als Professorin für Literarische Publizistik an der Karl-Marx-Universität Leipzig.

Lust auf Fleisch und andere leckere Dinge hatte. Wir versuchten, unseren langweiligen Brotaufstrich etwas aufzubessern, indem wir in die gekaufte Margarine kleingewürfelte Zitronenschale und Zitronensaft rührten. Das gab einen wohlschmeckenden Brotaufstrich. Das Rezept wurde an neu eingelieferte politische Gefangene weitergeflüstert, so lange es diese Möglichkeit des Einkaufens gab.

Auch zu meinem einunddreißigsten Geburtstag im Juni 1936 wollten wir auf diese Aufbesserung der eintönigen Zuchthauskost nicht verzichten. Einige Tage vorher war Einkauf. Unsere „Zitronenmargarine" wurde fertiggemacht und in das Wandschränkchen gestellt. Wir hatten zu dieser Zeit heißes Sommerwetter. Vollkommen sauer und ungenießbar holten wir die Margarine aus dem Schrank. Das war zwar ärgerlich, doch trösteten mich die Liebe und Aufmerksamkeit meiner Zellengenossin und unserer Zellennachbarin Hedwig von Holt.

Hedwig von Holt hatte mir hinter dem Rücken der Beamtin ein „Blumenarrangement" übergeben. Aus ihrer Matratze hatte sie Strohhalme gezogen, ein Körbchen geflochten und unter den Augen der Aufseherinnen die besten Blumen vom Komposthaufen stibitzt, die sie in dieses Körbchen steckte. Außerdem hatte Hedwig von Holt mir Schachfiguren geknetet. Sonntags bekamen wir statt Schwarzbrot helles Feinbrot, von dem sie einen Teil aufweichte. Unter die eine Hälfte des aufgeweichten Brotes gab sie rotes Steinmehl. Das Steinmehl, das wir zum Putzen unserer Wasserhähne benutzen mußten, gewannen wir durch Aneinanderreiben zweier Ziegelsteine. So wurde es ein Schachspiel mit roten und weißen Figuren, und das Geburtstagskind sowie Zellengenossin Hedwig Voegt waren sehr glücklich über dieses hochwillkommene Geschenk. Lange Jahre habe ich die Schachfiguren aufbewahrt. Leider sind sie mir später bei einem Umzug verlorengegangen.

Kalfaktorinnen in der Zuchthausbibliothek

Für politische Häftlinge war die Tätigkeit in der Bibliothek eine der begehrtesten Arbeiten, für uns selbst wie für die mitgefangenen Kameradinnen. Hedwig und ich hatten bald heraus, welche Interessengebiete bei unseren Genossinnen und anderen Antifaschistinnen besonders berücksichtigt werden mußten. In der Bibliothek arbeiteten wir selbständig und ohne Aufsicht. Nachdem wir uns eine Übersicht über den Buchbestand gemacht hatten, und wir unsere Arbeit übersehen und einteilen konnten, ging uns alles rasch von der Hand. Wir verschafften uns Zeit, auch am Tage in der Bibliothek zu lesen.

Neben uns Leimtopf, Pinsel und Klebestreifen, sind wir dabei nie ertappt worden.

Einmal in der Woche, an einem bestimmten Tag, wurden für jede Station die Bücher getauscht. Laut rief die Wachtmeisterin über den Flur: ,,Büchertausch!" Die Zellentüren wurden aufgeschlossen, besondere Wünsche der Gefangenen aufgeschrieben, die später an uns weitergeleitet wurden, dann die Bücher hinausgelegt und von den Kalfaktorinnen eingesammelt. Jede Gefangene hatte eine Buchkarte, die gleichlautend mit unserer Bibliothekskartei war. Nach Möglichkeit erfüllten wir die Wünsche unserer Kameradinnen sofort, auf jeden Fall aber beim nächsten oder übernächsten Büchertausch.

Das Buch, das von den Politischen am meisten angefordert wurde, war Gustav von Struves ,,Weltgeschichte", die der bürgerliche Demokrat nach der Revolution von 1848 geschrieben und seiner ,,teuren Genossin und Kampfgefährtin" gewidmet hatte. Es waren nicht so sehr die Jahreszahlen, die uns interessierten, sondern die Darstellung der Volksbewegungen in der Vergangenheit, die wir kennenlernen wollten und die uns für unsere eigene Situation Kraft gaben.

Die Widmung Gustav von Struves an seine Frau haben wir sorgfältig entfernt, damit das Werk nicht noch nachträglich dem Zensor in die Hände fiel und aussortiert wurde. So haben wir es auch mit einigen anderen Büchern gehalten. In der Bibliothek stand zum Beispiel das von der Kommunistischen Internationale herausgegebene Buch ,,Indien", das die entsetzlichen Lebensbedingungen des indischen Volkes unter britischer Kolonialherrschaft schilderte. Auch hier entfernten wir die entsprechenden Seiten und ließen es weiter unter unseren Freunden kursieren.

Neben Sachbüchern haben wir viele Romane und Gedichte gelesen. Ich erinnere mich an Werke von Lessing, Schiller, Liliencron, Gobineau und an den Roman von Grete Auer ,,Marakesch". Eines Tages hatte Hedwig einen Gedichtband vor sich liegen und sagte zu mir: ,,Das mußt du lesen!" Sie wies auf Goethes ,,Prometheus". So habe ich Goethes Gedichte kennengelernt, den ,,Prometheus", das ,,Lied an den Mond" und viele andere in mich aufgenommen. Es waren für mich Offenbarungen, denn von Goethe und anderen großen Schriftstellern der Vergangenheit kannte ich bisher nicht viel mehr als den Namen. Viele meiner Kameradinnen, die als Angehörige der Arbeiterbewegung inhaftiert waren, sind im Zuchthaus zum ersten Mal mit der Literatur der deutschen Klassik in Berührung gekommen. Schriftsteller der Gegenwart wie Brecht, Weinert oder Fadejew kannten wir, hatten wir sie doch in den kulturellen Veranstaltungen zitiert gehört oder selbst gelesen; vielleicht besaß der eine oder andere von uns auch Heines ,,Buch der Lieder". Aber zu den deutschen Klassikern hatten nur wenige Genossen schon damals eine Beziehung, das waren für die meisten von uns ,,bürgerliche" Dichter, die uns nichts anzugehen schienen. Und jetzt beim Lesen des ,,Prometheus" begann ich zu verstehen, daß es auch Goethe um die Freiheit des Menschen gegangen war, und daß ein solches Gedicht mir ganz unmittelbar etwas zu sagen hatte. Noch heute kann ich den „Prometheus" auswendig vortragen.

Selma Lagerlöf, deren Werke die Nazis schon bei mir zu Hause beschlagnahmt hatten, war den Nazis auch hier im Zuchthaus ein Dorn im Auge. Ihre Bücher waren aussortiert worden, offensichtlich, weil sie sich klar und deutlich gegen den deutschen Faschismus ausgesprochen hatte. So standen ihre Bücher neben Werken von Thomas und Heinrich Mann, Feuchtwanger, Brecht und anderen antifaschistischen Schriftstellern in einem verschlossenen Schrank, in den Hedwig und ich durch Zufall Einsicht bekommen hatten.

Neben der bibliothekarischen Arbeit hatten wir die sogenannten „Repräsentationsräume" nicht nur sauber, sondern auf Hochglanz zu halten. Es handelte sich dabei um die beiden Bibliotheksräume und den großen „Schulraum". Dieser Raum wurde zu meiner Zeit nur einmal für einige Tage benutzt, als Zuchthausgefangene von Jauer in Schlesien nach Lübeck verlegt wurden. Es handelte sich um Kriminelle, die für Mord und andere schwere Delikte abgeurteilt worden waren. Die Frauen kamen überwiegend aus armen Verhältnissen. Unter den Lebenslänglichen befanden sich auch ganz junge Mädchen, die mit 17 Jahren oder noch früher einen Mord begangen hatten. Alle diese Gefangenen hielten sich einige Tage im großen Saal auf, bis sie in die für sie freigemachten Zellen im D-Flügel eingewiesen wurden.

Magda Kelm und andere Kameradinnen

Im Sommer 1936 hatte Hedwig Voegt ihre zweijährige Zuchthausstrafe hinter sich gebracht. Auch ich begann schon meine Tage in Lübeck zu zählen. Nach Hedwigs Entlassung wurde Magda Kelm zu mir verlegt. Auch mit ihr habe ich mich in der Enge der Zelle gut vertragen. Magda kannte ich schon seit Anfang der dreißiger Jahre. Sie war Mitglied der KPD-Bezirksleitung Wasserkante und Abgeordnete der Hamburgischen Bürgerschaft. Sie hatte in der Abteilung Agitation und Propaganda der BL gearbeitet und diese Tätigkeit auch nach 1933 fortgesetzt. Magda half den illegalen Betriebs- und Stadtteilgruppen bei der Herausgabe ihrer Kleinzeitungen und Flugblätter und hatte in Hamburg und Kopenhagen mit unseren Funktionären Schulungen durchgeführt, die das Rüstzeug für den politischen Kampf unter den Bedingungen der Hitler-Diktatur vermitteln sollten. Im Mai 1934 war sie verhaftet und zu sechs Jahren Zuchthaus verurteilt worden; ich rechnete mir aus, daß sie dann erst 1940 wieder entlassen werden würde. Magda ging es wie mir: Auch ihr Mann, Genosse Hein Langhans war von der Gestapo hinter Gitter gesteckt worden.

Einige Monate später als ich wurde meine Freundin Maria Krollmann in

Lübeck-Lauerhof eingeliefert. Das erste, was sie sagte, war: ,,Mensch, ist das 'ne Zucht hier!" Maria war nach Beendigung ihres Studiums in Moskau 1934 mit anderen Genossen ins faschistische Deutschland zurückgekehrt und hatte zusammen mit Fiete Dettmann[5] in der illegalen Bezirksleitung Sachsen gearbeitet. 1935 wurden Fiete, Maria und andere Widerstandskämpfer verhaftet. In dem folgenden Prozeß hatte der Staatsanwalt gegen Maria die Todesstrafe beantragt, aber auch das dann verhängte Urteil – 15 Jahre Zuchthaus – war eine verdammt harte Strafe. Unser Trost war unsere feste Überzeugung, daß das Hitlerregime keine 15 Jahre bestehen würde.[6] Erst einmal jedoch saßen wir hier und mußten versuchen, das Beste daraus zu machen.

Maria hatte nach Abschluß ihres Studiums noch die Sowjetunion durchreisen dürfen. Die Kassiber, die sie mir darüber schrieb, gehörten zu den interessantesten Reisebeschreibungen, die ich je gelesen habe. Wenn ich sage, ,,sie schrieb", – so einfach war das nicht. Unter gar keinen Umständen durften wir einen Bleistift in der Zelle haben. Immer wieder wurden Zellenrevisionen und Leibesvisitationen vorgenommen, um einen ,,staatsgefährdenden" Bleistiftstummel zu finden.

Als Maria mir wieder einmal beim ,,Antreten zur Freistunde" einen Kassiber zusteckte, hatte unerwartet die Sauerberg, eine der gefürchtetsten Naziaufseherinnen Dienst. Ich verschluckte den Kassiber, was bestimmt nicht leicht war. Während der Freistunde hatte ich immer wieder das Gefühl, mich übergeben zu müssen. Wir waren sehr verwundert, als wir sahen, daß die Sauerberg heute nicht allein Aufsicht führte, nicht wie sonst so provozierend mit gegrätschten Beinen und über der Brust verschränkten Armen dastand und uns bei jeder Gelegenheit anbrüllte, sondern uns ohne Worte an sich vorüberziehen ließ. Wir alle hatten gut in Erinnerung, daß die Sauerberg kurz nach ihrer Einstellung an einem Sonntag ,,wegen Redens in der Freistunde" 17 Anzeigen gemacht hatte. Selbst die ,,schwarze Gefahr", wie wir die Oberaufseherin Frau von Zenken nannten, hatte diese Denunziationen nicht angenommen mit dem Bemerken, daß eine solche Massenanzeige übertrieben sein müsse.

Und heute war die Sauerberg so zahm? Was hatte das zu bedeuten? Später hörten wir von den Bürokalfaktoren – das Büro durfte nicht mit Politischen besetzt werden –, daß die Sauerberg wegen lesbischer Ambitionen und Bestechung krimineller Häftlinge entlassen werden sollte. Im Hitlerreich wurden die Homosexuellen außerhalb des Gesetzes gestellt, weil die ,,germanische Rasse durch und durch gesund" sei und solche ,,Schändlichkeiten" nur bei

5 Fiete Dettmann, Fraktionsvorsitzender der KPD in der Bürgerschaft, hatte nach 1933 zuerst illegal in Hamburg gearbeitet, mußte dann emigrieren, kehrte 1934 nach Deutschland zurück und wurde Leiter der KPD in Sachsen.

6 Nach der Kapitulation habe ich Maria Krollmann in Hamburg wiedergetroffen. Später hat sich unser politischer Weg leider getrennt.

Juden, Kommunisten und den „degenerierten westlichen Völkern" vorkämen. Und jetzt war ausgerechnet die Betriebsobmännin der Naziangestellten in Lauerhof bei einem solchen Vergehen ertappt worden.

Es gab uns eine gewisse Genugtuung, diese Faschistin in der Zwickmühle zu sehen, weil sie uns, wo sie nur konnte, gequält und das Leben schwer gemacht hatte. Von ihren Schikanen als SS-Wachtmeisterin will ich weiter nicht berichten, aber erwähnen, wie sie uns außerdem mit ihren speziellen Neigungen zusetzte: Sie hob die Röcke unserer Kleider hoch unter dem Vorwand, zu kontrollieren, ob unsere Hosen auch richtig verschlossen seien, oder sie griff uns an die Brust, um – wie sie sagte – festzustellen, ob wir dort etwas versteckt hätten usw. Und wir mußten uns das gefallen lassen! Sie tat ja nur ihre „Pflicht", aber das war es eben. Von mir aus konnten die Lesbierinnen nach ihrer Fasson selig werden, aber uns sollten sie in Ruhe lassen. –

Ich habe schon von einigen Widerstandskämpferinnen aus Hamburg und Norddeutschland, die zur gleichen Zeit wie ich in Lübeck-Lauerhof eingesperrt waren, berichtet. Eine Reihe von ihnen habe ich dort selbst gesehen, von anderen wußte ich es oder habe es nach meiner Entlassung erfahren. Unter ihnen waren mindestens vier Bürgerschaftsabgeordente: Außer Magda Kelm die Genossinnen Gertrud Bartz, Anni Staudinger und Antonie Schmidt. Einige Zellen neben mir saß auch meine Langenhorner Kameradin Agnes Gierck. Alle Politischen waren 1936 auf Station II untergebracht, mit – soviel ich weiß – einer Ausnahme: Anni Kreuzer, Redakteurin der „Hamburger Volkszeitung" lag auf Station III. Weil sie eine lange Zeit für unsere Zeitung verantwortlich gezeichnet und deshalb schon in der Weimarer Zeit kleine Gefängnisstrafen auf sich genommen hatte, galt sie als „Vorbestrafte" und war als Politische ganz allein unter vorbestraften Kriminellen untergebracht. Während wir anderen den Kontakt zueinander organisieren, auch bei verschiedenen Gelegenheiten ein Wort wechseln oder uns wenigstens in der Freistunde sehen konnten, führte kein Draht zu Anni.

Wenn wir ein wichtiges Problem miteinander zu beraten und keine andere Möglichkeit hatten, führten wir sogenannte Klo-zu-Klo-Gespräche; das Klopfalphabet haben wir in Lübeck seltener benutzt. Im Zellentrakt waren jeweils zwei Toiletten durch ein Rohrstück miteinander verbunden. Wenn wir mit der Bürste das Wasser aus dem Verbindungsstück entfernten, konnten wir uns durch das Rohr ungestört unterhalten. Um bei solchen Gesprächen nicht von der Aufseherin überrascht zu werden, stellte sich eine von uns vor den „Spion" an der Tür und versperrte so die Einsicht in die Zelle. Wir nutzten z. B. dieses Verständigungsmittel, nachdem eine Kameradin von draußen über die Sache mit dem Gestapo-Revers informiert worden war. Die Politischen mußten vor ihrer Entlassung bei der Gestapo einen Revers unterzeichnen, daß sie nie wieder Kontakt zu Tatgenossen aufnehmen würden. Unter uns gab es eine erregte Diskussion, ob wir das tun sollten oder nicht. Schließlich stimmten alle für Unterschreiben. Draußen wartete die Arbeit gegen ein menschenfeindliches System auf uns, und die war uns wichtiger, als freiwillig Märtyrer zu schaffen.

Der Tag meiner Entlassung rückte näher. Wir wußten, daß einige Kameradinnen nach Verbüßung ihrer Strafhaft nicht entlassen, sondern von der Gestapo in ein Konzentrationslager eingeliefert worden waren. Obwohl ich keine bedeutende Funktion in unserer illegalen Organisation ausgeübt hatte, bestand bei der Unberechenbarkeit der Gestapo auch für mich die Gefahr, daß ich, zumal ich in der Haft einige Male „unangenehm aufgefallen“ war, statt nach Hause in ein Frauenkonzentrationslager kam.

IV. Entlassung und Neubeginn (1936–1939)

Wieder zu Hause

Nur einmal in der Woche ging ein Gefangenentransport von Lübeck-Lauerhof nach Hamburg. Am 30. September 1936 war es dann auch für mich soweit: Ich wurde wieder in die „Grüne Minna" verladen und im UG Hamburg abgeliefert. In einer Kellerzelle des UG verbrachte ich drei Tage. Am 3. Oktober wurde ich mit anderen Politischen ins Stadthaus gefahren. In einem Kellerraum warteten wir auf unsere Entlassung, die nicht von der Justiz, sondern von der Geheimen Staatspolizei vorgenommen wurde. Da saßen wir nun voller Erwartung, Angst, Hoffnung und Zweifel: Kommen wir raus, kommen wir nicht raus? Nach und nach leerte sich der Keller, nur der Langenhorner Genosse Helmuth Warnke und ich blieben allein zurück. Die Zeit verging, und ich wurde immer unruhiger. Endlich gegen 14 Uhr wurde ich aufgerufen und zur Gestapo hochgebracht.

Kraus, der Chef des „Kommunisten"-Dezernats selber, empfing mich mit den Worten: „Frau Suhling, wir haben uns lange überlegt, ob wir Sie entlassen oder einem Konzentrationslager überstellen sollen..." „Aber Herr Kraus", sagte ich, „ich wußte nicht, daß ich so wichtig bin." Er schnauzte mich an: „Halten Sie endlich Ihren frechen Mund! Wir wollen Gnade vor Recht ergehen lassen. Wenn wir Sie noch einmal zu fassen kriegen, dann können Sie sich auf lebenslänglich gefaßt machen."

Nach Unterschreiben eines Reverses wurde ich von einem Gestapomann hinunter und zum Ausgang gebracht. Endlich war ich draußen. Die Eltern meines Mannes hatten seit 10 Uhr gewartet und schon fast die Hoffnung aufgegeben, daß ich entlassen werden würde. Dann fuhren wir nach Langenhorn, und ich war endlich wieder zu Hause!

Noch ehe ich meinen Mantel ausgezogen hatte, klingelte es bei mir. Eine Nachbarin brachte mir zum Empfang einen Riesenblumenstrauß. Die Klingel ging ohne Unterlaß. Die Nachbarschaft, mir bekannte Siedler, die Kaufleute, alle brachten Blumen, Konfekt, selbstgebackene Kuchen und noch mehr. Vieles ist mir entfallen. Alle waren gekommen, mich zu begrüßen und ihre Freude zu zeigen, daß ich die schwere Zeit hinter mich gebracht hatte. Meine kleine Stube war oft von mehr als zwanzig Personen „besetzt", und ich war wie aufgedreht. Der unterschriebene Revers war längst vergessen. Eine tiefe Freude durchströmte mich, ein Gefühl der Geborgenheit, daß mir so viel Freundschaft entgegengebracht wurde. Ich war nicht, wie die Gestapo wohl glaubte, geächtet. Im Gegenteil, ich hatte an Achtung und Sympathie gewonnen.

Bis in den späten Abend hinein war ein Kommen und Gehen, war ein Fragen und Antworten ohne Scheu. Ich war überglücklich, nach mehr als zwei Jahren selber wieder Türen öffnen und schließen zu können, und ich ließ sie weit geöffnet. Ich mußte das Gefühl, daß jemand hinter der Tür stand, daß jemand mich durch den Spion beobachtete, erst einmal überwinden. Das habe ich übrigens bis heute noch nicht ganz geschafft. Immer, wenn ich irgendwo zu Besuch bin, setze ich mich möglichst so, daß ich die Tür im Auge behalten kann.

Am nächsten Tag ging eine mir gut bekannte SPD-Genossin grußlos an mir vorüber. Das war bitter. Ein paar Stunden später klingelte es bei mir, Frau Rheeders stand vor der Tür, brachte Blumen und entschuldigte sich: sie hätte nicht gegrüßt, weil sie mich nicht erkannt hätte. Ich war in der Zeit meiner Haft so stark abgemagert, daß zuerst auch andere Bekannte wie Fremde an mir vorübergingen.

Schlimmer entwickelte sich die Freundschaft mit meiner Nachbarin Hertha, einer SPD-Sympathisantin und Nazigegnerin. Nach ungefähr drei Wochen, in denen wir uns fast täglich gesehen hatten, kam sie weinend zu mir und bat mich um Verständnis, daß sie mich nun nicht mehr besuchen könne. Die Gestapo wäre bei ihr gewesen und hätte ihr gedroht, auch sie abzuholen, wenn sie weiter mit mir verkehre. So zerstörte die Gestapo unsere Freundschaft, die im Krankenhaus Barmbek, in dem wir beide unser erstes Kind zur Welt gebracht hatten, begonnen hatte.

Die Freude auf das Wiedersehen mit unserem Kind beherrschte mein ganzes Denken. Dann war es so weit. Meine Schwägerin Maria brachte mir Ursel aus Bochum zurück. Sie war jetzt drei Jahre alt. Da stand nun unser kleines Mädchen vor mir und sah mich aus ihren blauen Augen prüfend an. Mit übermenschlicher Anstrengung drängte ich den Wunsch, das Kind in die Arme zu nehmen, zurück, um es nicht zu erschrecken. Zwei Jahre lang waren meine Schwägerin und mein Bruder ihr Mutti und Vati gewesen, und diese fremde Tante sollte nun auf einmal die Mutti sein? Als ich Ursel am Abend bat, ihre Spielsachen wegzuräumen, antwortete sie kurz und bündig: „Nein, ich will nicht!“ Das Weinen stand mir näher als das Lachen. Erst als meine Schwägerin sie aufforderte, löste sich das strampelnde Persönchen vom Fußboden und packte seine Siebensachen ein. Es dauerte aber nicht lange, bis ich Ursels Vertrauen gewonnen hatte.[1] Abends, wenn ich sie in ihr Bettchen brachte, bereitete ich sie auf die Heimkehr ihres Vaters vor. Ich zeigte ihr Fotos von Cuddl und erzählte kleine Geschichten dazu, so daß ihr Vater in ihrem Denken bald eine Rolle spielte.

---

1 Siehe Abb. 22

Warten auf Cuddl

Bald nach meiner Entlassung beantragte ich einen Besuchsschein, um Cuddl zu sprechen und erhielt positiven Bescheid. Endlich sollte ich meinen Mann wiedersehen. Er hatte damals noch etwa ein halbes Jahr abzusitzen. Mit vielen anderen Frauen stand ich im Wartezimmer des Zuchthauses Fuhlsbüttel, dann wurden wir ins Besuchszimmer eingelassen.

Am unteren Ende des langen Tisches saß der aufsichtführende Beamte, der uns ermahnte, jede Berührung mit dem Gefangenen zu unterlassen. Der Besuch würde bei Nichtbeachtung dieser Vorschrift sofort abgebrochen. Unter dem Tisch zog sich eine Bretterwand hin, damit Besucher und Häftlinge sich gegenseitig nichts zustecken konnten. Die Tür öffnete sich, die Gefangenen kamen herein. Mein erster Impuls war, meinem Mann entgegenzulaufen. Die Warnung des Beamten hielt mich zurück. So waren wir auf die Sprache unserer Augen angewiesen.

Unsere Unterhaltung drehte sich selbstverständlich um unser Kind, Fragen nach den Eltern und, durch die Blume, nach gemeinsamen Freunden. Trotz aller Einschränkungen war die qualvolle halbe Stunde, die wir uns sehen durften, viel zu kurz. Mein Mann war fest davon überzeugt, daß er nach Strafverbüßung nach Hause entlassen werden würde.

Ich schrieb Cuddl von meinem kleinen Alltag, von der Entwicklung unseres Kindes und verklausuliert von unseren Freunden und von politischen Ereignissen. Dann besuchte ich ihn noch einmal. Mein Mann war im Zuchthaus nie in eine „höhere" Gruppe aufgerückt, wie es damals noch in den Hamburger Haftanstalten möglich war. Diese Vergünstigungen wurden willkürlich entschieden. Daß dabei Sympathie und Antipathie eine große Rolle spielten, versteht sich am Rande.

Und dann kam am 4. April 1937 der Tag, an dem ich meinen Mann abholen konnte. Lange vor der Zeit stand ich in Hamburg-Fuhlsbüttel vor dem Gefängnistor. Stunde um Stunde ging dahin. Ich sah und hörte nichts. Ich spürte weder Hunger noch Durst. Ich war wie erstarrt vor Erwartung: Kam er? Kam er nicht? Würde er einem Konzentrationslager überstellt werden? Immerhin war er das zweite Mal in Haft. Wie oft hatte bei unseren Genossen sich noch das Konzentrationslager an die Strafhaft angeschlossen.

Endlich, endlich öffnete sich das Tor, und Cuddl trat heraus. Einen Augenblick wankte ich, aber schon war Cuddl bei mir und nahm mich fest in seine Arme. Alles um uns herum war vergessen. Fast drei Jahre hatten wir aufeinander warten müssen. Endlich lösten wir uns aus unserer Versunkenheit und fuhren nach Hause zu unserem Kind. Cuddl hatte wie eh und je seinen Arm um meine Schulter gelegt, in der anderen Hand trug er einen Margarinekarton mit seinen Sachen. Jeder, der uns sah, wußte sofort, woher wir kamen. Was störte uns das. – Erst einmal waren wir heil und gesund wieder draußen, in eine ungewissene Freiheit entlassen.[2] Noch heute bin ich mir des Glückes bewußt, erlebt zu haben, wie zwei Menschen so eins werden können, wenn sie die gleiche Überzeugung, die gleiche Einsatzbereitschaft haben und in großer Liebe miteinander verbunden sind.

Berufliches und Politisches

Wir waren wieder zusammen, und als unser Kind sich nach ein paar Tagen an den fremden Mann gewöhnt hatte, die gleiche Liebe wie vorher zwischen Vater und Tochter hergestellt war, gingen Cuddl und ich auf Arbeitssuche. Cuddl wurde in dem kleinen Transportunternehmen Robert Hahn als Kraftfahrer angestellt, ich fand Arbeit als Kontoristin bei der Hosenfabrik Gebrüder Löwenberg. Unsere Tochter ging tagsüber in den Kindergarten. Der Schatten der Nürnberger Rassengesetze hing über der Firma Löwenberg, und ich arbeitete dort nur kurze Zeit. Eines Tages bat mich einer der beiden Firmeninhaber, ich möge mir Arbeit in einem anderen Kontor suchen, weil sie ihr Geschäft aufgeben müßten. Die Brüder Löwenberg wußten, daß ich aus politischen Gründen gesessen hatte und Antifaschistin war, deshalb wurde mir anvertraut, daß sie durch Vermittlung guter Freunde ins Ausland emigrieren wollten.

Bald nach Cuddls Haftentlassung versuchten wir vorsichtig, Kontakt zu unseren alten Freunden aufzunehmen und kamen bald wieder mit Willi und Wilma Goes sowie mit anderen Langenhorner Genossen zusammen. Noch deutlicher als in den beiden ersten Jahren der faschistischen Diktatur war zu erkennen, daß Hitler seinen Pakt mit den deutschen Konzernherren einhielt und mit aller Macht einen zweiten Weltkrieg vorbereitete.

Was war nicht alles in Hitlerdeutschland geschehen, während Cuddl und ich in Haft gewesen waren. Beispielsweise:

1935: Wiedereinführung der allgemeinen Wehrpflicht,

1936: Einmarsch der deutschen Truppen in die entmilitarisierte Rheinlandzone, Abschluß des Antikomintern-Paktes mit Japan und Italien, militärische Unterstützung der Franco-Putschisten gegen das republikanische Spanien,

1937: Verlängerung des faschistischen „Ermächtigungsgesetzes".

Für den, der sehen wollte, standen alle Zeichen auf Krieg. Das hatten wir auch in Langenhorn bemerkt, wo nördlich unserer Siedlung eine riesige SS-Kaserne und ein Wohnblock für SS-Offiziere aufgebaut worden war. Am Stephansplatz in der Innenstadt hatten die Nazis inzwischen das große Kriegerdenkmal mit den ewigen Marschierern hingesetzt, und der Spruch

2 Siehe Abb. 21

darauf, „Deutschland muß leben, und wenn wir sterben müssen", sollte die Jugend auf ihr künftiges Schicksal einstimmen. Die Arbeitslosigkeit war weitgehend beseitigt, weil die Erwerbslosen von der Rüstungsindustrie aufgesogen wurden, weil sie Hitlers Rollbahnen für den Krieg, die Autobahnen errichteten, weil die Jugendlichen als billige Arbeitskräfte zum Reichsarbeitsdienst verpflichtet wurden. Auch die neuen Waffen für den künftigen Krieg wurden schon ausprobiert. Göring hatte die Interventionseinheit „Legion Condor" zum Einsatz gegen die spanische Republik beordert. Bald sang auch die Hitlerjugend bei ihren Aufmärschen ein neues Lied: „Wir zogen jenseits der Grenzen mit den Bomben gegen den Feind, hoch über der spanischen Erde, mit den Fliegern Italiens vereint. Wir sind deutsche Legionäre..."

Uns war klar, daß nur noch eine kurze Frist blieb, um das Unheil des Krieges von unserem Volk und den Völkern der Welt abzuwenden, und wir setzten dabei vor allem auf die Politik der Sowjetunion. Wenn es nicht gelang, den Frieden zu erhalten, würde die ungeheuerlichste aller bisherigen Kriegsmaschinen tätig werden und Millionen Menschen, deren Kultur und Zivilisation grausam niederwalzen. Wie konnten wir uns in einer solchen Situation in den Elfenbeinturm zurückziehen, als wenn wir das nicht sähen und von nichts wüßten? Unsere tiefe Überzeugung, unser Wissen um die Zusammenhänge ließen unser Gewissen nicht ruhen. Es war für uns nicht einfach, auf Vorposten zu bleiben. Die Gestapo wußte, daß sie uns nicht überzeugt hatte, ging aber davon aus, daß die Angst vor neuer Verhaftung uns von weiteren Aktivitäten abhalten würde. Wir versuchten, wieder mit noch arbeitenden Kreisen des Widerstandes zusammenzukommen und weiterzumachen. Unsere alten Verbindungen zu den Leitungsorganen unserer Partei waren unterbrochen: Wo sollten wir sie jetzt wieder aufnehmen? So blieb uns zuerst einmal nichts anderes zu tun übrig, als auf eigene Faust kleine Aktionen durchzuführen.

Wir wußten, daß es in der gegenwärtigen Situation nichts Wichtigeres gab, als auf die vor uns stehende Kriegsgefahr hinzuweisen. Auf kleine Papierstreifen druckten wir mit Buchstaben, die wir dem Kinder-Druckkasten unserer Tochter entnommen hatten, Losungen wie: „Wehrt Euch! Es gibt Krieg!" Cuddl war sehr erfinderisch und geschickt. Er schnitt Kurztexte wie „Hitler wird uns den Krieg bescheren!" in Linoleum, die wir vervielfältigten und dann in der Bahn und in Telefonzellen liegen ließen oder über Zäune warfen. Abends, wenn wir unsere Tochter ins Bett gebracht hatten, trafen wir uns heimlich mit Willi und Wilma Goes. Wir fuhren mit den Fahrrädern los und malten weit weg von Langenhorn, z. B. in Harksheide, antifaschistische Losungen an Häuserwände und Zäune, d. h. die Männer malten und wir beiden Frauen standen Schmiere.

Von Langenhorn nach Winterhude

Meine Schwiegereltern, die zwar nicht wußten, was wir taten, aber ahnten, daß wir weiterarbeiteten, fürchteten, daß ihnen dasselbe, was uns geschah, passieren könnte. Darum baten sie Cuddl und mich, uns nach einer anderen Bleibe umzusehen.

Eine eigene Wohnung war aber für uns weder zu haben, noch hätten wir die Miete dafür aufbringen können. Wir wollten auch nicht zu meinen Eltern nach Bochum ziehen, die uns unter gewissen Bedingungen Wohnung und Arbeit angeboten hatten. Cuddl ohne Hamburg und ohne Menschen, mit denen er „plattsnacken" konnte – einfach undenkbar! Was sollte nun aus uns werden?

Es muß Anfang 1938 gewesen sein, als ich einmal bei Freunden zufällig mit Käthe Hochmuth zusammentraf. Käthe kannte ich schon länger. Ich hatte 1930 für eine kurze Zeit bei ihr und ihrem Mann Walter gewohnt. Walter war nach Hitlers Machtantritt für die Herausgabe des illegalen „Klassengewerkschaftlers" verantwortlich gewesen und hatte 1934 emigrieren müssen. Käthe war nach ihrer Entlassung aus Lübeck-Lauerhof in einen Neubaublock in der Jarrestraße gezogen. Sie bewohnte dort mit ihrer siebenjährigen Tochter Ursel eine Zweieinhalb-Zimmer-Wohnung.

Ich erzählte Käthe von unserem Familienproblem, und sie bot uns sofort ein Zimmer an. Unsere beiden Töchter sollten sich das Kinderzimmer teilen. Unser Umzug von Langenhorn nach Winterhude war schnell erledigt. Wir waren glücklich, einen Ausweg gefunden zu haben und bei Käthe auch Genossen zu treffen, die wir kannten und denen wir vertrauten.

Käthe hatte seit längerer Zeit Arbeit als Kontoristin, und auch ich fand kurz darauf eine Stelle. Von Freunden hatte ich erfahren, daß unsere Jugendgenossin Ilse Jahn nach Dänemark emigrieren wollte und ihr Arbeitsplatz bei der Großschlachterei Hermann Wittlinger am Valentinskamp frei würde. Ich bewarb mich und erhielt Arbeit als Büroangestellte. Ich merkte bald, daß ich in einen richtigen Nazibetrieb hineingerutscht war. „Unser Führer" hinten und vorn, „Volksgemeinschaft" usw. und gleichzeitig ein harter Kampf für die „Gefolgschaft", auch nur die geringste Lohnerhöhung zu erhalten. Die Firmeninhaber verdienten Unsummen im Im- und Export von Fleisch- und Wurstwaren, waren aber nicht bereit, ihren Arbeitern und Angestellten auch nur ein Scheibchen vom erzielten Gewinn abzugeben. Besonders der Juniorchef, ein fanatischer Faschist, knauserte um jeden Pfennig, er war überhaupt ein Widerling.

Wir drei Erwachsenen waren berufstätig, Ulla und Ursel besuchten tagsüber den Kindergarten in der Jarrestraße. Durch unseren Verdienst finanziell nicht so eingeengt, konnten wir uns für den Vormittag eine Hilfe leisten, die einen Teil der Hausarbeit und das Kochen besorgte. Wir teilten uns alle Unkosten, und Käthe erhielt eine Hilfe über ihren Widerstandskreis.

Es war eine schöne Zeit, die wir bei Käthe verlebten. Innerhalb unserer vier

Wände konnten wir sein wie früher. Wer Käthe damals schon kannte, wußte, wie sie durch ihre Art immer wieder schallendes Gelächter hervorrief, durch ihre Schlagfertigkeit, durch ihren köll'schen Humor. Der Abend gehörte unseren Kindern, und das Wochenende, wenn auch Cuddl von seinen Überlandfahrten nach Hause kam, uns allen. Die Mahlzeiten nahmen wir gemeinsam in der Küche ein, und ich sehe uns noch um den großen Küchentisch sitzen, und die beiden Ursels biegen sich vor Lachen. Ganz besonders gut erinnere ich mich noch an den 5. Geburtstag unserer Ulla im September 1938, als wir in unserem Zimmer eine Kindergesellschaft hatten.[3] Spielkameraden und Kinder von Genossen waren eingeladen und erlebten einen wunderschönen Nachmittag.

Neue und alte Freunde

Zu Käthe kamen viele Genossen; einige kannten wir, mit den anderen wurden Cuddl und ich schnell vertraut. Die meisten von ihnen, wie Andreas und Mariechen Eisenhauer, Hein Langhans, Ferdinand und Inge Linken, Lydia Göhren, Walter und Ille Wendt, Hannes und Lidde Klingenberg, waren in Winterhude-Süd ansässig. Wir trafen uns aber auch mit gemeinsamen alten Freunden wie Hedwig Voegt und Anita Vogt, die in anderen Stadtteilen wohnten. Viele von uns hatten sich durch die Jahre ihrer Haft lange nicht gesehen, und es gab uns in dieser schweren Zeit ein Gefühl der Zuversicht, daß alle durchgehalten hatten und ihrer Überzeugung treu geblieben waren.

Mariechen und Andreas Eisenhauer hatten ganz in der Nähe unserer Wohnung eine Schuhreparaturwerkstatt, wohin wohl alle Genossen aus der Umgebung ihr lädiertes Schuhzeug brachten; man konnte bei ihnen, ohne weiter aufzufallen, einkehren. Andreas und Mariechen waren kinderlos und hatten Käthes und unsere Ursel in ihr Herz geschlossen. Beide nahmen unsere Mädchen oft auf ihrem Motorrad zu Ausflügen mit, und da Andreas auch ein leidenschaftlicher Fotograf war, sind in dieser Zeit eine ganze Reihe Bilder gemacht worden.[4] Walter und Ille Wendt, die mit ihren Kindern im „Stoltenhof" wohnten, hatten unsere Genossin Lotte Ehmann, nachdem sie aus dem Gefängnis Lauerhof entlassen worden war, bei sich aufgenommen. Lotte stand unter zweifacher Verfolgung, sie war Kommunistin und Jüdin. 1938, kurz vor der „Reichskristallnacht", gelang es ihr, in die USA zu emigrieren.

Zu unserem Freundeskreis gehörten etwa 15 bis 20 Genossen. Da wir fast alle schon eine politische Haft hinter uns hatten, versuchten wir sehr vorsichtig zu sein, um der Gestapo nicht aufzufallen. Wir waren noch keine organisierte

---

3 Siehe Abb. 23
4 Siehe Abb. 24

Gruppe, und mir ist nicht bekannt, ob einer von uns 1938 Kontakt zur illegalen Parteileitung hatte.[5] Obwohl wir alle bei unserer Haftentlassung einen Revers unterscheiben mußten, nie wieder Kontakt mit Gesinnungsfreunden aufzunehmen, übertraten wir ganz bewußt diese von der Gestapo verhängte Auflage. Wir ließen uns von den Faschisten nicht dahin drücken, daß wir aufgaben und sich jeder in seiner Wohnung wie in ein Mauseloch verkroch.

Unsere Zusammenkünfte wurden oft als gesellige Abende durchgeführt. Wir gingen gemeinsam auf Fahrt[6], z.B. zum Genossen Schorsch Bendix, der in Hanstedt in der Lüneburger Heide einen Bauernhof hatte. Wir diskutierten über die damaligen politischen Ereignisse, über den Einmarsch der Wehrmacht in Österreich, über das Münchner Abkommen und Hitlers Okkupation der tschechoslowakischen Grenzgebiete. Ganz besonders beschäftigte uns der Freiheitskampf des spanischen Volkes und der Internationalen Brigaden. Käthe hatte nur ein kleines Radio, den sogenannten „Volksempfänger" (im Volksmund „Goebbelsschnauze" genannt), aber Cuddl und ich konnten mit unserem Gerät auch Auslandssendungen empfangen, so daß unser Kreis über das Geschehen in der Welt ziemlich gut informiert war. Es fiel uns auf, daß Nachbarn oder Arbeitskollegen sich bei bestimmten Ereignissen immer noch mit Fragen an einzelne Genossen wandten. So offen wie früher konnten wir natürlich nicht antworten, aber wir hatten z.B. eine Methode entwickelt, Gegenfragen zu stellen, die den Gesprächspartner zum Nachdenken brachten.

Einmal bekamen wir auf Umwegen eine Nachricht aus dem spanischen Bürgerkrieg, die uns und besonders eine Genossin aus unserem Kreis ganz unmittelbar anging. Dazu muß ich etwas ausholen und auf meine Freundschaft mit Mutter Moll zurückkommen, mit deren Tochter Elfi ich früher im Büro unserer Bezirksleitung gearbeitet hatte. Elfi und ihr Verlobter Arthur Emmerlich hatten nach 1933 emigrieren müssen, und auch danach besuchte ich hin und wieder Mutter Moll. Einmal traf ich mich auch 1938 mit ihr und erfuhr, daß Elfi in Moskau sei und Arthur sich jetzt öfter in Prag aufhalte. Was weder Mutter Moll noch ich damals wußten, war, daß Arthur inzwischen als Parteiinstrukteur illegale Gruppen im Reich anleitete.[7] Mutter Moll war in den Vorkriegsjahren einige Male

---

5 Nach der Brüsseler Konferenz der KPD 1935 waren die illegalen Bezirksleitungen im Reich ins Ausland verlegt worden. Für Hamburg und ganz Norddeutschland war die Abschnittsleitung Nord in Dänemark zuständig. Ich habe erst nach 1945 erfahren, daß in den Jahren vor Kriegsausbruch Parteikuriere aus Kopenhagen einreisten, die unsere Widerstandsgruppen in Hamburg anleiteten und sie mit Flugblättern versorgten, so z.B. die illegalen Betriebszellen im Hafen und in Harburg.

6 Siehe Abb. 25

7 Arthur Emmerlich war bis zur Besetzung der ČSR als Instrukteur der Abschnittsleitung Mitte der KPD in Prag tätig. Er kam vor und nach Kriegsausbruch mehrmals illegal nach Berlin und gab dort mit anderen Genossen „Die Rote Fahne" und andere Schriften heraus. 1941 wurde Arthur in Hamburg verhaftet und 1942 in Berlin-Plötzensee hingerichtet.

nach Prag gefahren und hatte sich dort mit Arthur getroffen, vor allem, um etwas von Elfi zu erfahren. Wie sie mir bei unserem Treffen erzählte, hat Arthur sich mit ihr auch über politische Fragen unterhalten. Einmal hätte Arthur von einer Totenliste der in den Internationalen Brigaden in Spanien gefallenen deutschen Kommunisten gesprochen, auf der auch der Name des Hamburger Genossen Kurt von Appen stand. Kurt, von uns allen „Butz" genannt, war der Verlobte unserer Freundin Anita Vogt.

Traurig verabschiedete ich mich von Mutter Moll und beriet dann mit Cuddl und Käthe, wer Anita diese Nachricht überbringen sollte. Ich? Dafür fühlte ich mich nicht stark genug. Dann fiel mir Renate Wagner ein. Zwischen Anita und Renate bestand eine langjährige herzliche Freundschaft, außerdem wohnten sie beide in einem Stadtteil, und Renate hatte dadurch viel bessere Möglichkeiten, Anita in ihrem Kummer beizustehen. Ich fuhr zu Renate nach Eimsbüttel, und wir sprachen lange miteinander. Nach anfänglichem Zögern übernahm sie diesen schweren Weg. Renate versuchte, diese furchtbare Nachricht schonend zu überbringen, aber Anita konnte und wollte es nicht glauben. Anita hoffte immer noch, daß es ein Irrtum sei und wartete weiter auf Butz. Später hat es ihr die Hamburger Gestapo dann so überzeugend nachgewiesen, daß sie diese Nachricht glauben mußte.

Einer aus unserem Freundeskreis hatte damals auch ein Exemplar der illegalen „Roten Fahne"[8], und wir haben damals darüber diskutiert. Hedwig Voegt erinnert sich, daß sie auf Dünndruckpapier gedruckt war. Aber meine eigenen Erinnerungen daran sind sehr undeutlich. Ich weiß nicht mehr, ob wir sie von Mutter Moll oder jemand anderem zugesteckt bekamen, noch, ob ich sie selbst in Händen hatte. Später bei der Gestapo sollte mir diese „Rote Fahne" noch schwer zu schaffen machen.

„Volkszorn"

Als ich am 10. November 1938 morgens gegen 6 Uhr zur Arbeit fuhr, wurde ich von Mitfahrenden darauf aufmerksam gemacht, daß in den Fleeten der Innenstadt Schaufensterpuppen schwammen. Die Schaufenster jüdischer Geschäfte waren eingeschlagen, überall lagen Glasscherben. SA-Plünderer trieben ihr makabres Handwerk. Andere Menschen auf der Straße wandten sich aus Scham ab oder wurden von der Polizei vertrieben. Im Büro der Großschlachterei am Valentinskamp angekommen, fragte ich meine Kollegen, ob sie wüßten, was draußen eigentlich los sei. Einer sagte, er habe gehört, daß sich der „Volkszorn" gegen die Juden Luft gemacht hätte. Die beiden

8 Siehe Abb. 26

Schlachter, in der SS organisierte Verwandte unseres Chefs, kamen später angetrunken ins Geschäft und mischten sich in unser Gespräch: „Volkszorn? Gute Sache, nicht? Heute nacht sind wir geweckt worden, und da haben wir den ‚Volkszorn‘ organisiert und durchgeführt. Das hat vielleicht Spaß gemacht!“ Meine Kollegin Ellen von Borstel, deren Verlobter „Halbjude“ war, und ich sahen uns entsetzt an. Wir mußten das zur Kenntnis nehmen, ohne augenblicklich etwas dagegen sagen oder gar unternehmen zu können.

Die Judenverfolgung hatte gleich nach der Machtübernahme 1933 mit einem Großboykott gegen jüdische Geschäfte begonnen. Damals standen dieser Maßnahme noch viele Bürger ablehnend gegenüber. Die Nazipresse, insbesondere „Der Stürmer“ verstärkte nun die antisemitischen Hetzkampagnen, um die Bevölkerung zu brutalisieren. Jüdische Lehrer wurden aus dem Schuldienst entfernt, Beamte aus dem Staatsdienst entlassen, Ärzte durften keine Nichtjuden mehr behandeln. 1935, nach der Verabschiedung der Nürnberger Rassengesetze, mußten Schüler aus jüdischem Elternhaus die Schulen verlassen, jüdische Arbeiter flogen aus den Großbetrieben, die „Arisierung“ jüdischer Geschäfte begann. Viele jüdische Bürger, vor allem wohlhabende, emigrierten ins Ausland.

Mit der sogenannten „Reichskristallnacht“ 1938 begann die Judenverfolgung im großen. Juden, die gegen die Zerstörung ihrer Geschäfte Protest einlegten, wurden auf der Stelle von SS-Leuten niedergeschlagen, andere wanderten ins Konzentrationslager, erlitten nach unsagbaren Demütigungen später in den Gaskammern einen entsetzlichen Tod. Von der „Reichskristallnacht“ zu den Massendeportationen nach Kriegsbeginn, von der Wannseekonferenz 1942, auf der die Faschisten die „Endlösung der Judenfrage“ beschlossen, führte ein gerader Weg zu den Millionenmorden in den Gaskammern von Auschwitz und anderen Konzentrationslagern.

Abermals Gestapo und KoLaFu

Im Dezember 1938 hatten Cuddl und sein Beifahrer mit ihrem Laster auf einer abschüssigen Landstraße einen Unfall. Cuddl mußte einige Tage im Krankenhaus Pforzheim verbringen und hatte am 22. Dezember Termin beim Amtsgericht Pforzheim. Sein Mitfahrer wollte die ganze Sache auf Cuddl abwälzen und brachte bei Gericht vor, daß Cuddl als Kommunist und „Vorbestrafter“ sowieso unzuverlässig sei. Cuddl wurde zu vier Wochen Gefängnis verurteilt. Er kam noch mit verbundenem Kopf nach Haus, und so schrieb ich am Weihnachtsabend einen Brief an das Amtsgericht Pforzheim mit dem Ersuchen, die Strafe zur Bewährung auszusetzen oder in eine Geldstrafe umzuwandeln. Wir drängten den Gedanken an diese unangenehme Sache von uns und bereiteten mit Käthe und den Kindern eine kleine Sylvesterfeier vor, als es noch viel schlimmer kam. Am späten Abend des 30. Dezember 1938 stand abermals die Gestapo vor der Tür. Wir wurden festgenommen und unsere Kinder noch in der gleichen Nacht ins Waisenhaus am Winterhuder Weg gesteckt. Das war für uns besonders schwer.

Wie wir später erfuhren, blieb unsere Wohnung in der Jarrestraße durch einen Gestapobeamten besetzt, um eventuell anlaufende Freunde ebenfalls verhaften zu können. Die einzige, die „anlief", war meine Schwägerin, Cuddls Schwester Emmy Pochert, die wir zum Neujahrstag eingeladen hatten. Der Gestapomann öffnete und teilte ihr, nachdem sie sich als Verwandte ausgewiesen hatte, unsere Festnahme mit. Meine Schwägerin erkundigte sich zuerst danach, wo unser Kind geblieben sei, sie wolle es zu sich nehmen. Der Gestapobeamte fragte mißtrauisch, ob sie das Recht habe, das Kind abzuholen. In ihrer Unschuld antwortete sie, ich hätte sie gebeten, falls wir wieder verhaftet werden sollten, sich unseres Kindes anzunehmen.

Der Gestapomann: „Dann hat Frau Suhling also wieder politisch gearbeitet und mit ihrer Verhaftung gerechnet?"

„Nein, das nicht. Sie hat mir nur gesagt, daß der, der einmal in die Hände der Gestapo gefallen sei, immer damit rechnen müsse, erneut verhaftet zu werden."

Am nächsten Tag ging meine Schwägerin zum Waisenhaus und nahm unser Kind mit zu sich. Käthe hatte keine Verwandten in Hamburg, aber auch ihre Ursel wurde bald von Bekannten abgeholt.

Nach unserer Festnahme waren wir mit einem Gestapowagen ins Stadthaus gebracht worden. Wieder standen wir mit dem Gesicht zur Wand und warteten voll Unruhe, was mit uns geschehen würde. In der gleichen Nacht wurden noch weitere Freunde unseres Kreises eingeliefert. Dann kamen wir in den großen Raum, aus dem die Verhafteten zu den Vernehmern geholt wurden. Wir konnten uns nicht verständigen, aber ich sah außer Cuddl und Käthe auch Hein Langhans, Hedwig Voegt, Lydia Göhren, Walter Wendt, Anita Vogt und Hugo Wilsch dort sitzen. Wir mußten alles versuchen, um der Gestapo keine Handhabe zu geben, uns in Haft zu behalten. Das konnte glücken, das konnte aber auch daneben gehen; der Ausgang der Sache war noch völlig offen.

Ich erschrak, als ich Gestapo-Kriminalrat Kraus in den Raum kommen sah. Er wollte uns persönlich in Augenschein nehmen und machte zu einigen von uns seine Bemerkungen. Als er mich erkannte, entfuhr es ihm: „Natürlich, die Suhling ist auch wieder dabei! Jetzt können Sie sitzen, bis Sie schwarz werden!" In diesem Augenblick trat meine ehemalige „Kollegin" Hertha Jens an ihren Chef und Liebhaber heran, um ihm etwas zuzuflüstern. Ich sah rot und hatte nur den einen Gedanken, daß die Jens nicht merken sollte, wie mir tatsächlich zumute war. Spontan erwiderte ich: „Wenn Sie mich so lange hier behalten wollen, Herr Kraus, dann dürfte ich nicht schwarz, sondern weiß geworden sein!"

Wie von der Tarantel gestochen fuhr Kraus herum und sagte drohend: „Wenn Sie nicht endlich Ihren großen Mund halten, werden Sie nicht einmal mehr den morgigen Tag erleben!" Ich wurde ruhiger und war froh, daß weiter nichts passierte.

Im Morgengrauen des Sylvestertages 1938 ging es nach Fuhlsbüttel ins Konzentrationslager. Ich kam in eine Einzelzelle. Nach ein paar Tagen sah ich beim Hofgang, daß noch mehr Freunde unseres Kreises in Fuhlsbüttel waren. Manchmal konnten wir uns ein paar Worte zuflüstern. Insgesamt wurde von 32 Festgenommenen gesprochen, darunter waren auch solche Genossen, denen wir nur zufällig auf der Straße begegnet waren, und mit denen es nichts als einen kurzen Wortwechsel gegeben hatte.

Wir standen vor einem Rätsel. Wie konnte das geschehen? Wie kam die Gestapo auf uns? Wir waren so sicher gewesen, daß wir uns außerhalb ihrer Beobachtung bewegt hatten, und jetzt bekamen einige Genossen bei den Verhören Einzelheiten aus unseren Gesprächen vorgehalten, die nur von einem von uns stammen konnten. Wir konnten es uns nur so erklären, daß die Regeln der Konspiration verletzt worden waren, weil wir uns ausschließlich darauf verlassen hatten, daß wir uns gegenseitig lange kannten und glaubten, für jeden die Hand ins Feuer legen zu können. War trotzdem einer unter uns gewesen, der nach seiner Verhaftung versagte oder gar einer, der von der Gestapo in unseren Kreis geschickt worden war? Wenn ja, wer? Ich ging in Gedanken wieder und wieder die Namen aller mit uns Festgenommenen durch und mochte doch keinen verdächtigen.

Als wir bemerkten, daß Hugo Wilsch nicht mehr mit unseren Männern zum Hofgang antrat, wurden wir mißtrauisch. Unser Verdacht bestätigte sich, als Cuddl mir einmal im Vorübergehen diesen Namen zuflüsterte. Hugo Wilsch hatte sich nach 1933 an der illegalen Arbeit beteiligt, war verhaftet und zu einer hohen Zuchthausstrafe verurteilt worden. Wie hätten wir ihm mißtrauen sollen, als er nach seiner Entlassung eines Tages in unserem Kreis aufkreuzte? Ich kannte ihn schon seit 1930. Wir kamen mit ihm und seiner Familie an Kindergeburtstagen und bei anderen Festivitäten zusammen und waren ihm freundschaftlich verbunden. Was wir aber vor unserer Festnahme weder wußten noch bemerkten, war, daß Wilsch sich in der Strafhaft hatte korrumpieren lassen und für zwei Jahre Haftaussetzung auf Bewährung zu einem politischen Strichjungen geworden war. Er hatte unsere Freundschaft mißbraucht und jedes Wort, das er mitbekam, an die Gestapo weitergeleitet. Dann erfuhren wir, daß das gleiche für Wilhelm Griegert zutraf; die Gestapo hatte ihn in seiner ersten Haft „weichgemacht", ihn auf seine früheren Freunde angesetzt, und, um uns nicht vorzeitig mißtrauisch zu machen, ihn und Wilsch zum Schein zunächst mit festgenommen.[9]

Jetzt, wo das Gestapo-Geheimnis entlarvt war und wir die Verräter kannten, konnten wir uns darauf einstellen und uns besser auf die Verhöre vorbereiten. Mir war es besonders wichtig, Mutter Moll aus dem Spiel zu halten, und daß ihre Rolle als Verbindungsglied zu Arthur Emmerlich unbekannt blieb. Ich mußte mich unbedingt mit Anita und Renate, die wie ich auf dem Frauenflügel des KoLaFu einsaßen, verständigen. Anita und Renate hatten den gleichen Gedanken gehabt. Bei einem gemeinsamen Transport zum Stadthaus provozierte Anita ein Gedränge und flüsterte mir zu: „Falls nach Butz gefragt wird, alles auf Lotte Ehmann schieben!" Wir wußten alle drei, daß Lotte nach Amerika emigriert und vor der Gestapo in Sicherheit war.

Nun warteten wir im Stadthaus auf die Vernehmung. Als erste war Anita an der Reihe, dann Renate, und wie mir schien, kamen beide mit ruhigen Gesichtern zurück. Jetzt wurde ich aufgerufen. Im Vernehmungszimmer saßen zwei Gestpomänner, der eine hieß Kollberg, und von dem anderen habe ich den Namen vergessen. Kollberg machte zuerst eine Bemerkung über Renate und Anita, daß sie als typische deutsche Mädchen, blond und großgewachsen, noch immer nicht zur Gefolgschaft des Führers gehörten. „Und Sie als deutsche Frau und Mutter", fuhr er fort, „stehen auch noch außerhalb der Volksgemeinschaft. Das könnte doch anders sein. Sie können sich das Leben leichter machen, wenn Sie das Alte hinter sich lassen und mir jetzt alles erzählen, was Sie und Ihre Freunde getan haben!" Dann kam Frage auf Frage, und schließlich auch die gefürchtete, wie und von wem wir erfahren hätten, daß Kurt von Appen in Spanien gefallen sei. Ich antwortete, daß unsere frühere Bekannte Lotte Ehmann das einmal erwähnt habe. Plötzlich griff der andere Gestapomann ein, er wies auf die auf dem Schreibtisch stehenden Karteikästen und sagte: „Hier

---

9 1945 nach der Befreiung wurde unter ehemaligen politischen Häftlingen relativ viel über das Spitzelproblem diskutiert. Es ist verständlich, daß sich z.B. der Verrat eines Menschen, den man bis dahin für einen Freund gehalten hatte, viel tiefer in die Erinnerung einbrennen konnte, als die Vernehmungsmethoden der Gestapo. Manchmal wurde die Rolle eines Spitzels aber derart überhöht gewertet, daß hinter ihm das gesamte NS-Terrorsystem nicht mehr zu sehen war. Es hatte auch einige laue Nazigegner gegeben, die die Spitzelgefahr zum Vorwand nahmen, um sich jeglichem Widerstand zu entziehen. Schon immer hat die politische Polizei von Ausbeuterordnungen sich solcher Kreaturen bedient, um Freiheitskämpfern auf die Spur zu kommen; aber dieses Risiko hat sie nicht abgeschreckt, höchstens ihre Kampfmethoden beeinflußt. Heute kann man in manchen Geschichtsbüchern lesen, daß die gesamte illegale KPD „mit Spitzeln durchsetzt" gewesen sei. Die illegale KPD bestand aus Männern und Frauen, die den Kampf gegen Faschismus und Krieg führten. Spitzel wie Hertha Jens, Hugo Wilsch und Wilhelm Griegert waren für uns bittere Einzelerfahrungen, die wir aber im Zusammenhang mit der allgemeinen Demoralisierung in Hitlerdeutschland sahen. Die Gestapo verfolgte mit allen Mitteln den organisierten Widerstand, den politischen Hauptgegner, und der war zwölf Jahre lang vor allem die KPD. Wo Gleichschaltung oder Passivität herrschte, brauchten die Faschisten keine Spitzel.

führen wir die Namen von Vaterlandsverrätern, die Deutschland verließen, um in Spanien gegen Franco zu kämpfen. Alle, die ein rotes Reiterlein haben, sind gefallen. Sehen Sie sich diese Karte genau an. Wessen Name steht darauf? He? Kurt von Appen. Und was hat diese Karte? Ein rotes Reiterlein. Sehen Sie, wir sind im Bilde, und es hat keinen Zweck, uns irgend etwas zu verschweigen!" Ich blieb bei meiner Aussage. Als ich endlich aus dem Zimmer gehen konnte, war ich ziemlich fertig. Ohne die Kameradinnen anzusehen, setzte ich mich auf meinen Platz und atmete erleichtert auf, als wir zum Transport nach Fuhlsbüttel aufgerufen wurden.

Verhör zur „Roten Fahne"

Mein Vernehmer war weiterhin Kollberg. Er war besonders erpicht darauf, eine Bestätigung dafür zu bekommen, daß die „Rote Fahne" in unserem Kreis zirkuliert sei. Ich wehrte mich mit Händen und Füßen dagegen, jemals das illegal nach Hamburg geschmuggelte Zentralorgan der KPD in Händen gehabt noch es gesehen oder davon gehört zu haben. „Nun, Frau Suhling, Sie und ich haben Zeit. Sie können es sich die ganze Nacht überlegen. Morgen wollen wir unsere kleine Unterhaltung fortsetzen."

Am nächsten Tag standen wir im Parterre des B-Flügels im KoLaFu mit dem Gesicht zur Wand und mit entsprechendem Abstand und warteten auf den Abtransport zum Stadthaus. Neben mir stand Lydia Göhren und flüsterte etwas. In solchen Situationen wünscht man sich, so lange Ohren zu haben, wie man sie manchmal auf Karikaturen sieht. Gegen die Wand flüsterte sie: „Rote Fahne nicht zugeben!" Ich verstand aber: „Rote Fahne zugeben!" Ich konnte mir das zwar nicht erklären, dachte aber, daß Leugnen sinnlos geworden wäre und Lydia mir wahrscheinlich etwas mitteilte, was unter den Freunden so abgesprochen sei. Wir stiegen in die „Grüne Minna" ein, aber es ergab sich keine Gelegenheit, uns noch einmal zu verständigen.

Mit anderen Freunden saß ich dann im großen Saal und mußte lange warten, bis ich aufgerufen wurde. Am späten Nachmittag wurde ich endlich zu Kollberg geholt. Auf seine Frage gab ich zu, von der „Roten Fahne" gehört zu haben. Es folgten weitere Fragen nach anderem illegalen Material. Ich verneinte. Nun wurde das Vernehmungsprotokoll aufgesetzt. Es war noch nicht ganz fertiggeschrieben, da wurde gerufen: „Suhling raus! Der letzte Transport nach Fuhlsbüttel geht gleich ab."

Diesmal hatten wir im Wagen günstigere Plätze. Zwischen mir und Lydia saß nur eine Kameradin. Lydia stieß sie leicht an, sie verstand und rückte etwas vor. Hinter dem Rücken der Kameradin nutzten wir einen Augenblick der Unaufmerksamkeit der Transportbewacher aus. Lydia flüsterte in den Raum hinein:

„Rote Fahne nicht zugegeben?"

„Du hast doch gesagt: zugeben!"

„Ich bin doch nicht verrückt! Wie ist das nur möglich!"

„Hab' noch nicht unterschrieben. Werde alles leugnen!"

Was ich mir und uns da eingebrockt hatte, war mir nun schlagartig bewußt. Ich hatte etwas zugegeben, was noch gar nicht bewiesen war. Wenn es mir nicht gelang, das rückgängig zu machen, bekam der Staatsanwalt von der Gestapo eine Unterlage in die Hand, die uns einige Jahre Zuchthaus einbringen konnte. Und das angesichts der Tatsache, daß unser Kreis noch gar keine fest organisierte Widerstandsgruppe gewesen war. Wir hatten erst am Anfang gestanden, z. B. noch kein eigenes Material herausgegeben und mehr antifaschistische Mundpropaganda betrieben. Das war aber für die Gestapo ungeheuer schwer nachzuweisen, und wir hatten, wenn wir alle standhaft blieben und alles auf „private Freundschaften" herunterspielten, durchaus eine Chance, noch einmal ungeschoren davonzukommen.

Eine schlaflose Nacht folgte. Ich war mir der Folgen wohl bewußt, wenn ich das bereits aufgesetzte Protokoll nicht anerkannte. Ich war bereit, für meine unvorstellbare Unvorsichtigkeit einzustehen, aber ich wußte auch, was mich dann erwartete. Nur der Gedanke, das Protokoll noch nicht unterschrieben zu haben, tröstete mich etwas.

Morgens wurde ich, wie erwartet, zur Vorführung aufgerufen. Die Aufseherin war erstaunt, mich schon fix und fertig vorzufinden. Was habe ich mir damals beim Transport nicht alles gewünscht und ausgedacht, vor allem, wie ich das Geschehene wieder ungeschehen machen konnte. Nun saß ich mit anderen Schutzhäftlingen im großen Saal und wartete darauf, zur Vorführung geholt zu werden.

Kollberg begrüßte mich freundlich und sagte: „Na, Frau Suhling, wir haben heute nicht lange miteinander zu tun. Wir brauchen nur das Protokoll noch abzuschließen und zu unterschreiben, dann können Sie mit dem nächsten Transport nach Fuhlsbüttel zurück."

Ich sagte nichts, setzte mich hin und las. Als ich fertig war, reichte er mir den Federhalter zum Unterschreiben. Ich sah ihn an und sagte: „Das habe ich gestern nicht ausgesagt. Das kann ich nicht unterschreiben."

Kollberg starrte mich an und erwiderte mit erhobener Stimme:

„Wwwaas? Ddas hahaben Sie nicht ausgesagt?"

„Nein, das kann ich niemals ausgesagt haben. Das muß ein Mißverständnis sein. Das unterschreibe ich nicht."

Der sich „ruhig" und „väterlich" gebende Gestapomann, der immer den verständnisvollen Beamten hervorkehrte, der uns angeblich wegen unserer Zivilcourage bewunderte, wurde nun zu einem brüllenden Wüterich und stotterte noch mehr als sonst: „Ununterschreiben Siesiesie oder Sie kökönnen wwas erleben!" Kollberg schrie und tobte. In seiner Wut schlug er mich schmerzhaft ins Gesicht. Ich blieb bei meiner stereotypen Antwort: „Das unterschreibe ich nicht!" Er riß sein großes Lineal vom Schreibtisch und schlug mich damit auf den Rücken. Jetzt blieb ich stumm, und Kollberg lief wütend aus dem Zimmer.

Ich hatte die Schwelle bereits überschritten, auf der Angst und Schmerz einen zum Reden bringen können. Ich wurde in den Saal zurückgeführt. Die anderen Gefangenen sahen mich mitleidig an. Ich dachte nur immer wieder: Komme ich damit durch oder nicht? Ein Glück, daß nicht Kraus der Vernehmer war, bei Kollberg rechnete ich mir eine kleine Chance aus.

Nach etwa einer Stunde wurde ich wieder zu Kollberg geholt. Schnaubend fragte er: „Wann habt ihr das denn schon wieder untereinander bequatscht?" Er wußte ebensogut wie wir, daß wir immer wieder jede Möglichkeit nutzen würden, um uns über gemachte oder nicht zu machende Aussagen zu verständigen. In der Zwischenzeit hatte er ein neues Protokoll aufgesetzt. Ich las es sehr genau durch. Dieses Protokoll konnte ich unterschreiben. Daß das glattgegangen war...

Von nun an durfte ich nicht mehr in dem großen Abteil der „Grünen Minna" unter den anderen Gefangenen sitzen. Von jetzt an kam ich in eine der beiden kleinen Zellen, die sich hinter dem Rücken der Transportmannschaft befanden. Diese Kabuffs hatten nur eine etwa 25 × 25 cm große, mit dichtem Draht bezogene Öffnung, die die einzige Luft- und Lichtquelle darstellte. Aber das war mir völlig gleichgültig. Ich war unsagbar glücklich, daß ich aus der mir selbst gestellten Falle entkommen war und die Gestapo das Nachsehen hatte.

Jüdische Kameradinnen

Schon bald nach unserer Einlieferung ins Konzentrationslager Fuhlsbüttel hatten wir festgestellt, daß fast alle Zellen mit Jüdinnen belegt waren, die die Gestapo nach der sogenannten „Kristallnacht" hier eingewiesen hatte. Als ich nach Beendigung meiner Vernehmung aus meiner Einzelzelle auf den Saal verlegt wurde, traf ich mit einer großen Anzahl jüdischer Kameradinnen zusammen.

Was mich tief anrührte, aber auch betroffen machte, war die Verzweiflung dieser Gefangenen, ihr Nichtbegreifenkönnen, daß und warum sie eingesperrt worden waren. Sie waren und fühlten sich als Deutsche. Nur ein geringer Teil war mosaischen, der größte Teil christlichen Glaubens. In ihrer Mehrheit hatten sie eine politisch liberale Einstellung. Fast alle kamen aus gutsituierten Familien. Sie waren fassungslos über die menschenunwürdige Behandlung durch die Nazis. Obwohl seit 1933 gedemütigt und verfolgt, ihrer Existenz beraubt, glaubten sie immer noch, daß alles nur ein Irrtum sein könne. Sie waren kaum politischen Argumenten zugänglich. Ihre Lage war so verdammt trostlos und ausweglos. Es gab keinen Gedanken an Widerstand, und wie sollte sich jetzt noch Widerstand entwickeln, nachdem sie in die Hände der Gestapo geraten waren? Einige Jüdinnen haßten mich, weil ich Nichtjüdin war, obwohl ich wie sie eingekerkert war.

Ich habe eine Zeitlang mit der Tochter eines damals in Hamburg bekannten Geschäftsmannes der Filialenkette „Holbutko" im Keller des KZ die schmutzigen Uniformen der SS-Bewacher waschen müssen. Das war eine schwere Schinderei. Unsere Hände waren so rissig, daß sie zu eitern anfingen. Diese schlanke, blonde Frau war fest davon überzeugt, daß der Reichtum ihres Vaters sie aus dem KZ herausholen würde. Wo ihre Eltern geblieben waren, wußte sie nicht, und ich hütete mich, ihre Hoffnungen zu zerstören. Als der Abtransport der Juden begann, gehörte sie zum ersten Transport, und der ging bestimmt nicht in die Freiheit.

Eine andere schöne und gebildete Jüdin bat mich, ihre Schwester in Paris zu benachrichtigen, die dort mit einem Journalisten verheiratet war. Diese Schwester könne beweisen, daß sie ein voreheliches Kind ihrer Mutter und ihr Vater „arisch" sei. Ich habe trotz meines Bemühens keinen Kontakt zu dieser Schwester bekommen. Auch diese Jüdin ist, wie ich später erfuhr, in ein anderes Konzentrationslager deportiert worden.

Einer jungen Jüdin mit rotblondem Haar war es gelungen, die gockelhafte Verliebtheit eines SS-Bewachers auszunutzen, um in die Freiheit zu fliehen. Sie wurde eines Tages von eben diesem SS-Mann abgeholt, um zur Vorführung gebracht zu werden. Wir waren sehr erstaunt, denn Juden kamen, sofern sie nicht politisch tätig gewesen waren, nicht zur Vorführung. Fast beim Stadthaus angekommen, bat sie, in irgendeinem Geschäft etwas einkaufen zu dürfen, sie habe schrecklichen Hunger. Ihr Bewacher erlaubte es. Im Geschäft trippelte sie hin und her und fragte, ob sie die Toilette benutzen dürfe. Über den Hof gelang ihr dann die Flucht. Später hörte ich von gemeinsamen Bekannten, daß sie nach Frankreich entkommen konnte und aus Nizza einen Brief geschrieben habe.

Zum Haftrichter und ins Hütten-Gefängnis

Völlig unerwartet wurden im Februar 1939 die ersten der mit uns verhafteten Freunde entlassen. Dann sah ich Anita Vogt mit ihren Sachen über den Hof gehen, auch für sie war die Zeit der KZ-Haft herum. Unsere Hoffnung stieg, fiel aber bald wieder, weil sich für uns in Fuhlsbüttel Zurückgebliebenen nichts änderte. Wenn ich nicht irre, waren wir zuletzt noch fünf Kameradinnen, darunter Käthe Hochmuth, Hedwig Voegt und ich.

Nach weiteren vier Wochen, es ging inzwischen auf Ende März zu, wurden auch wir geholt und ins Untersuchungsgefängnis gebracht. Wir kamen in eine dieser unangenehmen Vorführungszellen, in denen die Untersuchungshäftlinge auf ihre Vorführung zum Rechtsanwalt oder zum Haftrichter warten mußten. Nach etwa drei bis vier Stunden wurden wir einzeln dem Richter vorgeführt. Der Haftrichter hielt mir eine lange Rede über meine verwerfliche Einstellung. Im Staate Adolf Hitlers sei jeder antinationalsozialistische Gedanke verboten. Jede, auch die geringste kommunistische Betätigung werde rücksichtslos verfolgt. Der Kommunismus habe sowieso keine Chance, sondern würde vollkommen ausgerottet werden. Je eher wir uns darüber klar seien, desto besser für uns, usw.

Danach ging es zurück in diese abscheuliche Vorführzelle und wieder Warten und Warten. Als die Zellentür endlich gegen Abend geöffnet wurde, holten uns nicht die Bewacher von Fuhlsbüttel, sondern Polizeibeamte ab. Das nahmen wir als ein gutes Zeichen.

Mit Käthe und Hedwig wurde ich in die uns bis dahin unbekannte Haftanstalt „Auf den Hütten", in die Nähe der Reeperbahn gebracht, wo hauptsächlich vorübergehend Festgenommene, wie z. B. Mädchen des „horizontalen Gewerbes" eingesperrt wurden, Frauen und Jugendliche, die wegen „Unzucht" aufgegriffen wurden. Damals wußte ich noch nicht, daß das Hütten-Gefängnis auch eine Zwischenstation bzw. Sammelstelle für solche Häftlinge war, die von dort aus in ein Konzentrationslager deportiert wurden.

In den Zellen roch es stark nach Urin. Die Matratzen waren vollkommen durchnäßt und hatten einen großen Kreis, der anscheinend nie trocknete. Wir blieben in dieser Zelle zusammen, legten uns aber nicht hin. Wir klönten und klönten, schliefen ein Weilchen auf dem Stuhl. Den Tag über durften wir uns im Tagesraum aufhalten. Wir waren fest davon überzeugt, daß der Aufenthalt in dieser „feuchten" Haftanstalt die Vorstufe für unsere Entlassung sein würde. Wir waren freudig erregt, sangen Wanderlieder und waren sehr froh, daß wir anscheinend mit einem „blauen Auge" davonkommen sollten.

Nach zwei Tagen, am 28. März 1939, ging es mit der „Grünen Minna" ins Stadthaus. Wie ich bald merkte, war es eine abschließende Vernehmung der Gestapo, die hauptsächlich den Sinn hatte, uns vor jedem weiteren Widerstand gegen das Naziregime abzuschrecken. Einzeln vorgeführt mußten wir wieder einen Revers unterzeichnen, der uns jeden Verkehr miteinander und jede politische Tätigkeit untersagte und der uns zur Meldung verpflichtete, falls irgend jemand uns wieder zur illegalen Arbeit aufforderte. Daran war im Augenblick ohnehin nicht zu denken. Erst einmal mußten wir im Alltagsleben wieder Fuß fassen. Außerdem merkte ich bald nach meiner Entlassung, daß andere Hamburger Genossen, die unsere Geschichte nicht kannten, uns für leichtsinnig hielten und zunächst jede Begegnung vermieden.

Noch einmal davongekommen

Mein erster Weg führte in die Hamburger Straße, wo unser Kind bei Emmy und Paul Pochert wohnte. Diesmal war meine Ursel nicht „fremd"; sie flog mir gleich an den Hals und wollte gar nicht wieder von meinem Schoß herunter.

Ich beriet mit meinen Verwandten, was zu tun sei. Cuddl war zwar wie wir aus der Schutzhaft im KoLaFu entlassen[10], aber sofort ins Gefängnis Harburg überführt worden, wo er noch seine vierwöchige Strafhaft wegen des Autounfalles absitzen mußte. Wo sollte ich mit meinem Kind unterkommen? Bei Käthe[11] konnten wir nicht länger wohnen, bei einem anderen Freund und Genossen ebensowenig. Außerdem besaß ich keinen Pfennig Geld und war arbeitslos, denn zur Firma Wittlinger wollte ich auf keinen Fall zurück.

Mir blieb nichts anderes übrig, als meine Ursel an die Hand zu nehmen und zu den Schwiegereltern nach Langenhorn zu fahren. Ich bat sie um Unterkunft. Nach einer langen Unterhaltung durften wir das Dachgeschoß ihres Siedlungshäuschens wieder bewohnen. Das nächste Problem war, Arbeit zu finden. Auch hier hatte ich Glück. Ich wurde zum 1. April bei der Firma Kalthaus & Seidler in der Heimhuderstraße als Kontoristin eingestellt.

Anfang Mai 1939 hatte Cuddl seine Gefängnisstrafe abgebüßt und konnte die Strafanstalt Hamburg-Harburg wieder verlassen. Ich sehe ihn noch den Laukamp herunter auf unser Haus zukommen. In der Hand trug er den bekannten Margarinekarton, auf der Schulter unseren Radioapparat, den die Gestapo bei unserer Festnahme beschlagnahmt und ihm bei seiner Entlassung zurückgegeben hatte. Wir waren glücklich, uns endlich wiederzuhaben.

Cuddl und ich konnten uns in Langenhorn erst langsam wieder einleben, denn es war uns immer noch unfaßbar, daß wir und die anderen Genossen unseres Winterhuder Freundeskreises wieder aus der Schutzhaft entlassen worden waren. Alle waren wir der Gestapo als Kommunisten bekannt, fast alle politisch vorbestraft und schon ein- oder zweimal in faschistischer Haft gewesen. Andere, die zu dieser Zeit nur einen Witz über die Nazis machten, Auslandssender hörten, eine Denunziation unterließen oder sich einem politisch oder rassisch diskriminierten Nachbarn gegenüber anständig verhielten, wurden abgeurteilt oder ins KZ gesteckt. Oft war es die Laune eines NS-Blockwarts, eines Gestapobeamten, eines Richters, die über Haft oder Nichthaft, die über Tod oder Leben entschied.

Es war für uns wirklich schwer zu verstehen, daß wir noch einmal davongekommen waren. Es gab kaum Maßstäbe, die wir vorausschauend anlegen konnten. Die Unberechenbarkeit der Gestapo verunsicherte uns.

---

10 Siehe Abb. 27

11 Käthe wurde 1944 erneut von der Gestapo verhaftet. Die sowjetische Armee befreite sie 1945 aus dem Frauenkonzentrationslager Ravensbrück.

Niemand konnte einschätzen, wie sie in dieser oder jener Situation reagieren würde. Wir konnten unsere Erfahrungen und Ansichten auch nicht sofort mit unseren Genossen austauschen. Cuddl und ich kamen schließlich zu der Meinung, daß die Gestapo uns laufen ließ, um uns solange unter Beobachtung zu halten, bis sie uns mit handfesterem Beweismaterial wieder festnehmen konnte oder durch uns an andere Widerstandskämpfer herankam.

Nach meiner Entlassung aus dem KZ habe ich in meinen Träumen oft die Vernehmungen bei der Gestapo noch einmal durchlitten. Heute noch, Jahrzehnte danach, wache ich manchmal schweißgebadet auf, weil mir die alten Erlebnisse unter Gestapo und SS wieder einmal Alpträume verursachen. Nie werde ich wohl ganz frei und entlassen aus diesen zwölf Jahren sein.

V. „Wer Hitler wählt, wählt den Krieg!“ (1939–1945)

Hitler beginnt den Zweiten Weltkrieg

In der Nacht zum 1. September 1939 täuschten die Faschisten einen „polnischen Überfall“ auf den Grenzsender Gleiwitz vor. In den Morgenstunden erklärte Adolf Hitler zynisch: „Seit 4.45 Uhr wird zurückgeschossen!“ Die deutsche Wehrmacht war in Polen eingefallen, der Zweite Weltkrieg hatte begonnen. Die Antwort Englands und Frankreichs folgte zwei Tage später: sie erklärten Deutschland den Krieg. Im Frühjahr 1940 besetzte die Wehrmacht Dänemark und Norwegen, überfiel Frankreich und die neutralen Staaten Niederlande, Belgien und Luxemburg. Die Warnung der deutschen Kommunisten von 1932: „Wer Hindenburg wählt, wählt Hitler; wer Hitler wählt, wählt den Krieg“ war furchtbare Wirklichkeit geworden. Daß unsere Voraussage jetzt eintraf, gab uns aber keinerlei Gefühl der Genugtuung. Der Kriegsausbruch traf auch uns wie ein betäubender Schlag.

Meine Erinnerungen an die ersten Kriegsjahre sind nicht besonders deutlich, aber ich weiß noch, daß bei Kriegsbeginn nicht jene öffentlichen Begeisterungsbekundungen stattfanden, wie ich sie als Kind beim Ausbruch des Ersten Weltkrieges erlebt hatte. Die Menschen waren bedrückt, nahmen aber die Anordnungen der Hitlerregierung widerspruchslos hin, die Einberufung der Väter und Söhne, den Luftschutzdienst, die Rationierung der Lebensmittel, die Verlängerung der Arbeitszeit, die Verschärfung der Gesetzgebung und später die Einführung des Judensterns. Nach den „Blitzsiegen“ der Wehrmacht in Polen, im Norden und im Westen änderte sich die Stimmung. Die Mehrheit der deutschen Bevölkerung, die verlernt hatte, kritisch zu denken, ließ sich von Hitlers „Erfolgen“ und von der chauvinistischen Kriegspropaganda berauschen und verschloß Augen und Ohren vor dem Unrecht. Aus jedem Land, das die Wehrmacht okkupiert hatte, kamen Kriegsgefangene und Zwangsarbeiter nach Deutschland, die in der Industrie und Landwirtschaft als billige Arbeitskräfte ausgenutzt wurden. Sie mußten unter menschenunwürdigen Bedingungen leben und arbeiten, ganz zu schweigen von jenen Ausländern, die in die Konzentrationslager geworfen wurden. Fronturlauber brachten Beutegeschenke nach Hause, erzählten von oder prahlten mit ihren Kriegserlebnissen. Wir hörten schon damals von Deportationen, Geiselerschießungen und anderen Grausamkeiten gegen die Zivilbevölkerung in den besetzten Ländern.

Im August 1940 befahl Hitler den verschärften Luftkrieg gegen England. Wie schon vorher auf Warschau und Rotterdam, stürzten sich jetzt die Sturzkampfbomber auf London und andere Städte und richteten verheerende Zerstörungen in den Wohngebieten an. Ich erinnere mich noch, wie wir im November 1940 die „Siegesmeldung" über den schweren Bombenangriff auf Coventry im Radio hörten. Das Zentrum der Stadt mit seinen herrlichen alten Baudenkmälern und Industrieanlagen wurde von deutschen Stukas „ausradiert". Meine Schwester Else aus Bochum war damals gerade bei uns zu Besuch, und ich erinnere mich, daß wir in der folgenden Nacht nicht schlafen gingen, weil wir einen britischen Gegenangriff auf Hamburg befürchteten. Der blieb aber aus und kam erst in der folgenden Nacht. Nazipresse und Rundfunk erklärten nach der Zerstörung Coventrys, daß auch andere englische Städte „coventriert" werden würden, und es folgten die deutschen Terrorangriffe auf Birmingham, Liverpool, Sheffield, Manchester und andere Industrie- und Hafenstädte, bei denen es Zehntausende Tote und Schwerverletzte unter der Zivilbevölkerung gab. Nachdenkenden Menschen, die sich wie wir weder von Hitlers „Blitzsiegen" noch von den „Erfolgen" der Göringschen Luftwaffe beirren ließen, war es klar, daß unser Volk diese Verbrechen mit Blut und Tränen werde bezahlen müssen.

Familiäres

Eine Einberufung Cuddls an die Front hatten wir nicht zu erwarten, da er als ehemaliger politischer Häftling für „wehrunwürdig" erklärt worden war.[1] Aber nach seiner Haftentlassung drückte uns ein anderes Problem: Cuddl war wieder erwerbslos. Nach dem Unfall mit seinem Lastwagen war ihm der Führerschein abgenommen worden, und er konnte nicht mehr in seinem Beruf als Kraftfahrer tätig sein. Ab und zu fand er Aushilfsarbeit, entweder als Notstandsarbeiter für eine Mark den Tag beim Bau der Reichsautobahn oder bei Freunden, die eigene kleine Betriebe hatten, so z. B. bei Hermann Beckby, der in Fuhlsbüttel einen Kohlenhandel betrieb. Cuddls unregelmäßiger Verdienst war für uns immer ein sogenannter „Rausreißer", denn bei all unserer Sparsamkeit reichte mein kleines Kontoristinnen-Gehalt nur für das Nötigste. Im März 1940 mußte ich meine Anstellung bei Kalthaus & Seidler aufgeben, denn wir erwarteten unser zweites Kind. Am 11. April brachte Cuddl mich in die Klinik und einen Tag später wurde unser Sohn Peter geboren. Trotz schwerer Zeit war unsere Freude groß, und auch unsere Ulla war nicht von ihrem Brüderchen zu trennen. Knapp zwei Jahre später kam dann unser Günterle zur Welt.

---

1 Nach Paragraph 13 des Wehrgesetzes vom 21. März 1935 wurden wehrfähige Männer für wehrunwürdig erklärt, wenn sie mit Zuchthaus bestraft, nicht im Besitz der bürgerlichen Ehrenrechte oder wegen staatsfeindlicher Betätigung gerichtlich abgeurteilt worden waren.

Kurz vor Peters Geburt hatten unsere finanziellen Sorgen ein Ende genommen, denn Cuddl war Anfang April 1940 wieder bei seiner alten Transportfirma Robert Hahn in Stellingen untergekommen, und das, obwohl ihm sein Führerschein noch immer vorenthalten wurde. Wir wußten es nicht, nahmen aber an, daß die Gestapo dabei ihre Hand im Spiele haben könnte. Cuddls Chef war immer wieder beim Verkehrsamt vorstellig geworden, weil er Cuddl schätzte und selbst daran interessiert war, ihn als Fahrer zurückzubekommen. In meinem Besitz befindet sich noch ein Schreiben seines Chefs vom 10. Juni 1940 an die Hamburger Verkehrspolizei, worin er sich dafür einsetzte, daß Cuddl seinen Führerschein wiedererhielt. In dem Brief heißt es:

„Im Anschluß an mein Bittschreiben vom 13.6.1939 in Angelegenheit des Herrn Carl Suhling möchte ich höflich nachfragen, ob ich mit dem Suhling als Fahrer rechnen kann.

Ich bin beim Transport von Kalksandsteinen von Hamburg nach Kiel beschäftigt. Es sind dies staatspolitisch wichtige Bauten und man verlangt von mir den täglichen Transport...

Da Suhling ein besonders guter Fahrer ist, dem ich das Steuer ohne weiteres anvertrauen kann, liegt mir der Suhling immer am nächsten. Ich muß hier nochmals erwähnen, daß ich wenig solche willigen Leute beschäftigt habe wie der Suhling es ist, deshalb möchte ich mich auch für dieses brauchbare Mitglied unserer Volksgemeinschaft einsetzen und zur Wiedererlangung seines Führerscheins beigetragen haben.

Heil Hitler
gez. Unterschrift"

Kurze Zeit nachdem dieser Brief abgeschickt war, wurde Cuddl zur Hamburger Gestapo bestellt. Uns war mulmig zumute, aber er mußte dieser Aufforderung natürlich Folge leisten. Er kam schon bald zurück und hielt mir seinen Führerschein entgegen. „Weißt du, wer mir den zurückgegeben hat?" fragte er mich, „niemand anders als Kraus persönlich. Kraus sagte noch, daß er es nicht verstehen könne, warum die besten Arbeiter nicht in der NSDAP wären. Ich hätte ihm natürlich gern eine passende Antwort gegeben, aber das hab' ich mir dann lieber doch verkniffen."

Ostern 1940 war unsere Tochter ABC-Schütze geworden und kam wie alle Kinder aus der Siedlung an die Schule am Heerskamp. Als sie ein Jahr vorher dort angemeldet werden mußte, lebte sie bei ihrer Tante Emmy, weil Cuddl und ich noch in Schutzhaft saßen. So landete die Aufforderung für Ursels Schulanmeldung bei meinen Schwiegereltern. Denen war aber die bevorstehende Fragerei nach den Personalien der Eltern usw. so unangenehm, daß sie diesen notwendigen Gang immer wieder hinausschoben. In dieser Zeit kam meine Schwägerin, Olly Neddermeyer, aus Liebenwalde zu ihren Eltern auf Besuch, und sie nahm die Anmeldung kurzentschlossen in die Hand. Beim ersten Schultag unserer Tochter war ich wieder zu Haus, und Ursel war froh und glücklich, daß auch sie von ihrer Mutter begleitet wurde.

Ursel hatte in der Schule kaum politische Schwierigkeiten, weder von seiten der Kinder, die zum großen Teil aus Arbeiterfamilien kamen, noch durch die Lehrer, von denen mehrere versuchten, sich an das ursprüngliche Konzept der Siedlungsschule zu halten. Aber die Gleichschaltung war natürlich auch an unserer Schule nicht vorbeigegangen. Die in der Weimarer Zeit praktizierte Selbstverwaltung wurde aufgehoben, und nicht nur die Landesunterrichtsbehörde, sondern auch die Langenhorner Ortsgruppe der NSDAP sowie vor allem die Hitlerjugend hatten immer stärkeren Einfluß auf das Schulleben genommen. 1933 war Schulleiter Georg Clasen abgesetzt worden, zum Nachfolger ernannten die Nazis Theodor Plettner, ihm folgte 1943 Ernst Lütgens, der nicht nur nominelles Mitglied der NSDAP war. Im Laufe der Zeit paßten sich viele Lehrer an, aber einige, wie Anna Rieper oder Martha Pape, weigerten sich konstant, Mitglied der NSDAP zu werden.

Eine Nazilehrerin hat Ursel einmal im Unterricht gefragt: „Stimmt es, daß deine Eltern im Zuchthaus gewesen sind?“ Worauf unsere Ulla prompt antwortete: „Und wenn sie da auch gewesen sind, so sind es doch die besten Eltern von der ganzen Welt!“ Später hat Ursel eine Lehrerin bekommen, Frau Wulff, die wie Anna Rieper und Frau Pape versuchte, ihre alten Erziehungsideale weiter zu vertreten. Frau Wulff war öfter zu Hausbesuchen bei uns und vertraute mir eines Tages an, daß sie vor 1933 in der KPD organisiert gewesen sei. Ursel wäre bei all ihrer Begabung sicher nicht für die Oberschule vorgeschlagen worden, wenn diese Lehrerin sich bei der Schülerauswahl nicht so stark für unsere Tochter eingesetzt hätte.

Im November 1940 hatten wir ein großes Familienfest[2] im Bochumer Elternhaus. Mutter und Vater feierten ihre goldene Hochzeit, und außer meinen beiden in Amerika lebenden Brüdern stellten sich alle Söhne und Töchter[3] mit ihren Gatten und Kindern ein. Ich fuhr mit Cuddl und Ulla nach Bochum. Mit meinen Eltern gab es ein freudiges Wiedersehen, auch zwischen Cuddl und meiner Mutter, die sich besonders zugetan waren. Aber unter den Geschwistern kam es zu Spannungen, sobald das Gespräch politische Fragen berührte, wenn z.B. einer meiner Schwäger anfing, Hitlers Kriegsführung und seine Blitzsiege zu rühmen. Mein Bruder Herrmann und seine Frau Maria waren wie Cuddl und ich Antifaschisten geblieben, aber mein jüngster Bruder war Mitglied der SA geworden und fast alle Ehemänner meiner Schwestern gehörten inzwischen der NSDAP an. Der Riß, der durch das deutsche Volk ging, hatte auch um unsere Familie keinen Bogen gemacht.

---

2 Siehe Abb. 29

3 Siehe Abb. 28

Überfall auf die Sowjetunion

22. Juni 1941. Ich weiß es noch, als ob es erst heute morgen gewesen wäre. Cuddl saß vor dem Radioapparat und rief plötzlich nach mir: „Lucie! Sie haben die Sowjetunion überfallen! ... Aber den Brocken können sie nicht verdauen. Das ist der Anfang ihres Untergangs!"

Hitler hatte den deutsch-sowjetischen Nichtangriffspakt gebrochen. Während noch die Züge mit sowjetischem Weizen nach Deutschland fuhren, überfielen deutsche Soldaten auf Befehl des Oberkommandos der Wehrmacht die Sowjetunion, machten alles nieder, was sich ihnen in den Weg stellte und führten einen Krieg von unvorstellbarer Grausamkeit. Im Grunde wußten alle, daß Wehrmacht und SS die Konventionen des Roten Kreuzes mißachteten und brachen, aber mit der Propaganda von der „deutschen Herrenrasse", die das Recht hatte, die slawischen „Untermenschen" zu zertreten, wurden alle Kriegsverbrechen gerechtfertigt. Auch in der Hitlerjugend und an den Schulen wurde die antibolschewistische Hetze verschärft. Nicht nur einmal ist es vorgekommen, daß die total desorientierten Kinder die eigenen Eltern denunzierten, wenn diese es z. B. wagten, den leisesten Zweifel am Sieg Großdeutschlands zu äußern.

Mit Trauer im Herzen verfolgten wir, wie die sowjetische Armee trotz starker Gegenwehr zurückgeschlagen wurde, aber wir spürten, daß hier ein anderer Krieg als bisher geführt wurde. Wir glaubten den faschistischen Ankündigungen nicht, daß es der Wehrmacht auch diesmal durch einen „Blitzkrieg" gelingen würde, das Land in ein paar Wochen, spätestens jedoch bis Wintereinbruch zu besiegen. Obwohl wir sicher waren, daß die Rote Armee niemals kapitulieren würde, waren wir erstmal doch voller Unruhe und suchten die Ursachen dafür, wie es möglich war, daß die faschistischen Heere so tief in die Sowjetunion eindringen konnten. Aber schon im November/Dezember 1941 brachten die Sowjetsoldaten den Angreifer vor Moskau zum Stehen und gingen zur ersten Gegenoffensive über. Aus den spärlichen Informationen der täglichen Wehrmachtsberichte konnten wir entnehmen, daß es den Faschisten weder gelang, in Moskau einzumarschieren, noch Leningrad zu besetzen. Die Leningrader verteidigten unter immer härter werdenden Bedingungen die von deutschen Truppen fast völlig eingeschlossene Stadt. Blockade, Hunger, Kälte, ständiges Bombardement – zweieinhalb Jahre unvorstellbaren Grauens – aber das schwer zerstörte Leningrad blieb in den Händen seiner Bürger.

Die deutsche Wehrmacht, SS und Gestapo, die in den besetzten Gebieten der Sowjetunion ein Schreckensregime einführten, erreichten das Gegenteil ihrer Absichten. Eine machtvolle Partisanenbewegung entwickelte sich, die den Deutschen schwer zu schaffen machte und ihnen Schrecken und Unsicherheit brachte. Dieser Widerstand der sowjetischen Bevölkerung in Bjelorußland oder in der Ukraine wurde der deutschen Öffentlichkeit zuerst verschwiegen, aber nachdem die Partisanenabteilungen den Besatzern immer ernsthaftere Schläge versetzten und auch Fronturlauber zu Hause darüber zu berichten begannen, mußten diese Aktionen dann auch in den Wehrmachtsberichten erwähnt werden. (In der Sprache der Nazis war dann von „bolschewistischen Banden und Heckenschützen" die Rede.)

Die Kriegswende aber kam Anfang 1943 mit der Niederlage der Faschisten bei Stalingrad. Als das Ausmaß dieser Katastrophe in Deutschland bekannt wurde, schien es mir, als ob es einen Augenblick der Stille und des Nachdenkens gäbe. Millionen deutscher Familien hatten in diesem Krieg den Vater, den Sohn, den Bruder verloren, die Traueranzeigen in den Zeitungen füllten Seiten. Mußte jetzt nicht ein großer Aufschrei kommen, – die Weigerung der Männer, in Hitlers Eroberungskrieg skrupellos und sinnlos verheizt zu werden?! Aber der faschistischen Führung gelang es noch einmal, die Massen zu täuschen. Als Joseph Goebbels am 18. Februar 1943 im Berliner Sportpalast vor ausgesuchten Teilnehmern eine „Durchhalte"-Rede hielt und die Frage stellte: „Wollt ihr den totalen Krieg?" scholl ihm ein tausendfaches hysterisches „Ja!" entgegen. Diese im Radio übertragene, in der Presse groß aufgemachte und in der „Wochenschau" gezeigte Großveranstaltung und andere Propagandamanöver verfehlten ihre Wirkung nicht. Die Mehrheit der Bevölkerung glaubte noch an den „Endsieg". Trotzdem war es nach Stalingrad anders geworden, alle spürten, daß dies ein tiefgehender Einschnitt im Kriegsverlauf war. Auch wir und unsere Langenhorner Freunde bemerkten das an kleinen Dingen. Jene Nazis, die uns immer wieder nachgerufen hatten: „Na, was macht denn euer geliebter Arbeiter- und Bauernstaat?" oder „Bald ist der Weg nach Sibirien frei, dann schicken wir euch dahin!" schwiegen nun still.

Kriegsverpflichtet nach Polen

Im Frühjahr 1942 wurde Cuddl dienstverpflichtet. Seine Firma hatte den Bescheid erhalten, daß sie einen Kraftfahrer mit Lastwagen für Transporte in Polen bereitzustellen habe, und sein Chef entschied sich für Cuddl. Wir hatten Grund zu der Annahme, daß der Chef ihn wegen seiner politischen Einstellung aus der Schußlinie der Hamburger Gestapo haben wollte. Cuddl fuhr nach Warschau, und schon bald erhielt ich Post, daß er bei einer polnischen Familie eine gute Unterkunft bekommen habe.

Als er uns dann das erste Mal in Hamburg besuchte, erzählte er mir mehr.

Cuddl und andere dienstverpflichtete Fahrer mußten in den Meiereien und Kühlhäusern polnischer Landgebiete requirierte Lebensmittel in ein Wehrmachtsdepot nach Warschau transportieren. Cuddl fuhr nun täglich in die schon sehr verarmten Dörfer um Warschau und holte dort Butter, Käse, Eier, Geflügel und was sonst noch an Eßbarem beschlagnahmt worden war, ab. Mit seinem polnischen Beifahrer, Wladek Blumentritt, der ziemlich gut Deutsch sprach, war er bald eng befreundet. Wladek haßte die Faschisten genauso wie wir und gehörte der Partisanenbewegung an. Seine Familie, d.h. seine Vorfahren, waren vor Zeiten aus dem Württembergischen nach Polen ausgewandert. Wladek und seine Frau hatten bei den Abstimmungen nach dem Ersten Weltkrieg für Polen optiert und waren nach dem Einmarsch der Wehrmacht von Haus und Hof gejagt worden. Über seine Frau, die im Konzentrationslager war, sprach er nur selten. Cuddl und Wladek paßten wunderbar zusammen, und sie haben sich manches ausgedacht, um den Partisanen zu helfen und den Faschisten zu schaden. Zweimal konnte Cuddl Wladek mit nach Hamburg bringen, wenn er hier ein neues Auto übernehmen mußte. An diese Stunden und Gespräche erinnere ich mich noch genau. Alle drei waren wir der gleichen Meinung: Diesen Krieg wird Hitler verlieren!

Im Spätsommer 1942 erhielt Cuddl die Erlaubnis, daß ich ihn mit Ursel und Peter in Polen besuchen durfte. Unser Günterle wurde bei einer guten Freundin untergebracht, und ich fuhr mit den beiden „Großen" mit der Eisenbahn in die besetzte polnische Hauptstadt. Die Familie, bei der Cuddl in Warschau wohnte, rückte noch enger zusammen und nahm uns freundlich auf. Bald kam auch Wladek zu Besuch. Er überreichte mir einen Blumenstrauß und küßte mir die Hand. Das war mir peinlich, weil ich solche Umgangsformen nicht kannte. Er merkte das, und als wir uns zum zweiten Mal trafen, und ich ihm bei der Begrüßung entgegenkommen wollte, nahm er meine Hand und schüttelte sie kräftig. Da mußten wir beide tüchtig lachen. Aber von nun an gab es keinen Handkuß mehr, wie es sonst in Polen allgemein üblich war. Unsere Ursel hatte in Warschau ihren 9. Geburtstag, und ich erinnere mich, daß Wladek sie mit einer Puppe überraschte.

Einmal wollte ich die Männer bei ihrer Fahrt in die Dörfer begleiten. An einem frühen Morgen, leichter Nebel lag noch über der Stadt, stieg ich vorn im Führerhaus ein, die Männer hatten noch hinten am Wagen zu tun. Ich mußte warten, denn da hinten geschah noch etwas, was ich nicht gleich mitbekam. Wieder auszusteigen und zu fragen, was da los sei, verbot mir die Einsicht in die besonderen Verhältnisse in Polen. Später merkte ich, daß wir „lebende" Fracht geladen hatten. Wenn wir in den Dörfern hielten, sprangen Männer und Frauen vom Wagen ab. Die Lebensmittelzuteilungen im besetzten Polen waren derart niedrig, daß der Hunger der Städter nur mit Hilfe von Verwandten und Bekannten in den Landgebieten etwas gelindert werden konnte. So nahmen Wladek und Cuddl bei ihren Fahrten in die Dörfer immer eine Reihe Warschauer Arbeiter mit.

Nachdem die Lebensmittel eingeladen waren, machten wir uns gleich auf den Rückweg. Die Fahrt führte teilweise durch Waldgebiete. Einmal hörten wir Schüsse in der Nähe. Cuddl gab Gas, um schnell durchzukommen. In einem

Dorf hielt er an, Wladek stieg aus, und einige Waren wechselten den Besitzer. Darüber wurde nicht gesprochen, aber Cuddl bestätigte später, daß es sich um Kontaktleute der polnischen Partisanen gehandelt hatte. Nach diesem kurzen Stopp ging es dann zum deutschen Depot in Warschau.

Cuddl ging mit mir auch durch die Warschauer Innenstadt.[4] Das war für uns als Deutsche jedesmal niederdrückend und beschämend. Die Polen wurden so behandelt, wie wir es von zu Hause gegenüber den Juden kannten. In der Straßenbahn durften die Polen nur die hintere Plattform benutzen und hingen, festgeklammert an den Griffen aus der Tür hinaus, während auf der vorderen Plattform und im Wageninnern mit der Aufschrift „Reserviert für Deutsche" sehr viel Platz war. Das erinnerte mich unwillkürlich an die Schilder „Juden unerwünscht" an Lokalen in Deutschland. Einmal hatte sich ein altes Mütterchen in die „deutsche" Seite des Straßenbahnwagens verirrt. Es wurde von sogenannten „Volksdeutschen" mit widerlichen Beschimpfungen und Schlägen hinausgestoßen, fiel vom Trittbrett hinunter und blieb wie tot auf der Straße liegen. Ins Kino zu gehen, wagte kaum ein Pole. Es war zu oft vorgekommen, daß nach der Vorstellung schwerbewaffnete SS-Leute warteten, die die Polen auf Lastwagen trieben, um sie als „Fremdarbeiter" zur Zwangsarbeit ins Deutsche Reich zu verschleppen.

Obwohl ich nur einen ganz kleinen Ausschnitt aus der Wirklichkeit des okkupierten Polen erlebt hatte, machten mir diese Tage in Warschau schwer zu schaffen. Die gesamte Atmosphäre war von einem tiefen Haß gegen alles Deutsche geschwängert. Nicht die Angst vor polnischen Patrioten trieb mich vorzeitig wieder nach Hamburg zurück, sondern ich konnte das, was die Faschisten hier im Namen meines Volkes anrichteten, einfach nicht mehr ertragen. Ich schämte mich vor unseren polnischen Freunden, obwohl sie uns dafür nicht verantwortlich machten; wir waren für sie Vertreter des „Anderen Deutschland". Sie hätten mich und die Kinder gern noch dabehalten. Der Abschied fiel uns schwer.

Nie wieder habe ich etwas von Wladek und seinen Freunden gehört. Ob sie die Fremdherrschaft überlebt haben?

Einberufung ins BB 999

Nachdem Hitlers „Blitzkrieg" gegen die Sowjetunion im Winter 1941/42 vor Moskau gescheitert war, wurde es auch der faschistischen Führung langsam klar, daß sich der Krieg an der Ostfront zu einem langen und erbitterten Kampf entwickeln würde. Schon eine Million deutscher Soldaten war gefallen und ein

4 Siehe Abb. 30

Ende des Krieges nicht abzusehen. In Deutschland sollten nun alle Reserven für den „Endsieg" mobilisiert und dabei auch die bisher „Wehrunwürdigen" einbezogen werden. Am 2. Oktober 1942 gab das Oberkommando der Wehrmacht einen Erlaß über die Aufstellung des Bewährungsbataillons 999 heraus. Danach wurden alle Männer, die nach dem Wehrgesetz von 1935 aus der Wehrmacht ausgeschlossen waren, als für die Dauer des Krieges wehrwürdig, d.h. als „bedingt wehrwürdig" erklärt. Die Einberufungen begannen Mitte Oktober 1942 zum Ausbildungsbataillon 999 auf dem Truppenübungsplatz Heuberg bei Stetten am kalten Markt, dessen Baracken schon in den Vorkriegsjahren zeitweilig als KZ gedient hatten. Hier auf dem Heuberg wurden jetzt Tausende Antifaschisten und auch Kriminelle auf ihren militärischen Einsatz vorbereitet. Offiziell waren sie Bewährungssoldaten, die durch vorbildliches Verhalten an der Front wieder in die „deutsche Volksgemeinschaft" aufgenommen werden sollten. In Wirklichkeit kamen sie aber in eine unmenschliche militärische Zucht, und Maßnahmen wie Ausgangssperre, Urlaubs- und Schreibverbote, verschärfte Briefzensur zeigten, daß es sich nicht um eine „Bewährungs-", sondern um eine Strafeinheit handelte. Im Frühsommer 1943 wurde auch mein Mann ins BB 999 einberufen.

Als Cuddl Ende Mai die Vorladung erhielt, sich zur Musterung bei der Kaserne in der Bundesstraße zu melden, war er noch in Warschau. Seine Freunde aus der polnischen Widerstandsbewegung rieten ihm, sich nicht zu stellen, sondern bei ihnen unterzutauchen. Die Entscheidung fiel ihm schwer. Aber er kam nach Hamburg zurück, denn er befürchtete Repressalien gegen seine Familie, zumal auch ich bei der Gestapo kein unbeschriebenes Blatt war. Cuddl erhielt seinen Einberufungsbefehl zum BB 999, und er wußte, daß es nun zur Ausbildung auf den Heuberg ging. Uns war bekannt, was das bedeutete. Viele unserer Genossen und Freunde, die eine Zuchthausstrafe hinter sich hatten, waren bereits dorthin eingezogen und hatten ihre Familien über die Zustände auf dem Heuberg unterrichtet. Noch hofften wir auf positiven Bescheid auf das Reklamationsersuchen von Cuddls Firma, aber es wurde abgelehnt.

Cuddl hatte nur noch wenig Zeit, sich um familiäre und andere Dinge zu kümmern. Der Tag seiner Abreise am 25. Juni kam schneller als wir wollten. Gemeinsam mit Peter brachte ich den geliebten Vater und Mann zum Hannöverschen Bahnhof. Es blieb nicht viel Zeit, um Abschied zu nehmen. Die Namen der Männer wurden aufgerufen, dann stiegen alle in den Zug. Wenn ich nicht irre, war Cuddls Transport einer der letzten, der von Hamburg zum Heuberg ging.

Ich war nun mit Peter und Günterle allein zu Haus, denn auch unsere Ulla hatte Hamburg im Juni 1943 verlassen. Der Schulleiter hatte die Schüler aufgefordert, sich von den Eltern zur Kinderlandverschickung (KLV) anmelden zu lassen; die Kinder sollten wegen der ständigen Fliegerangriffe für ein Jahr auf dem Land in Bayern untergebracht werden. Es war mir klar, daß es den Nazis nicht nur um die Sicherheit der Kinder ging, sie sollten fern von Elternhaus und Schulgemeinschaft noch stärker im nationalsozialistischen Sinne beeinflußt werden. Ich gab meine Einwilligung, weil ich unsere Tochter kannte und wußte, daß sie ihren Eltern nicht zu entfremden war. Ursel kam in das Haus eines katholischen Pfarrers in Oberköblitz bei Wernberg in Niederbayern.

Anfang Juli bekam ich von Cuddl den ersten Brief. Er schrieb: „Heute morgen waren wir endlich an unserem Bestimmungsort. Drei Nächte haben wir auf der Bahn gelegen. Du kannst dir denken, daß ich mit einem Auge schon immer nach meinem Bett schiele. Nun will ich dir erstmal die Dinge aufzählen, die mir hier fehlen und die du mir umgehend nachschicken mußt. Vor allen Dingen brauch ich ein Vorhängeschloß und schwarze Schuhcreme. Außerdem würde ich mich sehr freuen, wenn du mir noch ein paar Zigaretten und etwas Eßbares schickst. Mein Zivilzeug wird morgen von hier abgehen. Mit Helmut (Knust) bin ich in einer Kompanie, allerdings liegen wir nicht auf einer Stube. Meine Adresse ist: Schütze C. S., I. Schützenausbildungskomp. 999, Truppenübungsplatz Heuberg, Baden. Mama, ich mach Schluß. Wenn ich mich ausgeschlafen habe, werde ich die Fortsetzung machen. Viele liebe Grüße an die Eltern, unseren beiden Jungs gibst du einen Drücker von ihrem Papa, und von unserer Ulla schickst du mir bitte recht bald die Adresse."

Der Krieg kehrt auf deutschen Boden zurück

Cuddl war noch keinen Monat auf dem Heuberg, als in der Nacht vom 24. zum 25. Juli 1943 der erste schwere britische Luftangriff auf Hamburg niederging. Spreng- und Brandbomben fielen in einer solchen Anzahl wie wir es bisher noch nicht erlebt hatten. Der Kellerboden unter uns schien zu rollen, und ich dachte, daß das Haus jeden Augenblick zusammenstürzen müsse. Eine Bomberwelle nach der anderen überflog Hamburg und warf ihre tödliche Last auf die Stadt. Als wir einmal kurz den Luftschutzkeller verließen, sahen wir über mehreren Stadtteilen einen starken Feuerschein lodern.

Erst gegen Morgen gab die Sirene das Entwarnungszeichen. Müde brachte ich die Kinder ins Bett und legte mich selbst schlafen. Nach einer kurzen Zeit – so schien es mir – weckte mich meine Schwiegermutter und fragte: „Willst du denn heute gar nicht aufstehen?"

„Wieso, ist schon wieder Fliegeralarm?"

„Nein, aber es ist bereits Mittagszeit!"

„Versteh' ich nicht, es ist doch noch ganz dunkel draußen."

Aber es war so. Als ich aus dem Fenster schaute, stand die Sonne schon hoch am Himmel, ihre Strahlen konnten jedoch die Rauchschwaden nicht durchdringen. Diesen ganzen Sommertag über blieb der Himmel grau, herrschte Halbdunkel.

Am Nachmittag kam meine Schwägerin Emmy mit ihren beiden Kindern zu uns nach Langenhorn. Die Häuser in der Hamburger Straße, in der sie gewohnt hatte, waren dem Erdboden gleichgemacht, Hunderte von Menschen waren in den Luftschutzkellern erstickt, darunter auch ihr Mann, Paul Pochert. Emmy war wie ausgelaugt von dem Erlebten, ohne Tränen, fast stumm.

Nächtelang wurden die Großangriffe auf Hamburg fortgesetzt. Da, wo die Bomber gestern aufgehört hatten, bombten sie in der nächsten Nacht weiter. Voller Angst saßen wir in unserem nur leicht abgestützten Keller, der auch der kleinsten Bombe nicht standgehalten hätte, und warteten auf das Ende dieser entsetzlichen Angriffe. Jedesmal spürten wir den Hauch des Todes, aber er ging an uns vorbei.

Es gab in dieser letzten Juliwoche kaum Zeitungen, aber das Ausmaß der Katastrophe sprach sich schnell herum. Tausende Menschen wurden in ihren Kellern verschüttet, in Rothenburgsort, in Hammerbrook, in Barmbek, Eimsbüttel und in anderen Stadtteilen. Viele, die dem Erstickungstod im Keller entrinnen konnten, erstickten dennoch, weil das Feuermeer auch draußen den Sauerstoff verbrauchte. Andere rannten als lebende Fackeln umher, bis sie elendiglich verbrannten und wie Mumien zusammenschrumpften. Später erfuhren wir, daß in diesem Inferno Zehntausende Hamburger umgekommen waren.

Die Kinder brachten kleine Metallstreifen mit nach Hause, die sie überall gefunden hatten, und fragten, weshalb die Engländer sie abgeworfen hätten. Wir Erwachsenen wußten es damals auch nicht, bis dann langsam durchsickerte, daß durch den Abwurf von Millionen dieser Stanniolfolien die Radargeräte der deutschen Luftabwehr ausgeschaltet worden waren. Viele erinnerten sich in diesen Tagen an die Worte des Großmauls Hermann Göring: „Ich will Meier heißen, wenn es auch nur einem einzigen englischen Flugzeug gelingt, in unseren Luftraum einzudringen." Die Briten waren nicht nur in unseren Luftraum eingedrungen, sondern übten auch furchtbare Vergeltung, indem jetzt sie unsere Städte „coventrierten". Neben den blutigen Rückzugsschlachten in der Sowjetunion und an den anderen Fronten war nun auch die Heimat zur Kampfzone geworden. Die allgemeine Stimmung war damals: Der Krieg ist für uns verloren, sie sollen endlich Schluß machen. Einige sagten: „Der uns das eingebrockt hat, soll gehen. Lieber ein Ende mit Schrecken als ein Schrecken ohne Ende." Und das wurde damals nicht mehr nur geflüstert.

Karl Kaufmann, Gauleiter der NSDAP und Statthalter Hitlers in der Hansestadt, richtete einen Durchhalteappell an die Hamburger Bevölkerung und versuchte, durch eine Sonderzuteilung von Lebensmitteln die defaitistischen Stimmungen aufzufangen. Aber da war nichts mehr zu machen. Die Kriegsmüdigkeit war da und nahm seit 1943 immer mehr zu.

In diesen Tagen flüchteten Tausende Hamburger aus ihren zerbombten

Stadtteilen. Ununterbrochen zogen Trecks über die Langenhorner Chaussee nach Schleswig-Holstein. Auch bei uns, wo es verhältnismäßig wenige Zerstörungen gegeben hatte, forderte die NSV (Nationalsozialistische Volkswohlfahrt) Frauen mit Kindern auf, Hamburg in Richtung Norden zu verlassen. Schweren Herzens verabschiedete ich mich von meinen Schwiegereltern und machte mich mit unseren kleinen Söhnen auf den Weg. Günterle, 18 Monate alt, in der Karre, den dreijährigen Peter an der Hand, einen Rucksack auf dem Rücken, so zogen wir mit vielen anderen Frauen, Kindern und alten Männern in Richtung Ochsenzoll. Von dort wurden wir auf Lastwagen nach Schleswig-Holstein gefahren.

In Kaltenkirchen kamen wir und andere Flüchtlinge bei Großbauern unter. Auch hier war nichts mehr von Siegesstimmung und Siegesgewißheit zu hören oder zu spüren. Selbst die großen Nazis unter den Bauern schwiegen angesichts des Leids, der Not, der Wut und Empörung der Flüchtlinge. Allgemein herrschte die Meinung vor, daß diese Bombenangriffe zum Ende des Krieges führen müßten.

Einer meiner ersten Wege führte zur Post, wo ich versuchte, ein Telefongespräch mit Cuddl zu führen. Tatsächlich gelang es, bis zum Heuberg durchzukommen. Cuddl hatte sich schon große Sorgen um uns gemacht und war glücklich, seine Familie heil und gesund zu wissen.

Nach einer Woche Aufenthalt in Kaltenkirchen wurden wir Evakuierten in einen Sonderzug gesetzt, der nach Süddeutschland gehen sollte. Wir waren kaum zwei Stunden gefahren, als es plötzlich hieß: ,,Feindliche Flieger!" Der Zug blieb stehen, die Männer stiegen aus, und wir blieben so eng wie möglich beieinander sitzen. Auf einen Ort in der Nähe ging ein Bombenangriff nieder. Nach einer Stunde konnte die Fahrt fortgesetzt werden, aber ein neues Unglück geschah: Unser Zug stieß mit einer Lokomotive zusammen. Ein furchtbares Geschrei ertönte, und im gleichen Augenblick fiel Peter aus dem Gepäcknetz des Abteils, wo ich ihn wegen Platzmangels untergebracht hatte. Ich nahm meine beiden Jungens in den Arm und schimpfte mit den anderen über den verdammten Krieg, der uns in diese Lage gebracht hatte.

Unterwegs traf ich mit vielen Frauen zusammen, die der Hölle der Bombenangriffe auf Rothenburgsort, Hammerbrook und anderen Stadtteilen Hamburgs entkommen waren. Mit angesengten Kleidern, ohne irgend etwas gerettet zu haben, schrien sie nach ihren Kindern oder Eltern. Es war herzzerreißend. Eine Frau öffnete ihren Koffer, und ich sah ihr totes Baby darin liegen.

Die Bahnfahrt nach Bayern dauerte tagelang. Immer wieder mußten die Maschinen gewechselt oder es mußte umgestiegen werden, und dann gab es erbitterte Kämpfe um einen Platz. Es kam zu schrecklichen Szenen. Hätten die Frauen mit Kindern nicht so eisern zusammengehalten, wären sie sicher auf den verschiedenen Bahnhöfen zurückgelassen worden.

Hamburgerinnen unter Bayern

Endlich landeten wir in Frontenhausen, einem kleinen Ort in Niederbayern mit knapp 2000 Einwohnern. Die Kinder und ich wurden bei einem Bauern eingewiesen, in einem kleinen Raum, ohne Tisch und Stuhl, aber wir waren froh, unsere müden Glieder überhaupt irgendwo hinlegen zu können.

Das Verhältnis zwischen den Alteingesessenen und uns Flüchtlingen entwickelte sich denkbar schlecht. Wegen kleinster Dinge kam es zu Auseinandersetzungen: um etwas mehr Raum, der ja da war, um ein wenig mehr zu essen, u.a. Selbst genügend Milch für unsere Kinder wurde uns verweigert, weil damit die Ferkel gefüttert werden mußten. In ihrer Abgeschlossenheit hatten diese Bauern noch keine Fliegerangriffe, noch keine Not erlebt. Wie sollten sie uns verstehen?

Einige unserer Frauen trugen in den heißen Tagen des Sommers 1943 ihre Shorts. Das stieß bei den Bayern auf äußerstes Befremden. In Frontenhausen wurde eine Versammlung einberufen, in der die Frauen darauf aufmerksam gemacht wurden, daß „Nacktgehen" in Bayern verboten sei. Mir fiel Ludwig Thoma ein: „Moral". – Doppelte Moral, die eine für den Tag, an dem man nicht durfte, was im Dunkel der Nacht erlaubt war, wo Alt- und Jungbayern versuchten, bei den Hamburgerinnen „einzusteigen". Das sei nicht unmoralisch, sondern gehöre zum „Brauchtum", wurden wir belehrt. Unsere Frauen ließen die „fensterlnden" Männer aber ganz schön abfahren, so daß sie noch tagelang durch das Dorf humpelten. Und gerade diese waren es, die am lautstärksten gegen die „Unmoral" der Hamburger Frauen gewettert hatten. Ich will gewiß nicht alle Bayern über einen Kamm scheren, aber was ich dort an Rückständigkeit und Vorurteilen erlebt habe, das erinnerte wirklich an das vorige Jahrhundert.

Nach dieser Versammlung zogen einige von uns nach Poxau, einem Dörfchen, etwas höher gelegen als Frontenhausen. Eine einzige buntbemalte Häuserzeile schaute hinunter ins Tal. Hinter den Häusern zogen sich die Wiesen und Felder der Bauern entlang, bis dann ein endloses Waldgebiet begann. Davor stand ein schneeweißes Kapellchen. Es war ein herrlicher Anblick, und ohne Krieg und Flüchtlingslos wäre Poxau sicherlich ein idealer Urlaubsort gewesen.

Wir Mütter wurden mit unseren Kindern in dem einzigen Wirtshaus von Poxau untergebracht, und ich merkte bald, daß die Wirtin eine fanatische Anhängerin Hitlers war. Wir wohnten in dem Wirtshaus und wurden dort auch voll verpflegt. Das Essen, das für die Evakuierten separat gekocht wurde, war miserabel. Ich erinnere mich an ein Mittagessen – Kartoffeln und Rotkraut –, das nach nichts schmeckte, aus dem Kraut schaute uns auch nicht ein einziges Fettauge entgegen. Als dann auch noch die Brote immer dünner bestrichen und belegt wurden, gab es Krach! Wir konnten ja rechnen und nachrechnen, daß das, was uns auf Marken zustand, auf keinen Fall verbraucht worden war, jedenfalls nicht für uns. Wir Hamburger Frauen hielten eine kleine Versammlung ab und wählten eine Delegation, die sich bei der Wirtin beschweren sollte. Unsere Forderungen stießen bei der Naziwirtin natürlich nicht auf Gegenliebe; sie schimpfte wie ein Rohrspatz über die Undankbarkeit der „Preußen". In ihrer Erregung machte sie die Seitentür ihres Schreibtisches auf, und wir mußten dabei entdecken, daß das Fach bis obenhin mit Butterstücken angefüllt war. Unsere Augen wurden groß und ein Wutschrei entrang sich unseren Kehlen. Die Butter flog zum Fenster hinaus. Wäre der Gendarm nicht gleich zur Stelle gewesen, wäre sicher noch mehr passiert.

Nach diesem Vorfall wurden unsere Forderungen ohne Abstriche erfüllt: Vom nächsten Tage an wurden Frühstück, Mittagessen und Abendbrot von den Flüchtlingsfrauen selbst vorbereitet; an manchen Sonntagnachmittagen gab es nun auch mal ein Stückchen Kuchen. Unsere Kinder gediehen dabei prächtig.

Inzwischen war auch Cuddls Schwester Emmy mit ihren Kindern nach Poxau gekommen. Dadurch war es leichter geworden, einmal meine Tochter zu besuchen, die sich immer noch in der Kinderlandverschickung in Oberköblitz bei Wernberg aufhielt. Die Entfernung zwischen uns war gar nicht so groß, aber es war eine umständliche Bahnfahrt bis dorthin. Emmy übernahm gern die Jungen in ihre Obhut, und ich machte mich eines Morgens auf den Weg.

Als ich gegen Mittag das Pfarrhaus in Oberköblitz erreichte, traf ich Ursel nicht an. Sie war zum Baden an die Naab gegangen. So begann dann der Herr Pfarrer mit mir ein Gespräch. Er fragte mich, ob ich Hamburgerin sei, was ich verneinte. Ich wäre aus Bochum gebürtig, hätte dort meine Jugend verbracht und später einen Hamburger geheiratet. Ja, wenn das so wäre, meinte der Herr Pfarrer, dann könnte er mir auch sagen, was er über die Bombardierung Hamburgs denke: Das Bombardement Hamburgs sei eine Strafe Gottes, der solche Sündenstädte wie Hamburg vom Erdboden vertilgen wolle. Einen Augenblick war ich sprachlos. Dann sagte ich ihm, daß ich von ganzem Herzen Hamburgerin geworden sei und ich ihn nun meinerseits fragen wolle, wie es sich denn mit so gesegneten Städten wie Köln und anderen katholischen Bischofssitzen verhielte, die ebenfalls schwer bombardiert worden seien. Eine Weile war er still, dann kam die Antwort: „Gottes Wege sind wunderbar. Es steht uns nicht zu, an ihnen herumzudeuten." Jetzt konnte ich mir besser erklären, warum viele Bayern uns so ablehnend gegenüberstanden. Wir schienen für sie der Verdammnis Entronnene aus dem Sündenbabel zu sein.

Ursel kam ins Haus gestürzt. Es gab eine stürmische Begrüßung, dann sah ich sie mir an. Am Hals hatte sie mehr oder weniger große Flecken. Ich fragte sie, was das für Flecken seien. Das Kind meinte: „Ich bin so braun gebrannt, Mutti."

Mir schwante nichts Gutes. Ich nahm einen Waschlappen und seifte sie gründlich ab. Die dunklen Flecken waren verschwunden.

Während wir miteinander plauderten, fielen mir ihre ungepflegten Zähne auf und ihre Fingernägel, die kohlenrabenschwarze Ränder hatten. Wieder fragte ich sie, ob sie denn nicht... und so weiter.

„Nein", der Herr Pfarrer habe gesagt, sie wäre voller Eitelkeiten und solle das im Pfarrhaus unterlassen.

„Wann hast du denn das letzte Mal gebadet?"

„Das weiß ich nicht mehr so genau. Es ist aber schon etwas her. Wir hatten Besuch, der baden wollte. Dann hat zuerst der Herr Pfarrer gebadet, dann der Besuch und zuletzt ich."

„Aber doch nicht in demselben Wasser, Kind?"

„Doch, Mutti. Der Herr Pfarrer sagte, man könne nicht für jeden, der baden will, frisches Wasser nehmen. Das wäre Verschwendung."

Am liebsten hätte ich das Kind gleich mit mir genommen, aber ich hatte keine Ahnung, wie ich es in dem überfüllten Poxauer Wirtshaus unterbringen sollte. Ein paar Tage später, nachdem ich das geregelt hatte, setzte sich Ursel in den Zug und kam zu uns. Danach sind wir zusammengeblieben.

Die Zweiklassenschule in Frontenhausen, die Ursel von jetzt an mit den anderen Kindern der Evakuierten besuchen mußte, war alles andere als unseren Wünschen entsprechend. Wir weigerten uns alle, unsere Kinder an der katholischen Morgenandacht beim Stundenbeginn teilnehmen zu lassen. Das verschärfte natürlich noch unsere ohnehin gespannten Beziehungen zu den Frontenhausenern. Auch ältere Dorfkinder machten schon Front gegen die Kinder der Evakuierten.

Während unseres Aufenthaltes in Poxau bin ich mit anderen Hamburgerinnen hin und wieder in die Gaststube gegangen, in der die Bauern und Landarbeiter ihren Durst löschten. Manchmal waren da auch einige SS-Männer mit ihren Riesendoggen, furchterregenden Tieren, die knurrten und ihre Zähne fletschten, wenn wir zur Tür hereinkamen. Lachend quittierten die Kerle unseren Schrecken, und einer sagte: „Was meinen Sie wohl, was unsere Russenweiber erst für eine Angst vor denen haben!"

„Wieso, bewachen Sie Gefangene? Gibt es hier denn ein Lager?"

Wütend fuhr er mich an: „Das geht Sie gar nichts an!"

Nach einigen Maß Bier kam dieser Kerl, der auf mich wie ein Gutsinspektor wirkte und der von den Einheimischen „Lagerleiter" genannt wurde, dann doch noch einmal darauf zurück. Er erzählte mit sadistischem Vergnügen von „seinen Russenweibern", die nicht nur Angst vor den Hunden, sondern auch vor seiner Peitsche hätten. Empört verließen wir die Gaststube. Wir sprachen oben auf unseren Zimmern dann noch über diesen Vorfall. Uns war bei unseren Spaziergängen aufgefallen, daß es dort ein großes, abgesperrtes Waldgebiet gab und Schilder mit der Aufschrift „Achtung, Lebensgefahr!". Wir hatten immer angenommen, daß es ein Truppenübungsplatz wäre. Nun erst wurden wir aufmerksam, fragten hier, fragten da, aber die Einheimischen verkniffen meist den Mund. Dann hörten wir von einem „Schloß“ oberhalb Poxaus und daß dort ein Barackenlager sei. Wir haben aber nicht herausbekommen, ob es ein Lager für sogenannte „Ostarbeiterinnen“ war oder ob es sich um solche verschleppten Sowjetbürgerinnen handelte, die auf einem Gutshof Zwangsarbeit verrichten mußten.

Es war damals nicht mehr schwer, eine politische Diskussion vom Zaun zu brechen. Auch in Bayern wurden immer mehr Städte zerbombt, viele Männer waren schon gefallen, die Wehrmacht mußte an allen Fronten zurückweichen. Die Rote Armee hatte Charkow befreit und stieß auf den Dnjepr vor, die Anglo-Amerikaner hatten die deutschen Truppen aus Afrika und Sizilien vertrieben. Als ich bei einem Gespräch wieder einmal eine neue „Frontbegradigung“ oder „planmäßige Räumung“ aufs Korn nahm, kam der Gendarm von Poxau hinzu. Unsere Diskussionsgruppe löste sich auf. Der Gendarm hielt mich an und fragte, was ich denn da für Greuelmärchen erzähle. „Na, gehn's, Herr Wachtmeister, Sie sind doch abends oft dabei, wenn so etwas in der Kneipe erzählt wird. Stimmt es etwa nicht?“ Verlegen drehte sich der Ortsgewaltige und meinte: „Schon, schon! Aber auf der Straß'n dürfen's nicht darüber reden!“

Reise zum Heuberg

An einem Tage im September saßen wir, d. h. Ursel, Peter und ich, wieder in einem Zug, diesmal in Richtung Sigmaringen. Wir wollten Cuddl auf dem Truppenübungsplatz in der Schwäbischen Alb besuchen, und die Kinder waren genauso freudig erregt wie ich. Ich wußte, daß die 999er vor ihrem Fronteinsatz keinen Urlaub mehr erhielten, und wir wollten doch so gern unseren Vater noch einmal sehen. Ich dachte bei mir: „Vielleicht zum letzten Mal?“

In Thiergarten stiegen wir aus und gingen nach Stetten. Dort sah ich mich zuerst nach einer Unterkunft um. Aber es war nicht zu fassen: Die Stettener Frauen öffneten die Tür nur einen Spalt weit, und noch ehe ich unsere Bitte vortragen konnte, wurde uns schon die Tür vor der Nase zugeknallt. Später erfuhr ich, daß es anderen Frauen, die ihre Angehörigen auf dem Heuberg besuchen wollten, ebenso ergangen war. Unsere Männer und auch ihre Familien wurden Verbrechern gleichgestellt und hatten kaum auf Verständnis zu rechnen.

Niedergedrückt und abgekämpft setzten wir uns schließlich in eine Wirtschaft. Ich gab den Kindern zu essen und bekam auch etwas zu trinken. Die Kinder waren todmüde, sicherlich nicht nur von der langen Eisenbahnfahrt, sondern auch von dem niederträchtigen Verhalten der Stettener, die uns nicht nur die Tür zuknallten, sondern auch noch hinter uns herschimpften. Als die Kinder beim Essen immer wieder einnickten, gab uns die Wirtin ein Hinterzimmer, mit einer Couch, auf der Peter, und einem Liegestuhl, auf dem Ursel schlafen konnte. Ich saß die ganze Nacht auf dem Stuhl zwischen Schlafen und Wachen.

Am nächsten Morgen mußten wir das Zimmer räumen, konnten aber unseren Koffer im Wirtshaus deponieren. Dann machten wir uns auf den Weg zur Kaserne. Unterwegs trafen wir viele Frauen, die das gleiche Ziel hatten. Am Lagertor wurde uns unfreundlich mitgeteilt: „Soldat Suhling hat jetzt keinen Ausgang!“ Wir wollten nun zu Cuddls Baracke gehen, wurden aber abgewiesen mit den Worten: „Wissen Sie nicht, daß das Betreten des Geländes verboten ist?!“

Um die Mittagszeit kam dann Cuddl. Erst sah ich nur ihn, seine strahlenden braunen Augen, als er uns erblickte, dann sah ich seine Uniform. Ein Flicken saß neben dem anderen, und die Knobelbecher, obwohl sie blitzblank waren, schienen noch aus dem vorigen Krieg zu stammen. Nachdem uns Cuddl endlich in die Arme hatte schließen können, war sein Bestreben, nur schnell fort aus der Nähe der Kaserne. Die Möglichkeit, von einem Offizier der Stammannschaft zurückgerufen zu werden, lag nahe. So zogen wir dann in die Hügel. Unten im Tal konnten wir die Donau sehen, die dort noch ein schmales Flüßchen ist.

Auf einer von Bäumen umstandenen Wiese ließen wir uns nieder, und ich packte den mitgebrachten Kuchen aus. Cuddl spielte mit den Kindern und ließ sich geduldig auf ihre vielen Fragen ein. Dann gingen Ursel und Peter auf Entdeckungsreise, und Cuddl berichtete mir von seinen Erlebnissen auf dem Heuberg. Er sprach von der schikanösen Behandlung der 999er durch die Stammannschaft. Er erzählte auch von dem politischen Unterricht, den er und seine Kameraden dort über sich ergehen lassen mußten. Dieser hätte nur drei- oder viermal stattgefunden; unsere Genossen hätten die Offiziere mit gezielten Fragen derart in die Enge getrieben, daß der Unterricht vorzeitig abgebrochen werden mußte. Ein besonderes Problem sei das ständige Zusammenleben mit Kriminellen. Immer wieder gäbe es Zusammenstöße mit ihnen. Oft käme es zu Kameradendiebstahl, aber dann erscheine nachts der „heilige Geist“ und verprügele die Diebe. Die Offiziere würden da nicht reingezogen, weil diese ohnehin immer bestrebt seien, die kriminellen gegen die politischen 999er auszuspielen.

Abends brachte Cuddl uns nach Stetten, dann mußte er sich beeilen, um zur rechten Zeit wieder in dieser schrecklichen Kaserne zu sein. Wir durften noch einmal in dem Hinterzimmer unseres Wirtshauses übernachten; am nächsten Morgen fuhren wir nach Frontenhausen zurück.

Heimkehr nach Hamburg

Nachdem wir einige Monate in Poxau verbracht hatten, kam uns ein Gerücht zu Ohren, das unsere Gedanken wieder auf die Rückkehr nach Hamburg lenkte. Eine Frau erzählte, daß die Evakuierten sich zu Hause registrieren lassen mußten, um ihr Wohnrecht nicht zu verlieren. Ich wollte aber auf keinen Fall als „Butenhamburgerin" in Niederbayern bleiben, und als ich hörte, daß auch andere Hamburgerinnen sich über Rückkehrmöglichkeiten unterhielten, packte ich Anfang Dezember 1943 kurzentschlossen unsere Koffer.

Als wir am Bahnhof Frontenhausen ankamen, durchfuhr mich ein Schreck: der Bahnsteig war total mit Menschen und Gepäck besetzt. Aus der ganzen Gegend hatten sich Evakuierte eingefunden, die in ihre Heimat zurück wollten. Der Zug fuhr ein, und der Kampf um einen Platz begann, ich mitten drin mit meinen drei Kindern. NSV-Schwestern hatten einige Wagen des Zuges für „Mutter und Kind" deklariert, aber darauf nahm niemand Rücksicht, hineingelangte, wer Kraft und Ellenbogen hatte. Es kam zu Schlägereien. Polizei wurde eingesetzt. Endlich fanden wir zwei Plätze. Meine Kinder waren ruhig, fanden immer etwas zu spielen. Nur wenn Hunger und Durst sie plagte, wurden die Kleinen ungemütlich und waren keinen Vernunftgründen zugänglich. Wenn der Zug hielt, kletterte ich über unzählige Beine, Koffer und Kisten, um auf den Bahnsteigen etwas für die Kinder zu ergattern, wobei ich höllisch aufpassen mußte, daß der Zug nicht abfuhr.

Daß ich in all diesem Durcheinander die Kinder immer wiedergefunden habe, wundert mich heute noch. Eine große Stütze war mir meine Tochter Ursel, die sich während meiner Abwesenheit der Jungen annahm und aufpaßte, daß uns keiner von den Plätzen verdrängte, daß Peter nicht zwischen den Beinen der Schlafenden durchwutschte, um seine Mutter zu suchen. Ohne sie wäre diese Rückfahrt wirklich zu einem Problem geworden. Ursel hat 1947 in der Schule einen Aufsatz über ihre Erlebnisse im Krieg geschrieben und schilderte darin auch unsere damalige Heimreise: „Da die Gefahr bestand, daß unsere Wohnung in Hamburg beschlagnahmt würde, fuhren wir mit Sack und Pack nach Hause. Daß wir so nahe am Bahnhof wohnten, war gut, denn hätten wir weiter weg gewohnt, wären wir bei der grausigen Dezemberkälte erfroren. Der Zug war sehr voll, und wir mußten auf der verkehrten Seite zum Fenster einsteigen. Die Menschen standen in den Abteilen wie Heringe in Konservendosen, Kinder schrien, und die Leute schimpften in ihrem Dialekt auf die Hamburger und das schlechte Leben. Um 4.23 Uhr sollten wir in Regensburg sein, und um 4.32 Uhr fuhr unser Zug nach Leipzig. Natürlich hatte der Zug Verspätung, und als wir auf dem Bahnsteig 5 ankamen, rief der Schaffner gerade: ‚Zurückbleiben! Der Zug fährt ab!' Wir liefen am Zug entlang, er war aber so voll, daß wir nicht zur Tür hineinkamen. Ein Stuhl stand mitten auf dem Bahnsteig. Mutti holte ihn. Ein Fenster wurde aufgerissen, unsere Pakete und

Koffer flogen hinein, und wir wurden hereingezogen. Kaum war Mutti im Gang, da pfiff es und los ging's. Wir kamen glücklich in Leipzig an und fuhren am nächsten Morgen nach Hamburg."

Als unser Zug in Hamburg einfuhr, war ich tief erschüttert über das Ausmaß der Zerstörung unserer geliebten Stadt. Ich hatte schon viel darüber gehört, aber jetzt sah ich es zum ersten Mal mit eigenen Augen. Niemand holte uns vom Bahnhof ab, und wir mußten noch mit einigem Umsteigen nach Langenhorn-Nord weiterfahren. Aber dann waren wir endlich da, wohin uns unser Heimweh getrieben hatte.

Unsere Rückkehr stand unter keinem besonders glücklichen Stern. Mein Schwiegervater war sehr krank, und meine Schwiegermutter bereitete mich schonend darauf vor, daß unsere Wohnung belegt sei. Cuddls Schwester Dora, ihr Mann und dessen Mutter waren in unsere Räume eingezogen, weil sie kürzlich bei einem Bombenangriff ihr Heim verloren hatten.

Wir lebten nun mit vier Erwachsenen und drei Kindern in unserer kleinen Dachwohnung, und es kam zu allen kleinen und größeren Differenzen, die bei einem so engen Beieinandersein entstehen mußten. Aber das war noch nicht das Schlimmste. Mein Schwager war leider Nazi, und man konnte in seinen eigenen vier Wänden kein offenes Wort mehr reden. Es war mir fast unmöglich, ausländische Sender zu hören. Zweimal bin ich von meinem Schwager beim Empfang des englischen Senders überrascht worden. Wahrscheinlich hat er mich aus familiärer Rücksichtnahme nicht angezeigt. Vielleicht lag es aber auch an meiner Frechheit, die mir zu sagen eingab: „Na, so was, haben doch die Kinder wieder mal am Apparat gespielt!" Auf jeden Fall war mir jetzt klar, daß dieses Problem gelöst werden mußte. Bei meinen vielen Gängen zum örtlichen Wohnungsamt habe ich mir fast die Hacken wundgelaufen. Endlich gelang es mir, den zuständigen Beamten davon zu überzeugen, daß es ungerecht sei, in unserem Nebenhaus bei gleicher Wohnfläche wie in unserem nur drei Personen wohnen zu lassen, während mir zu neunt hausen mußten. Auf diese Weise bekamen unsere Nachbarn – streitbare Nazis – endlich auch ihre Einquartierung, und zwar in Gestalt von drei Gleichgesinnten. Wir atmeten auf, als mein Schwager auszog und wir wieder unter uns waren.

Nach unserer Rückkehr aus Bayern mußte ich viele Wege zu verschiedenen Behörden machen, um unsere Papiere wieder auf den Laufenden zu bringen. In Langenhorn hatte ich alles erledigt, aber ich brauchte auch noch einen Stempel von einer Dienststelle in der A-B-C-Straße, die in der Altstadt lag. Dies hatte ich bis zuletzt aufgeschoben, weil das Hamburger Verkehrsnetz durch die Bombenangriffe an vielen Stellen unterbrochen war und ich für diesen Gang einen ganzen Tag einplanen mußte.

Eines Morgens ging es – halb mit der Bahn, halb zu Fuß – in die Innenstadt. Ich sah kaum ein unbeschädigtes Gebäude, Hamburg war zu einer Ruinenlandschaft geworden. Wenn die Trümmer auch notdürftig beiseite geräumt waren, so glichen die von hohen Schuttbergen umsäumten Straßen doch noch immer schmalen Fußwegen. In den Ruinen der Wohnhäuser hatten die Ausgebombten Inschriften hinterlassen wie: „Wir leben. Sind bei Tante Emma untergekommen. Gerda."

Ich brauchte lange Zeit, bis ich die A-B-C-Straße gefunden hatte. Auf dem Rückweg ging ich durch den Valentinskamp, in dem ich in den dreißiger Jahren meinen Arbeitsplatz gehabt hatte. Hilflos und tief erschüttert stand ich vor einem Trümmermeer. Tränen schossen mir in die Augen. Das hatte Hitlers Krieg aus der Stadt gemacht, die mir zur Heimat geworden, die für mich die schönste Stadt im gesamten Deutschen Reich war.

Ein Illegaler wird versorgt

Die angloamerikanischen Luftangriffe auf Hamburg und andere Städte hielten unvermindert an. Im Osten drängte die Sowjetarmee die deutschen Okkupanten immer weiter nach dem Westen. Die Partisanenbewegungen in Jugoslawien und Griechenland machten der Wehrmacht schwer zu schaffen. Die westlichen Alliierten waren in Süditalien gelandet und kämpften sich langsam auf Rom vor. Wenn ich mich nicht irre, setzte Anfang 1944 die Nazipropaganda über die deutsche „Wunderwaffe", über die neuen „Vergeltungswaffen" ein, die den „Endsieg" Hitlers doch noch erzwingen würden; tatsächlich waren die V-Waffen aber erst im Frühsommer einsatzbereit.

In Deutschland nahm die Kriegsunwilligkeit in allen Bevölkerungsschichten zu, aber nur selten verwandelte sie sich in Opposition. Mir schien es, als ob sich meine Landsleute mit geschlossenen Augen treiben ließen, in eine Lethargie ohnegleichen versanken. Wir, die wir aus der Arbeiterbewegung hervorgegangen waren, hatten uns nicht geändert. Von unseren Freunden war keiner Nazi geworden, und wenn ich auch selbst keinen Kontakt mehr zum organisierten Widerstand hatte, so war ich doch überzeugt davon: Irgendwo im Reich wird daran gearbeitet, um Hitler zu stürzen und diesen furchtbaren Krieg beenden zu helfen. Meine kleine Flüsterpropaganda unter Nachbarn und Freunden war gering, gemessen an dem, was ich später, nach 1945, über den Widerstand meiner Genossen erfuhr, den sie während des Krieges in Hamburg und überall im Reich geleistet hatten. Außer zwei Nazis, die in unserer Straße wohnten, konnten wir allen anderen vertrauen, und jetzt, nach den schweren Luftangriffen auf Hamburg, fingen wir wieder an, uns gegenseitig im kleinen Kreis zu besuchen und politische Gespräche zu führen.

Ich erinnere mich, daß wir damals über die nach Langenhorn verschleppten „Fremdarbeiter" und Kriegsgefangenen gesprochen haben. In unserem Stadtteil gab es mindestens ein größeres Lager, das zum sogenannten

„Kettenwerk" gehörte. Es lag ebenso wie ein anderer „kriegswichtiger" Betrieb, die „Messap" an der Peripherie Langenhorns. Alle Einwohner haben davon gewußt, daß im Kettenwerk Frauen und Männer aus den besetzten Ländern Europas bei völlig unzureichender Ernährung schwer schuften mußten und von den deutschen Arbeitern hermetisch getrennt waren. Später erfuhr ich, daß dort sowohl das KZ Neuengamme als auch das Zuchthaus Fuhlsbüttel ein Außenkommando hatte. Erst jetzt stieß ich auf die Kameradin Karla Koss, die während des Krieges selbst Arbeiterin im Kettenwerk war und Zündköpfe herstellen mußte. Ihren Mann Arthur, aktiver Genosse der Langenhorner KPD und des RFB, hatten die Nazis gleich 1933 geholt und nach fast elfjähriger Haft im Zuchthaus und KZ mit dem Sonderbattalion „Dirlewanger" in den Tod geschickt. Karla erzählte mir, daß das Kettenwerk sechs Hallen hatte und sie selbst in Halle I und II beschäftigt war. Sie erinnert sich, daß in einer Halle männliche Zuchthausgefangene arbeiteten, in einer anderen Jüdinnen. Vor dem Tor dieser Halle stand eine Aufseherin mit Peitsche. Sie selbst hat die Gefangenen kaum zu Gesicht bekommen, denn bevor die dort beschäftigten Hamburger morgens eintrafen, waren die ausländischen Zwangsarbeiter und Kriegsgefangenen, hauptsächlich Sowjetbürger, längst zu ihren Arbeitsplätzen gebracht worden. Nach zwölfstündiger Arbeitszeit wurden sie über die Straße in ihre vollkommen verwanzten Baracken geführt. Karla und andere Arbeiterinnen ließen ihr Mittagessen oft in der Werkskantine stehen, damit es sich die Gefangenen später nehmen konnten. Einmal wurde sie, eine sozialdemokratische Genossin und etwa sechs andere Kolleginnen zum Betriebsinhaber Haak ins Büro bestellt, der sie aufforderte, sich als Bewacherinnen für die ausländischen Häftlinge zu melden. Karla und ihre Kolleginnen haben dieses Ansinnen zurückgewiesen.

Irgendwann Anfang 1944 suchte mich mein Nachbar Paul Dau auf. Paul war parteilos, Facharbeiter bei der „Messap" und wohnte mit seiner Familie im Haus der Lehrerin Martha Pape. Ich fühlte gleich, daß Paul etwas auf dem Herzen hatte, und schließlich vertraute er mir die Geschichte eines jungen Kollegen an, der mit ihm zusammen auf der „Messap" arbeitete. Paul nannte keinen Namen und erzählte mir folgendes: Der Vater seines Kollegen sei aus politischen Gründen in Haft gewesen und hätte, nachdem im Juli 1943 auch das Untersuchungsgefängnis von Bomben getroffen worden war, für zwei Monate „Hafturlaub" erhalten. Der Vater und andere beurlaubte Gefangene hätten beschlossen, nicht wieder ins UG zurückzukehren, sie wollten sich bis Kriegsende verborgen halten. Paul fragte mich, ob ich mal zu ihm käme, um selbst mit seinem Kollegen zu sprechen.

Obwohl ich meinen Nachbarn gut kannte, war ich zuerst ein wenig mißtrauisch, weil mir die Geschichte zu unglaublich vorkam. Die Gestapo sollte aktive Hitlergegner aus der Haft beurlaubt haben? Andererseits – Paul und eine Provokation – das paßte nicht zusammen. So ging ich nach einigen Tagen zu der Familie Dau und sah mir den jungen Mann an. Er stellte sich mir als Günther Heyckendorf vor und antwortete auf meine Frage, daß sein Vater und andere Gefangene nicht von der Gestapo, sondern von Beamten des Untersuchungsgefängnisses beurlaubt worden seien. Sein Vater Max Heyckendorf und seine 1942 mit ihm verhafteten Kameraden seien von der Gestapo schwer mißhandelt worden, bis sie im Frühjahr 1943 ins UG überführt wurden, weil ihnen ein Prozeß gemacht werden sollte. In den Tagen der britischen Großangriffe auf Hamburg seien er und andere Angehörige zum UG gegangen und hätten die Entlassung ihrer Familienmitglieder verlangt. Nachdem sein Vater am 3. August den „Bombenurlaub" erhalten habe, sei er sofort untergetaucht, lebe in einem illegalen Quartier und sei zuerst von ihm und seiner Mutter und später von Freunden mit Kleidung und Lebensmittel versorgt worden. In der Wohnung seiner Eltern habe sich ein Gestapomann einquartiert, der seinem Vater auflauere und ihn und seine Mutter kontrolliere. Seit einigen Tagen habe er das Gefühl, auch außerhalb der Wohnung unter Beobachtung zu stehen und habe sich aus diesem Grunde seinem Freund und Kollegen Paul Dau anvertraut. Und der hätte versprochen, ihm zu helfen.

Es war klar, auch Günther mußte sich sofort verstecken, denn wenn der Gestapo bekannt würde, daß er seinem Vater – einem „flüchtigen Verbrecher" – geholfen hatte, wäre er selbst an der Reihe. Paul, Günther und ich besprachen nun alles genau. Günther wurde in Poppenbüttel, in einer Laube unserer Nachbarn Paul Dau und seiner Frau untergebracht, und wir mußten helfen, ihn zu ernähren. Und das haben wir dann auch getan. Ohne den Namen des Illegalen zu kennen, gaben unsere Frauen von dem Wenigen, das sie hatten, in selbstverständlicher Solidarität etwas für Günther ab.

Daß ich durch meine Begegnung mit dem Sohn Max Heyckendorfs ganz am Rande des Geschehens mit der Hamburger Widerstandsorganisation Bästlein-Jacob-Abshagen in Berührung gekommen war, ahnte ich damals noch nicht. Erst nach der Kapitulation erfuhr ich, daß Bernhard Bästlein, Franz Jacob, Robert Abshagen, Gustav Bruhn und andere kommunistische Funktionäre, die bei Kriegsbeginn aus dem KZ Sachsenhausen entlassen worden waren, zusammen mit vielen Hamburger Genossen die Partei wieder aufgebaut hatten. Die Organisation hatte in den über 30 Hamburger Betrieben und Werften illegale Betriebszellen, und in einer von ihnen war auch Max Heyckendorf bis zur ersten großen Verhaftungswelle im Oktober 1942 tätig gewesen. 70 Widerstandskämpfer der Gruppe wurden ermordet, darunter Günthers Mutter, Helene Heyckendorf. Max und Günther Heyckendorf sowie einigen anderen untergetauchten Kameraden gelang es, bis zur Kapitulation durchzuhalten.

Was den im Sommer 1943 erteilten Hafturlaub für Untersuchungsgefangene angeht, so habe ich darüber ebenfalls erst nach 1945 Genaueres erfahren können, und zwar von Frau Sommer, der Leiterin des Frauen-UG. Frieda

Sommer, die uns politischen Häftlingen in der Nazizeit so viel Gutes getan hatte, habe ich nach dem Krieg ein paarmal besucht, und bei unseren Gesprächen kamen wir bald auch auf dieses Thema. Der „Bombenurlaub" war unter dem Eindruck der schweren Zerstörung Hamburgs im Juli 1943[5] von Generalstaatsanwalt Dr. Erich Drescher angeordnet worden; wahrscheinlich hat auch Drescher damals geglaubt, daß das Kriegsende nahe bevorstünde. Im Frauen-UG waren Frau Sommer und ein junger Staatsanwalt für die Auswahl der zu beurlaubenden Untersuchungsgefangenen verantwortlich. Sie sollten zusammen die Akten der Häftlinge durchsehen, um festzustellen, wer von ihnen weniger als fünf Jahre Zuchthaus zu erwarten habe. Frau Sommer und der junge Staatsanwalt haben sich bei der Durchsicht der Akten immer wieder gegenseitig gefragt: „Würde diese Gefangene fünf Jahre oder mehr erhalten?" Und meistens kam die Antwort: „Nein, natürlich nicht!" So hatten fast alle Untersuchungshäftlinge für zwei Monate Hafturlaub erhalten.[6] Aber damit war die Sache noch nicht zu Ende. Als die Hamburger Gestapo einige Wochen nach den Großangriffen das Heft wieder fest in der Hand hatte, veranlaßte sie sofort eine Großfahndung nach den freigelassenen Untersuchungsgefangenen und sorgte dafür, daß Generalstaatsanwalt Dr. Drescher ein Strafverfahren bekam. Frieda Sommer wurde als Vorsteherin des Frauen-UG abgesetzt und zur einfachen Aufseherin degradiert.

Feldpostbriefe

Nach viermonatiger Ausbildung auf dem Heuberg hatte Cuddl mir mitgeteilt, daß er und seine Kameraden jetzt zum Einsatz kämen. Die Männer wurden an die sowjetische Front gebracht und gingen an der Westseite der Dnjepr-Mündung bei Cherson in Stellung. Das Ostufer des Flusses war von der Roten Armee schon zurückerobert, mit Ausnahme eines kleinen Brückenkopfes gegenüber Cherson, der aber von den deutschen Truppen am 20. Dezember 1943 geräumt werden mußte. Wie Cuddl mir später erzählte, fiel zunächst kein Schuß. Die Sowjets hätten genau gewußt, was für eine Kompanie ihnen gegenüberlag. Durch Lautsprecher riefen sie den 999ern zu: „Schießt nicht, Kameraden! Dann werden wir euch in Ruhe lassen!" Bis eines Tages dann

---

5 Siehe Abb. 31 und 32

6 Untersuchungsgefangene, die wie Bernhard Bästlein und Robert Abshagen ein Todesurteil zu erwarten hatten, bekamen diesen Hafturlaub nicht. Ein halbes Jahr später, Anfang 1944 gelang Bernhard Bästlein die Flucht aus einem Berliner Gefängnis, und er konnte sich zu seinen Genossen Anton Saefkow und Franz Jacob durchschlagen; Franz Jacob war seit Ende 1942 in Berlin untergetaucht.

doch ein Verrückter geschossen hat, und dann wurden sie alle ohne Ausnahme und ohne Ende eingedeckt.

Weihnachten 1943 starb Cuddls Vater. Ich schickte meinem Mann sofort ein Telegramm und versuchte in einem Elbrief an den Stab die Verdienste meines Schwiegervaters im Ersten Weltkrieg gehörig herauszustreichen, in der Hoffnung, Cuddl für einige Tage nach Hause zu bekommen. Aber es war vergeblich. Am 21. Februar 1944 schrieb Cuddl mir, daß sie immer noch unterhalb Chersons lägen und daß keine Aussicht auf Heimaturlaub bestünde: „In den letzten 5 Tagen habe ich zusammen keine 15 Stunden geschlafen. Du kannst Dir denken, wie wir aussehen. Inzwischen habe ich aber allerhand Post von Dir bekommen, auch das Telegramm vom 25. Dezember war dabei. Ohne Erfolg. Nicht mal die Kameraden mit Bombenschaden C kommen weg. Die Kompanie bekommt monatlich nur eine Urlauberplatzkarte, und da fahren erst mal alle Stammleute (Unteroffiziere, Gefreite usw.) in Urlaub. Wenn da keine Änderung eintritt, dauert es 15 Jahre, bis alle Leute der Kompanie Urlaub gehabt haben. Übrigens ist dies der erste Brief[7], den ich dicht geklebt abgeben darf..."

Nach diesem Brief hörte ich eine lange Zeit nichts mehr von Cuddl. Ich rechnete schon mit dem Schlimmsten, als ich endlich eine total zerknitterte Karte von ihm erhielt, auf der er nur kurz mitteilte, daß seine Einheit nach Deutschland zurückkäme und er mir so bald wie möglich Näheres mitteilen würde. Dieses „Nähere" hat Cuddl mir bald danach erzählt. Sein Bataillon hätte noch in den Stellungen bei Cherson gelegen, als eines Tages plötzlich alle politischen 999er von diesem Frontabschnitt abgezogen und entwaffnet wurden. Der Grund: Ein Boot mit fünf 999ern war unter Mitnahme des Feldwebels zur sowjetischen Seite übergewechselt. Cuddl und andere Politische wurden in ein Gefangenenlager bei Nikolajew gebracht, in dem auf der einen Seite kriegsgefangene Sowjetsoldaten, auf der anderen die 999er, nur durch einen Stacheldraht getrennt, saßen. Kurz bevor die deutschen Truppen Ende März 1944 Nikolajew räumen mußten, wurden Cuddl und seine Kameraden zu einem Zug gebracht, in geschlossene und streng bewachte Waggons eingepfercht und in die Heimat zurücktransportiert. Stunden um Stunden waren sie in den Viehwaggons eingesperrt, bis endlich einmal die Türen geöffnet wurden und die Männer ihre Notdurft verrichten konnten. Unterwegs gelang es Cuddl, die erwähnte Karte herauszuschmuggeln, die irgendein Menschenfreund an mich weitergeleitet hat.

Tage später kamen die Männer in Baumholder an, das bei Heimbach an der Nahe bei Trier liegt. Der Truppenübungsplatz Baumholder war Standort des Infanteriebataillons 500, das aus Wehrmachtsbestraften und Soldaten des Bewährungsbataillons 999 bestand.

---

7 Siehe Abb. 33

Aus Baumholder bekam ich mehrere Briefe von Cuddl, von denen noch zwei erhalten geblieben sind. Eine Woche nach der Landung der Alliierten in der Normandie teilte Cuddl mir am 14. Juni 1944 mit, daß er nun die längste Zeit in Baumholder gewesen sei, weil die Kompanie wieder zum Feldeinsatz abgestellt worden wäre. Auch diesmal bekämen er und seine Kameraden keinen Einsatzurlaub, sondern nur die Unteroffiziere und Gefreiten der regulären Truppen dürften für vier Tage nach Hause fahren. Das Schreiben endete mit den Worten: „Hoffentlich ist dieses Morden bald vorbei, so daß ich für immer bei Euch bleiben kann. Es sieht ja augenblicklich so aus, als ob es jetzt etwas schneller dem Ende entgegengeht..."

In einem anderen Brief aus Baumholder vom 25. Juni 1944 ging Cuddl noch einmal auf eine Verabredung zwischen uns ein, aus der ich in seinen künftigen Feldpostbriefen ersehen sollte, an welcher Front er eingesetzt werden würde: „Nun weiß ich gar nicht mehr genau, was ich gestern geschrieben habe, darum müssen wir es nochmal verabreden. Also: ‚liebe Mama' – Osten, ‚liebste Mama' – Balkan, ‚liebe Muzi' – Italien, und ‚liebste Muzi' – Westen. An welche Front man uns wohl zum Einsatz bringt? Dicke Luft ist ja augenblicklich und auch in nächster Zeit überall, und wenn wir doch direkt an die Front sollen, dann wäre mir Rußland am liebsten..."

Kurz darauf schrieb Cuddl mir, daß er mich am nächsten Wochenende erwarte, daß er uns eine Unterkunft in einem Bauernhaus weitab von Baumholder besorgt habe und er spätestens am Sonntagmittag wieder in der Kaserne sein müsse. Schnell bereitete ich meine Reise vor. Meine Schwägerin Emmy Pochert, die in der Zwischenzeit auch aus Bayern zurückgekommen war und sich in zwei Kellerräumen unseres Siedlungshauses eingerichtet hatte, wollte sich um die Kinder kümmern. Ich besorgte allerlei Gutes für Cuddl und fuhr zusammen mit Hanne Knust, deren Mann ebenfalls bei den 999ern war, nach Baumholder. Cuddl und Helmut Knust holten uns vom Bahnhof ab. Bei der Kaserne gab es eine freudige Begrüßung mit weiteren Langenhorner Genossen, darunter Rudolf Swolinski und Fritz Simon.[8] Dann gingen Cuddl und ich zu unserem Bauernhaus. Ich sah, wie mager Cuddl geworden war und welchen Heißhunger er auf einen guten Smoke hatte. Meine Stimmung war sehr gedrückt. Was kam auf Cuddl zu, wohin ging sein Weg? War es unser letztes Beisammensein? Die wenigen Stunden, die wir füreinander hatten, waren bei aller Liebe getränkt mit Bitterkeit in dem Bewußtsein, daß Cuddl die Uniform mit dem Hoheitszeichen des faschistischen Regimes tragen mußte, eines Regimes, das wir abgrundtief haßten. Beim Abschied sagte er mir: „Hitler pfeift auf dem letzten Loch. Wenn ich kann, laufe ich über oder schlage mich zu den Partisanen durch." Damit war ich einverstanden.

Bald nach meinem Besuch in Baumholder mußte Cuddl wieder an die Front.

---

8 Siehe Abb. 34

Diesmal wurden die 999er in Volos am Ägäischen Meer eingesetzt.[9] Als Griechenland im September 1944 von den Deutschen geräumt werden mußte, wurde seine Einheit nach Jugoslawien verlegt. Von dort bekam ich nur noch sehr unregelmäßig Post. Weihnachten traf endlich wieder ein Feldpostbrief ein. Cuddl schrieb: „Endlich habe ich wieder Gelegenheit, ein paar Zeilen an Euch zu schreiben. Hoffentlich hast Du meine bisherigen Grüße alle empfangen. Ich glaube zwar nicht daran, denn die meiste Post geht unterwegs verloren oder kommt gar nicht erst zur Beförderung. Von Dir hab' ich nun schon eine Ewigkeit keinen Brief mehr erhalten. Doch hoffe ich, daß in Sarajewo, wo wir in den nächsten Tagen eintreffen sollen, allerlei Post auf uns wartet. Seit Wochen treiben wir uns jetzt in der Wildnis herum, immer abseits der Hauptrückzugsstraße zur Sicherung derselben. Wir hoffen aber, daß es von Sarajewo endlich ohne Umweg zurück ins Reich geht. Ob und wo wir dann wieder zum Einsatz kommen? Gesundheitlich bin ich noch einigermaßen auf dem Posten, wenn Husten und Schnupfen infolge der dauernden Kälte und Nässe und der schlechten Stiefel auch ständige Begleiter sind. Mit meinen Gedanken bin ich ständig bei Euch. Ich habe so ein starkes inneres Gefühl, das mir sagt, daß ich Euch bald alle miteinander wiedersehe..."

Es kam noch ein Brief aus Jugoslawien, der am 22. Februar 1945 geschrieben war. Dann hörte ich nichts mehr von Cuddl. Wir alle warteten immer sehnsüchtiger auf den Frieden, auf den Tag der Kapitulation Hitler-Deutschlands, von dem wir heiß und innig hofften, daß er uns auch unseren Vater zurückbringen würde.

Vorladung zur Gestapo

Anfang 1944 hatte Ursel ihre Aufnahmeprüfung für die Oberschule abgelegt, danach fuhr sie für einige Wochen zu meiner Freunding Käthe Ortlepp nach Thüringen. Ich schrieb Cuddl einen Brief über die neuesten Familienereignisse und daß seine Tochter glücklich über die bestandene Prüfung sei. Mein dreijähriger Peter „schrieb" seinem Vater auch ein paar „Briefe". Cuddl, der damals noch an der Ostfront war, antwortete darauf: „Daß Ulla stolz ist, glaube ich, ist doch ein kleines Prachtmädel. Peterles Briefe haben hier viel Heiterkeit ausgelöst, bei mir nicht nur Heiterkeit, auch Heimweh. –"

Seit Ostern 1944 besuchte Ursel die Oberschule und mußte jeden Tag den weiten Weg zum Erdkampsweg im Nachbarstadtteil Fuhlsbüttel zurücklegen. Wenn es Fliegeralarm gab, kam sie oft erst am späten Nachmittag nach Hause. Ich mußte – wie damals alle Frauen – den größten Teil meiner Zeit dafür

9 Siehe Abb. 35

aufwenden, um etwas in den Kochtopf zu bekommen. Seit Sommer 1944 begannen die faschistische Wirtschaft und der Verteilungsapparat zusammenzubrechen, Kleidung gab es nur noch für Bombengeschädigte, die Lebensmittelrationen wurden immer geringer. Schon früh am Morgen bildeten sich vor den Geschäften lange Schlangen. Stunden um Stunden stand ich mit meinen Jungen vor dem Gemüse- und Fleischerladen an und hoffte, daß es keinen Fliegeralarm gab und daß die Ware nicht ausging, bevor wir an der Reihe waren.

Oft fuhr ich mit den Kindern auch nach Poppenbüttel zum Pferdeschlachter, weil es Pferdefleisch „vierfach" auf Marken gab. So konnten wir unseren mageren Küchenzettel mit Pferderouladen oder anderen Pferdefleischgerichten bereichern. Auf dem Weg nach Poppenbüttel sahen wir manchmal ausländische Zwangsarbeiterinnen unter Bewachung schwere Wegearbeit verrichten. Wenn ich es ohne Gefahr für sie und uns tun konnte, gab ich ihnen ein Zeichen und legte einige Brotmarken unter den Stein.

Ich glaubte mich von der Gestapo schon vergessen, als es eines Morgens klingelte und der Postbote eine Vorladung zur Gestapo ins Haus brachte. Als ich den Bescheid entgegennahm, sah ich, daß er nicht an mich, sondern an „Frau Marie Suhling", meine Schwiegermutter, gerichtet war. Ich muß darüber wohl einen Ausdruck der Verwunderung von mir gegeben haben, denn der Postbote sagte nun, daß im vergangenen Jahr (während ich evakuiert war) schon einmal so ein Schreiben, und zwar adressiert an „Lucie Suhling" gekommen sei, das er aber mit dem Vermerk „unbekannt verzogen" zurückgeschickt habe. Ich bedankte mich für seine Auskunft und dachte bei mir: „Mein Lieber, du bist doch bestimmt kein Nazi!"

Fieberhaft überlegte ich: Was kann die Gestapo von uns wollen? Ich war davon überzeugt, daß irgendeine Verwechslung vorliegen mußte und die Vorladung eigentlich mir galt. Aber, so beruhigte ich mich, wenn die Gestapo einen sehr wichtigen Grund gehab hätte, wäre sie gleich selbst gekommen und hätte nicht erst lange um Erscheinen gebeten. Das sagte ich auch zu meiner Schwiegermutter, als ich ihr die Vorladung übergab. Sie sollte an einem der nächsten Tage zu einer Dienststelle am Holstenglacis kommen; das Stadthaus, der frühere Sitz der Hamburger Gestapo, war bei den Bombenangriffen im Juli 1943 zerstört worden.

Meine Schwiegermutter kam von ihrem Gang in die Stadt schon bald zurück und erzählte mir gleich, was sie erlebt hatte. Zuerst sei man ihr sehr ruppig begegnet, als sie sich aber zum richtigen Zimmer durchgefragt hatte, wären die Beamten sehr freundlich gewesen und hätten ihr sogar eine Tasse Bohnenkaffee angeboten. Die Gestapobeamten hätten sie gefragt, ob ihre Schwiegertochter Lucie Suhling in letzter Zeit viel verreist und z. B. auch in Berlin gewesen wäre. „Und stell' dir vor", sagte meine Schwiegermutter, „die haben mich sogar nach Olly und Robert gefragt, und ob du in letzter Zeit vielleicht in Liebenwalde gewesen bist. Ich habe den Beamten gesagt, daß du mit den Kindern in Bayern evakuiert warst." Zum Schluß kam das Wichtigste: ich sollte mich am nächsten Tag selbst bei der Gestapo einfinden.

Auf den Bericht meiner Schwiegermutter konnte ich mir überhaupt keinen Vers machen. Ich war nicht in Berlin gewesen und hatte die Neddermeyers lange vor den Großangriffen auf Hamburg zuletzt gesehen. Trotzdem wurde ich immer unruhiger. ‚Was wird aus den Kindern, wenn die Gestapo mich dabehalten sollte?' Ich ging zu meiner sozialdemokratischen Kameradin Grete Rump und beriet mich mit ihr; Gretel war wie wir im KZ Fuhlsbüttel gewesen und hatte danach eine Gefängnisstrafe absitzen müssen. Sie erklärte sich sofort bereit, die Kinder zu sich zu nehmen und zu versorgen, bis ich wieder zu Hause wäre.

Abends las ich Peter und Günterle eine Geschichte vor und bemühte mich, mir nichts anmerken zu lassen. Nur Ursel, die über ihr Alter hinaus verständig war, wußte, daß ich zur „Polizei" mußte und eventuell nicht wiederkäme. Sie war sehr zuverlässig und sich ihrer Verantwortung auch bewußt. Ich verbrachte eine schlaflose Nacht, und als es dann morgens in aller Frühe klingelte, war mein erster Gedanke: Da sind sie schon. Aber es war nicht die Gestapo, sondern unser Lebensmittelhändler Richard Pape, der mir sagen wollte, daß er und seine Frau von meinen Sorgen gehört hätten und sie gern bereit wären, Ursel zu sich zu nehmen. Mit den Jungen ginge es leider nicht, weil er und seine Frau durch das Geschäft zu sehr in Anspruch genommen wären. Ich dankte ihm sehr für seine Hilfsbereitschaft und sagte, daß sich schon eine Freundin gefunden hätte, die für alle drei Kinder sorgen wolle.

Schweren Herzens machte ich mich auf den Weg zum Holstenglacis. Als ich dann den Gestapobeamten gegenübersaß, sagte einer von ihnen, daß eine Anzeige gegen mich eingegangen sei, in der von dubiosen Reisen nach Berlin die Rede wäre. Er wollte von mir wissen, ob ich zu kommunistischen Kreisen in Berlin Verbindung hätte und dort etwa Anton Saefkow, Franz Jacob oder andere Kommunisten aufgesucht hätte. Ich verneinte das entschieden und erklärte, daß ich zu Anfang des Krieges mit den Kindern über Berlin zu unseren Verwandten nach Liebenwalde gefahren sei. „Sie haben also Robert Neddermeyer aufgesucht? Darüber berichten Sie bitte etwas genauer." Ich wollte gerade antworten, als die Sirenen aufheulten und einen Fliegerangriff ankündigten.

Mit den Gestapoleuten mußte ich zum Hochbunker auf dem Heiligengeistfeld rennen. Auch dort besaß die Gestapo Räume, und die Fragerei ging weiter. Wann ich das letzte Mal in Berlin gewesen sei, wann in Liebenwalde, was ich von Robert Neddermeyer wüßte, und wann und was ich das letzte Mal mit ihm gesprochen hätte. Ich wiederholte, daß ich nach den Großangriffen auf Hamburg weder in Berlin noch in Liebenwalde gewesen sei und von meinem Schwager schon lange nichts mehr gehört habe, wobei ich der Gestapo gegenüber zum ersten Mal die Wahrheit sagte. Die Gestapomänner ließen nicht locker. Durch Kreuz- und Querfragen versuchten sie mich weichzumachen und schließlich drohten sie sogar, meine Kinder vorzuführen und zu befragen. Aber schließlich – es war schon spät am Abend – kamen sie wohl selbst zu der Einsicht, daß bei mir nichts zu holen war, und so wurde ich nach Unterzeichnung eines Protokolls endlich wieder entlassen. Auf dem langen Heimweg nach Langenhorn ging mir die Frage nicht aus dem Sinn: Warum haben sie nur immer wieder nach Robert gefragt? Ob er verhaftet ist? Denn daß Robert gegen die Nazis weiterarbeiten würde, stand für mich außer Frage.

Erst nach dem Krieg erfuhr ich den Hintergrund zu diesem Gestapoverhör. In den Jahren 1943/1944 hatten Anton Saefkow, Franz Jacob, Bernhard Bästlein und andere Kommunisten in Berlin und Brandenburg eine große Widerstandsorganisation aufgebaut und Kontakt zu vielen illegalen Parteigruppen im Reich aufgenommen. Es gab auch eine Verbindung nach Hamburg, die durch einen weiblichen Kurier aufrechterhalten wurde. Es war Charlotte Groß, die mehrmals nach Berlin zu Jacob und Saefkow fuhr und Flugblätter nach Hamburg brachte. Im Sommer 1944 setzten die Verhaftungen ein, zu den Festgenommenen gehörte mein Schwager Robert Neddermeyer. Er hatte in Liebenwalde und Umgebung den antifaschistischen Kampf geleitet. Auch meine frühere Freundin Elsa Marquardsen hatte in Roberts illegaler Gruppe mitgearbeitet, sie war nicht verhaftet worden. Anton Saefkow, Franz Jacob, Bernhard Bästlein und viele Widerstandskämpfer der Organisation wurden zum Tode verurteilt und hingerichtet. Robert Neddermeyer und andere Genossen wurden 1945 von der Roten Armee aus dem Zuchthaus Brandenburg befreit.

Hoffnungen des 8. Mai

Im März 1945 kämpften die sowjetischen Truppen in Ostpreußen, befreiten Danzig und marschierten in Österreich ein, an der Westfront überschritten die Angloamerikaner den Rhein. Die britische Armee kämpfte sich nach Norddeutschland vor und näherte sich unserer Stadt. Bald hörten wir Kanonendonner, die Einschläge der englischen Artillerie und kamen fast gar nicht mehr aus dem Luftschutzkeller heraus. Wir lebten zwischen Hoffnung und Angst, alle befürchteten, daß nun auch Hamburg zum Kriegsschauplatz werden würde. In verschiedenen Stadtteilen wurden die Straßen aufgerissen und Panzersperren gebaut, der „Volkssturm", das letzte Aufgebot Hitlers, wurde mit Panzerfäusten ausgerüstet, und in der Zeitung lasen wir, daß die „Festung Hamburg" aufs beste auf den Angriff des Feindes vorbereitet sei. In Langenhorn fürchteten wir uns besonders davor, daß die Offiziere in der SS-Kaserne sich in letzter Minute zu einer Wahnsinnstat hinreißen lassen würden. Es gab nur wenig Aussicht, daß NS-Gauleiter Karl Kaufmann einer kampflosen Übergabe unserer Stadt zustimmen würde, und unsere Angst verstärkte sich, als wir am Morgen des 2. Mai im Radio seinen ekelerregenden Hymnus auf die Unsterblichkeit des Nationalsozialismus und auf „unseren Führer" hörten, der kämpfend in der Reichshauptstadt gefallen sei.

Aber es kam anders. Durch die Tatsachen der militärischen Situation wurde der Stadtkommandant von Hamburg, General Alwin Wolz, zu einem realistischen Verhalten gedrängt. Nach einer tränenreichen Abschiedsrede von Senatssprecher SS-Gruppenführer Georg Ahrens, die wir am Rundfunk verfolgten, wurde Hamburg am 3. Mai 1945 zur „offenen Stadt" erklärt und den Engländern kampflos übergeben.

Wir atmeten auf, das Schwerste war überstanden, aber es tauchten immer noch SS-Leute und andere Nazis auf, die dazu aufriefen, jeden durch unsere Straßen fahrenden britischen Panzer mit der Panzerfaust unschädlich zu machen und die Elbbrücken zu sprengen. Die Engländer kündigten sofort Gegenmaßnahmen an: Jede Straße werde dem Erdboden gleichgemacht, in der auch nur einem einzigen britischen Soldaten ein Haar gekrümmt würde. Nach meiner Erinnerung waren einige Langenhorner Frauen über diese fanatisierten Nazis so aufgebracht, daß sie einen solchen „Vaterlandsverteidiger" selbst gehörig zur Rechenschaft zogen. Jetzt, wo der Krieg für alle sichtbar zu Ende ging, wollte keiner mehr sterben. Die Alliierten hatten uns befreit, befreit von der dauernden Angst vor den Fliegerangriffen, von der Gestapo und ihren Zuträgern, die es auch bei uns in Langenhorn gab, und außer einigen Unbelehrbaren wollte keiner in den alten Zustand zurück.

Die Engländer übernahmen die Regierungsgewalt über Hamburg, und ich erinnere mich noch besonders genau an das Ausgehverbot, das sie sogleich verhängten: Kein Hamburger dürfe in den ersten achtundvierzig Stunden die Straße betreten, jeder, der dem Befehl zuwiderhandelte, würde ohne Anruf erschossen. Diese Anordnung war für Familien, die – wie wir – Kinder hatten, besonders schwer einzuhalten. Ich weiß nicht mehr aus welchem Grunde, aber unsere Wasserleitung lief damals nur tropfenweise, vor allem aber hatte ich keine Milch im Hause. Ich faßte mir ein Herz, schlich durch den Garten in die sogenannten Langenhorner Wirtschaftswege bis zur Tangstedter Landstraße heran. Auf der anderen Seite hatte unser Milchmann sein Geschäft, und da wollte ich hin. Einen Blick hin und her, kein englischer Soldat war zu sehen. Ich huschte über die Straße und verschwand im Milchladen. Ich war nicht die einzige, mehrere Frauen waren schon da. Glücklich brachte ich meinen Kindern einen Liter Magermilch nach Hause.

Aber der Krieg war noch nicht zu Ende. In Berlin wurde immer noch gekämpft. Wütend verteidigten SS-Männer jede Straße, trieben die Soldaten immer wieder in den aussichtslosen Kampf. Viele Soldaten, die diesen Wahnsinn nicht mehr mitmachen wollten, wurden ohne Gnade am nächsten Laternenpfahl aufgehängt.

Am 8. Mai 1945 war das Nazi-Regime endlich besiegt und der Krieg zu Ende. In Berlin-Karlshorst mußten die faschistischen Heerführer die Urkunde über die bedingungslose Kapitulation Deutschlands unterzeichnen.

Völlig erschöpft und noch das Grauen des Erlebten in den Augen kamen die ersten Kameraden aus dem KZ Neuengamme und aus den umliegenden Zuchthäusern und Gefängnissen zurück. Dann erhielten wir die empörende Nachricht, daß die im Hamburger Untersuchungsgefängnis einsitzenden politischen Gefangenen von den Engländern nicht freigelassen worden waren.

Ich sprach mit einigen Langenhorner Freunden; wir setzten uns sofort auf unsere Fahrräder und fuhren in die Stadt zum UG, wurden jedoch von Beamten auf den nächsten Tag vertröstet. Wir versuchten, den britischen Stadtkommandanten zu sprechen, wurden aber nicht vorgelassen. In der Stadt trafen wir uns mit anderen Genossen und hörten von ihnen, daß am 25. Mai unsere überlebenden Hamburger Kameraden aus dem KZ Buchenwald zurückkämen; ihre Busse sollten um 12 Uhr auf dem Karl-Muck-Platz eintreffen. Diese Nachricht verbreitete sich wie ein Lauffeuer unter den Hamburger Antifaschisten.

Am 25. Mai machten wir uns in aller Frühe auf den Weg in die Innenstadt. In kurzer Zeit hatten sich Hunderte von Angehörigen und Freunden auf dem Karl-Muck-Platz eingefunden und warteten auf das Eintreffen der Busse. Natürlich sprachen wir auch über die noch immer im UG gefangengehaltenen Kameraden. Einer von uns rief: „Alle rüber zum UG!“ Wie von selbst bildete sich ein Demonstrationszug, der zum Holstenglacis vor das Tor des UG zog. Immer wieder riefen wir im Sprechchor: „Heraus mit den politischen Gefangenen! Die Nazis müssen rein!“ Plötzlich sausten englische Jeeps mit bewaffneten Tommys durch die Straße, die ohne Rücksicht in die Menschenansammlung hineinfuhren. Entsetzt stoben wir auseinander. Ich rannte mit einer Gruppe zum Ziviljustizgebäude; vor dem Eingang unter der großen Überdachung glaubten wir sicher zu sein. Aber auch hierher folgten uns die Jeeps. Nun verteilten wir uns in den ehemaligen Parkanlagen zwischen den Gerichtsgebäuden am Sievekingsplatz, vor dem UG, um den Karl-Muck-Platz und riefen immer wieder: „Heraus mit den politischen Gefangenen!“ Schließlich zogen die Jeeps ab.

Inzwischen war es Mittag geworden. Eine strahlende Sonne stand am Himmel. Ich hörte einen Freund rufen: „Die Buchenwalder kommen!“ Und da trafen auch schon die Busse ein. Der erste, der ausstieg, war Fatti Hoffmann, den wir alle kannten und liebten, ihm folgten andere Kameraden, darunter Herbert Marquardsen und Herbert Mindus. Und da stieg – ich wollte meinen Augen nicht trauen – Jule Jürgensen aus dem Bus, Jule, von dem ich gehört hatte, er sei als Interbrigadist in Spanien gefallen. „Jule!“ rief ich, und wir lagen uns in den Armen, Jule, den ich liebte wie einen Bruder.

Nach diesem Empfang zogen wir alle nach Eimsbüttel in die Schule

Lutterothstraße. Ein Klassenzimmer war als Schlafraum eingerichtet worden, damit die Kameraden, die kein Zuhause mehr hatten, erstmal eine Unterkunft fanden. Die Wohnungsnot war so groß, daß nur wenige Kameraden einen Buchenwalder mit nach Hause nehmen konnten. Wir blieben noch lange zusammen und erzählten. Dann wählten wir eine Delegation aus dem Kreis der Anwesenden, die am nächsten Tag beim britischen Stadtkommandanten vorstellig werden sollte, um die Freilassung unserer Kameraden aus dem UG zu erwirken.

Diese Delegation hatte endlich Erfolg. Am 26. Mai konnten wir unsere Kameradinnen am Tor des UG abholen. Ich erinnere mich noch an Gertrud Dreher, Gertrud Meyer und an Änne Bohne. Über Ännes Befreiung waren wir alle besonders glücklich, sie hatte ein Todesurteil zu erwarten gehabt; ihr Mann, der Widerstandskämpfer Walter Bohne war Anfang 1944 bei einem Feuergefecht mit Gestapobeamten am Klosterstern erschossen worden.

Bald wurde eine Villa in der Maria-Louisen-Straße/Ecke Barmbeker Straße ein Treffpunkt der Hamburger Verfolgten des Naziregimes. Dort hatte das neugegründete „Komitee ehemaliger politischer Gefangener" seinen Sitz erhalten, und meine Kameraden und ich bekamen dort unseren ersten Nachkriegsausweis.[10] Es war jedesmal eine große Freude, wenn wir hörten, daß wieder ein Freund aus dem KZ, aus dem Zuchthaus, aus der Emigration nach Hause gekommen war. Die meisten von ihnen brachten aber auch Trauerbotschaften mit über Kameraden, die die Nazidiktatur nicht überlebt hatten. Im Sommer 1945 trafen Karl Meitmann, SPD-Vorsitzender von Hamburg, dem die Nazis Aufenthaltsverbot für seine Heimatstadt erteilt hatten, und Fiete Dettmann, der eine zehnjährige Haft im Zuchthaus Waldheim hinter sich hatte und bald Vorsitzender der KPD wurde, in der Maria-Louisen-Straße ein.

Wir empfanden es besonders stark: Die erdrückende Last jener Jahre, in denen Millionen Menschen ums Leben gekommen waren, war von uns genommen; die Armeen der Antihitlerkoalition, unterstützt von der Widerstandsbewegung in ganz Europa, hatten auch unser Volk von Faschismus und Krieg befreit. Das spürte fast jede Familie. Die Väter und Söhne, die der Krieg nicht verschlungen hatte, kehrten nun heim oder gaben Nachricht aus der Kriegsgefangenschaft. Auch die Kinder und ich hofften jeden neuen Tag, daß wir etwas von Cuddl hören würden.

Die materiellen und geistigen Trümmer, die Faschismus und Krieg hinterlassen hatten, waren groß. Ich glaube, daß junge Menschen sich heute überhaupt nicht mehr vorstellen können, wie es damals überall in Deutschland aussah. Bei uns in Langenhorn fanden die Antifaschisten sich schnell zusammen, um zu beraten, mit welchen Maßnahmen wir der Not zu Leibe rücken wollten, und ich will einiges von dem berichten, was wir Frauen getan haben.

---

10 Siehe Abb. 36

Gemeinsam mit unseren sozialdemokratischen Genossinnen richteten wir Nähstuben ein, um für Kinder und Ausgebombte aus alten Sachen etwas Neues zu machen. Mancher karierte Bettbezug wurde zu einem Sonntagskleid, manches Laken zu einer flotten weißen Jacke, aus Wehrmachtsuniformen nähten wir Mäntel und Hosen; wir verbesserten auch unsere eigene Garderobe. In der Ortsdienststelle gaben wir die Lebensmittelkarten aus. In den Waschküchen einiger Freunde richteten wir Gemeinschaftsküchen ein; die Waschkessel wurden gescheuert, um darin Essen für besonders Bedürftige zu kochen. Kartoffeln, Gemüse und manchmal auch ein Stück Speck tauschten wir bei den Bauern in Kaltenkirchen ein, zum Teil bei jenen, die uns nach der Bombardierung Hamburgs vor zwei Jahren aufgenommen hatten. Später unterstützten wir die Tätigkeit des Schwedischen Roten Kreuzes, das sich besonders der unterernährten Kinder annahm und täglich eine warme Mahlzeit an sie austeilte. Große Mengen Lebertran wurden gestiftet. Für meinen Geschmack unbegreiflich war die Tatsache, daß meine beiden Jungen ihn leidenschaftlich gern einnahmen und nie genug davon bekommen konnten; ich mußte immer neue Verstecke suchen, damit sie den Lebertran nicht auf einmal austranken.

Die allgemeine Wohnungsnot gehörte zu den schlimmsten Problemen. In Langenhorn, das nicht so schwer wie die anderen Hamburger Stadtteile zerstört war, gab es in fast jeder Familie Untermieter; viele Ausgebombte wohnten in Schreberlauben oder in Behelfsheimen. Das Ortsamt beschlagnahmte die Wohnungen in der SS-Siedlung am Götkensweg, um Unterkünfte für ehemals verfolgte Familien zu schaffen.

Auch aus der großen Kaserne am Heidberg waren die SS-Banditen längst verschwunden; als Hamburg zur „offenen Stadt" erklärt wurde, waren sie auf schleswig-holsteinisches Gebiet geflohen. Diese Kaserne wurde nun von unserem Genossen Fiete Dettmann, der im Herbst 1945 von der britischen Militärregierung zum Hamburger Gesundheitssenator ernannt worden war, humanen Zwecken zugeführt. Die Krankenhäuser in der Stadt waren überfüllt. Da bot sich diese Kaserne, die in Langenhorn mitten im Grünen lag, geradezu an, in ein Krankenhaus verwandelt zu werden. Aber erst einmal mußte dieser von den SS-Männern wie ein Augiasstall hinterlassene Bau von oben bis unten gereinigt werden. Mit der ihm eigenen Gründlichkeit begann Fiete Dettmann diesen Plan zu verwirklichen. Zur Säuberung der Gebäude organisierte er eine Frauenbrigade und übertrug mir die Einteilung der Arbeit. Betriebsarbeiterinnen – wenn ich nicht irre, kamen sie aus der Firma Bischof & Rodatz – und wir Langenhorner Frauen warteten in der Tangstedter Landstraße auf den Reinmachetrupp aus Hamburg. Nachdem er eingetroffen war, zogen wir – mit Eimern, Schrubbern, Wischlappen usw. bewaffnet – zur Kaserne am Heidberg. Wir hatten dort den ganzen Tag alle Hände voll zu tun. Wer nicht dabei war, kann sich kaum vorstellen, was für Berge von Unrat wir aus den Häusern trugen und draußen im Freien verbrannten. Noch heute erscheint mir unsere damalige

Aktion wie ein symbolischer Vorgang, geprägt von den Hoffnungen des 8. Mai.

Es traten noch andere Aufgaben an uns heran. Wo Not war, waren wir da und haben geholfen und versucht, unseren Teil zur Normalisierung des Lebens beizutragen. Manchen Abend saßen wir, Kommunisten und Sozialdemokraten, zusammen und diskutierten über Vergangenheit, Gegenwart und Zukunft. Wir waren ein sehr großer Kreis. Im einzelnen weiß ich noch, daß von unserer Seite Wilma und Willi Goes, die Brüder Knust, Willi Stahl, Helmuth Warnke und von den sozialdemokratischen Genossen Gretel Rump, Gerda Böse, Fiene Weigel, Gretel Stemmler, Bruno Lauenroth und der Lehrer Zehls dabei waren. Langsam wich die niederdrückende Atmosphäre einer hoffnungsvolleren, weil wir uns gemeinsam stark genug fühlten, die Hinterlassenschaft des Hitlerreiches zu bewältigen und eine neue antifaschistische Demokratie aufzubauen.

So wie in Langenhorn und in anderen Stadtteilen Hamburgs kamen auch auf Landesebene die Vertreter der KPD und SPD zusammen, wobei ich hinzufügen muß, daß die politischen Parteien von den Besatzungsmächten damals noch gar nicht offiziell zugelassen waren. Die führenden Funktionäre der beiden Arbeiterparteien in Hamburg, an ihrer Spitze Fiete Dettmann und Karl Meitmann, trafen sich und versuchten, den Weg zu einer vereinigten sozialistischen Partei zu finden, damit eine solche Katastrophe wie die gerade überwundene nie wieder über uns hereinbrechen konnte. Es ist bekannt, wie dann seit Ende 1945 in den westlichen Besatzungszonen durch die Wiederbelebung des Antikommunismus und die Politik Kurt Schumachers diese starken Einheitsbestrebungen nach und nach wieder zerstört wurden. Aber ich berichte hier vom Sommer des Jahres, als in dieser Frage in beiden Parteien noch eine ganz andere Haltung und Stimmung vorherrschte. Im Juli 1945 verabschiedeten die Vertreter der KPD und SPD Hamburgs ein gemeinsames Aktionsprogramm und veröffentlichten es „mit Genehmigung der Militärregierung". Im August folgte eine zweite gemeinsame Erklärung[11], die zum „Zusammenschluß beider Richtungen in einer einzigen Sozialistischen Partei" aufrief und die mit folgenden Worten schloß: „Die blutige Lehre der 12jährigen Hitlerdiktatur im Innern, des Hitlerkrieges nach außen und seiner großen sozialen Umwälzung heißt für alle schaffenden Männer und Frauen eindeutig: Einigkeit, Einheit und nie wieder Bruderkampf!" Das war mir aus der Seele gesprochen.

Im gleichen Geist fand im Juli 1945 die erste öffentliche Kundgebung in Hamburg nach Zerschlagung der faschistischen Diktatur statt. Unsere Genossin Magda Thürey, deren Mann Paul Thürey die Nazis 1944 hingerichtet hatten, war am 17. Juli an den Folgen ihrer Haft gestorben. Beide Parteiführungen riefen zur Teilnahme an ihrer Beisetzung auf dem Ohlsdorfer Friedhof auf. Tausende Kommunisten, Sozialdemokraten und parteilose Antifaschisten kamen, auch wir Langenhorner waren dabei. Da wir zur Trauerfeier in der

---

11 Siehe Abb. 37

überfüllten Kapelle keinen Platz mehr bekamen, warteten wir draußen und gingen dann mit den anderen zur Grabstätte. Alle, die damals dabei waren, werden nicht vergessen, wie Fiete Dettmann und Karl Meitmann sich über Magdas Grab die Hände reichten und ausriefen, was alle fühlten und dachten: „Nie wieder Krieg und Faschismus! Einigkeit, Einheit und nie wieder Bruderkampf!"

Cuddl und Günterle

Ich komme zum Schluß meines Berichtes. Die Kinder und ich[12] sprachen jeden Tag von Cuddl und warteten darauf, daß er nach Hause käme oder wenigstens ein Lebenszeichen von ihm einträfe. Ursel, die ihren Vater als Zehnjährige zuletzt gesehen hatte, erinnerte sich an vieles noch sehr genau, Peter an Einzelheiten, besonders an jene, die von den letzten Tagen vor Cuddls Abschied in seinem Gedächtnis bewahrt worden waren. Aber der Lütte, unser Günterle, konnte nichts mehr von ihm wissen. Ich zeigte ihm Fotos von Cuddl und erzählte von ihm, damit er sich eine Vorstellung machen konnte, und so lebte Günterle durch seine Phantasie mit seinem Vater auf vertrautem Fuße.

Ein Bild ist mir noch besonders deutlich vor Augen. Günterle steht an unserem Fenster mit Blick auf den Bahnhof Langenhorn-Nord und schaut und schaut. Ich fragte: „Günterle, wartest du auf jemand?" Er sah mich mit seinen großen braunen Augen an und antwortete: „Ja, Mutti, ich warte auf meinen Papa!" – „Aber du kennst ihn doch gar nicht!" – „Doch", sagte er, „mein Papa ist der schönste und geliebteste Papa von der ganzen Welt."

Ich habe in meinem Leben viel Schönes erlebt, viel Schweres durchgestanden, aber der Schlag, der mich am 24. Mai 1948 aus heiterem Himmel traf, der warf mich zu Boden.

Ich war zu Hause und wartete auf meinen Jüngsten, der seit ein paar Wochen in die erste Klasse der Fritz-Schumacher-Schule am Heerskamp ging. Es klingelte. Eine Freundin stand vor der Tür und sagte hastig: „Lucie, Günterle. Lauf schnell zum Krankenhaus Heidberg!" Ich fragte: „Was ist denn los?" Aber im gleichen Augenblick wußte ich, es ist etwas Schlimmes geschehen, und ich rannte, so schnell mich meine Beine tragen konnten.

Im Krankenhaus sah ich die Pfleger zum Operationssaal eilen. Ich wollte ihnen folgen, mußte aber warten. Ein Freund, Genosse Herbert Marquardsen, der dort Pfleger war, hielt kurz an und sagte: „Günterle wurde von einem Auto angefahren. Bleib' ruhig, Lucie, die Ärzte unternehmen alles, um sein Leben zu erhalten!" Nach einer halben Stunde kam er niedergeschlagen aus dem Operationssaal. Günterle hatte nicht gerettet werden können.

12 Siehe Abb. 38

Den Tod meines Kindes habe ich bis heute nicht verwunden. Aber damals war es besonders schwer, weil ich mich, wie wohl alle Mütter in solcher Situation, mit dem Vorwurf quälte, Günterle an jenem Tag überhaupt auf die Straße gelassen zu haben. Ursel und Peter standen bei mir, so lieb und so gut sie es als Kinder vermochten. Aber als dann einmal ihre bittere Frage kam: „Mutti, wäre es dir leichter gewesen, wenn einer von uns verunglückt wäre?" riß ich mich gewaltsam zusammen und tat alles, um mich wieder zu fangen. Aber auch die starke Kraft meiner Partei, die Liebe und Freundschaft meiner Genossen halfen mir, wieder meinen Platz im Leben zu finden.

Anfang der fünfziger Jahre sind Ursel und Peter zum Studium in die DDR gegangen, und ich zog von Langenhorn nach Winterhude um. Aber die Jahre davor, als wir zusammen wohnten, warteten wir immer noch gemeinsam auf die Heimkehr unseres Vaters. 1947 hatte ich an das Rote Kreuz Jugoslawiens geschrieben und bekam nach einigen Monaten den Bescheid, daß „der gesuchte Carl Suhling in der Kriegsgefangenenkartei nicht aufgeführt" sei. Das Deutsche Rote Kreuz teilte mir mit, daß der Obersoldat Carl Suhling unter den „Vermißten" geführt werde, und auf eine zweite Anfrage, daß er als verschollen gelte. Irgendwann zu Ende der vierziger Jahre fand in Hamburg ein Treffen ehemaliger Soldaten des Strafbataillons 999 statt, wozu auch Familienangehörige eingeladen waren. Dort sprach mich ein mir unbekannter Kamerad an und fragte: „Bist du die Frau von Cuddl Suhling?" – „Ja, die bin ich." – „Ich muß dir die traurige Mitteilung machen, daß Cuddl nicht zurückkommt. Er ist bei der Suche nach Kontakt zu den Partisanen geschnappt und erschossen worden. Warte nicht mehr auf ihn." Ein anderer Kamerad sagte mir, daß Cuddl bei den Rückzugskämpfen in Jugoslawien gefallen sei.

Ich gab nicht auf und klammerte mich an den Widerspruch, daß ich drei verschiedene Auskünfte über Cuddl bekommen hatte. Ich habe weitergesucht, weiter gehofft und unbeirrt auf seine Rückkehr gewartet. Aber Cuddl blieb verschollen. –

Jahrzehnte sind vergangen. Ich weiß längst, Cuddl kommt nicht mehr zurück. Sein Bild lebt in mir als ein aufrechter, tapferer und gütiger Mensch, mein geliebter Mensch bis an das Ende meiner Tage.

1 Lucies Eltern: Emma und Lübbo Wilken (Aufnahme etwa 1913)

2 Lucies Elternhaus in Bochum, Parallelstr. 11 (rechts das Weiß- und Wollwarengeschäft des Vaters)

3 Lucie als Lehrling und Wandervogel in der Dülmener Heide (Aufnahme etwa 1920)

ARBEITER-TURN- UND -SPORTBUND
LEIPZIG S 3, FICHTESTRASSE 36

MITGLIEDSBUCH
UND PASS

№ 209014

für Luzie Willken

geb.: 20.6.05 zu: Bochum I.

Wohnung: Parallelstr. 11

Bundesmitgliedschaft erworben

am: 1.7.26. Vereinsstempel

in: Bochum

Freie Schwimmer e.V. Bochum

Der Bundesvorstand: C. Gellert

Der Vereinsvorstand:

Ausgestellte Mitgliedsbücher dürfen nicht nochmals verwendet werden, auch nicht durch Überklebung oder Streichung des alten Namens

4 1. Juli 1926: Eintritt in den Arbeiter-Turn- und Sportbund Bochum

5 Fichtesportler beim Anpaddeln auf dem Frischen Haff bei Königsberg, Ostern 1930. Lucie in der Mitte links neben der Sportlerin im dunklen Dress

6 Olly und Robert Neddermeyer (Aufnahme etwa 1925)

7 Carl Suhling („Cuddl") 1927 als Matrose an Bord der „Straßburg"

8 Ernst Thälmann (r.) und Fritz Lux 1928 Leningrad

9 Teilnehmer eines Lehrgangs des KJVD Hamburg 1930 in Geesthacht. 1. R. 3. v. l.: Alfons Hartmann, 2. R. 3. v. l.: Lucie, 3. R. v. l.: 2. Walter Hochmuth, 5. Ulrich Brurein, 6. Käthe Hochmuth (mit Mütze), 7. Grete Schulz, 9. Franz Jacob, 3. R. 1. u. 2. v. r.: Bruno Dubber und Robert Abshagen

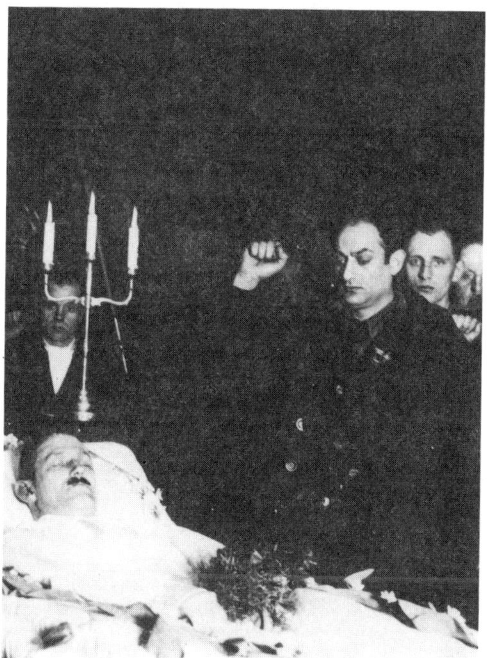

10 Etkar André an der Bahre Ernst Hennings, den SA-Männer am 14. März 1931 ermordet hatten

11 Parteibüro der KPD Bezirk Wasserkante mit Redaktion der „Hamburger Volkszeitung“ am Valentinskamp

Der Arbeitslose

Kampforgan der Erwerbslosen, Pflicht- und Fürsorgearbeiter des Bezirks **Wasserkante**

7. JAHRGANG — NUMMER 48
EINZELPREIS 10 PFENNIG
1. DEZEMBER-AUSGABE 1932

Wir fordern den Reichtum, den wir geschaffen!

Steigende Erwerbslosenzahlen. Hungermärsche in Amerik... Arbeitslosen marschieren. Kämpfe im Reich. Neue Kämpfe der Arbeitsdienstler. Fre...

Ernst Thälmanns Kampfruf fü...

Der Führer der Kommunistischen Partei Deutschlands, der Genosse Ernst Thälmann, nahm auf dem Bezirksparteitag der KPD unter stürmischem minutenlangem Beifall das Wort zum Kampfappell des Reichserwerbslosenausschusses. Der bei der Konferenz des Reichsausschusses gewählten Delegation, unter denen sich sozialdemokratische und freigewerkschaftliche Arbeiter befanden, gegenüber erklärte der Genosse Thälmann u. a.:

Unsere gesamte Partei hat die gewaltige Aufgabe zu lösen, an der Spitze von 9 Millionen Erwerbslosen, die mit ihren Familien mehr als ein Viertel der ganzen Nation ausmachen, einen breiten Millionenkampf im bevorstehenden Krisenwinter gegen die Hungersnot zu entfesseln . . . Wir Kommunisten stellen unsern Kampf für die Erwerbslosen nicht auf die par...

dann werden wir in Deutschland endgültig ...gen, erst dann wird Deutschland kein Sie... mehr sein, erst dann werden die Millio... tuberkulösen und skrofulösen Kinder satt ... den die Notleidenden und Unterdrückten ... ein Vaterland, das uns gehört, erst dann ...listische Heimat haben.

Wir sagen den Gewerkschaftskolleg... dern in allen Gewerkschaften: Nehm... schaftsversammlungen und Mitgliederz... Massenorganisationen zu den Kampffo... werbslosen Stellung!

Kolonial- und Fettwaren nur bei W. Müller
Hamburger Straße 47

Eigene Kau...
Ausschlägerweg 91

Kauft bei den Inserenten!

Rund um die Stempelstelle Klostertor

Schlachterei, Fleisch- u. Wurstwaren nur bei P. Peters, Klosterstr. 15

Zigaretten- und Erfrischungspavillon bei der Badeanstalt Lange Mühren, Fahrradstand 5 Pfennig

Stehbierhalle

12 „Der Arbeitslose", 1. Dezember-Ausgabe 1932. Rechts unten: Kleinanzeigen der Presse-Reklame Anzeigen-Expedition GmbH

16. Jahrgang Nr. 21 Einzelpreis 10 Pf

Hamburger Volkszei...

Organ der KPD für die Werktätigen Groß-Hamburgs

Mittwoch, 25. Januar 1933

Neue faschistische Staatsstreichpläne!

Die machtvoll eingeleiteten antifaschistischen Sturmwochen haben die Schwierigkeiten des Schleicher-Kabinetts erhöht – Durch neuen Verfassungsbruch und Proklamierung des „Staatsnotstandes" soll Reichstag ausgeschaltet und der Verbotsschlag gegen KPD geführt werde...

Werktätige, Verhindert im Massenkampf einen neuen 20. Juli!

Mit der großen antifaschistischen Offensive der Arbeiter gegen das Hungerkabinett des Kanzlergenerals, mit dem weiteren Niedergang der kapitalistischen Wirtschaft sind die Gegensätze im Lager der Bourgeoisie größer und tiefer geworden. Alle bisherigen Versuche der faschistischen Schleicher-Diktatur, sich auf eine breite Massenbasis zur Niederringung der proletarischen Offensive zu stützen, sind ohne Erfolg geblieben. Entscheidende Maßnahmen der Regierung, die Massen zu täuschen und erneut an die kapitalistische Regierung zu fesseln, sind durch das Fiasko der sogenannten Arbeitsbeschaffungspläne und durch die weitere Verschlechterung der Lebenslage der Arbeiter in Stadt und Land, die ...

Gewaltiger Jugendaufmarsch als Auftakt zur antifaschistischen Sturmwoche!

Der Kommunistische Jugendverband hatte das Hamburger Jungproletariat gestern abend zur Massendemonstration gegen die faschistische Provokation in Berlin auf die Straße gerufen. ...

...letarische Bevölkerung in dichten Reihen Spalier und immer wieder wurden die antifaschistischen Sturmkolonnen mit begeisterten Rot-Front-Rufen begrüßt.

Marxismus in der Gegenwart

Auf dem Görlitzer Parteitag sagte am 22. Septem... 1921 (Parteiprotokoll S. 274) Hermann Müller vo... auf die Verdienste der SPD:

„Der Mehrheitssozialdemokratie ist es zu verdanken ...

13 „Hamburger Volkszeitung", Ausgabe vom 25. Januar 1933

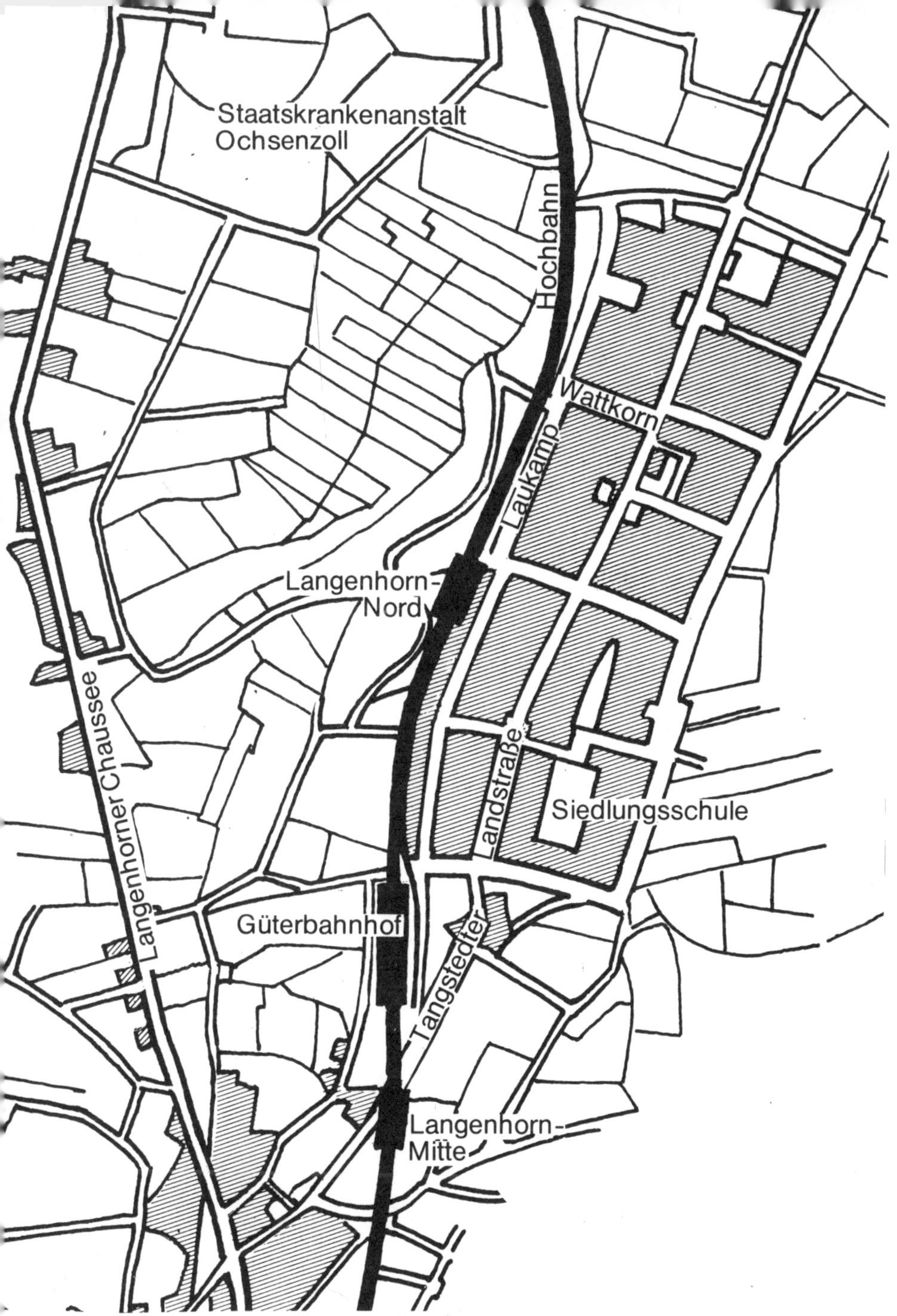

14 Hamburg-Langenhorn-Nord mit „Staatssiedlung Langenhorn" (heute: „Fritz-Schumacher-Siedlung") an der Tangstedter Landstraße. Skizze: Marianne Haustein

15 Ein Arbeiterehepaar in Langenhorn. Lucie und Cuddl vor ihrer Gartentür im Frühjahr 1933

16 Siedlerhaus Familie Suhling in Langenhorn-Nord Wattkorn 7 mit roter Fahne am Mast (Aufnahme 1932)

17 Cuddl mit Ulla (Mai 1934)

Politischer Massenstreik

gegen faschistische Hitler-Papen-Diktatur! Bereitet sofort den Generalstreik vor!

Die offene faschistische Diktatur ist da! Hindenburg, der Reichspräsidentenkandidat der Eisernen Front, hat die Regierung ernannt. **Hitler, Papen, Frick, Goering, Hugenberg und Seldte sind die neuernannten Minister.** Der Erlaß neuer arbeiterfeindlicher Gesetze des Lohnabbaues, der Beseitigung aller Tarife und Unterstützungen ist nur eine Frage von Stunden und Tagen. Das Verbot der Kommunistischen Partei, der einzigen Partei des Proletariats, und der revolutionären Massenorganisationen steht vor der Tür.
Diese Regierung, das bedeutet blutigster Terror und rücksichtsloseste Niederknüppelung gegen jede Regung in der Arbeiterklasse und im werktätigen Volk.

Diese Regierung, das bedeutet schamloseste Ausplünderung und Auspquetschung der werktätigen Massen zu Gunsten der Finanzkapitalisten, Großbankiers und ostelbischen Agrarier

Diese Regierung bedeutet offener Einsatz der nationalsozialistischen Mordbanden, der Streikbrechergarden des Stahlhelms gegen die Arbeiterklasse

Diese Regierung bedeutet riesige Steigerung des Hungers und der Not in allen Arbeiterwohnungen

Diese Regierung bedeutet die höchste Steigerung der kapitalistischen Offensive gegen die werktätigen Massen

Jetzt gibt es nur eins: Proletariat, stehe auf!

Keine Minute darf gezögert werden. Keine Regierung kann sich 24 Stunden an der Macht halten, wenn die **einige Armee** des Proletariats es nicht will.

Einheit im Kampf ist das Gebot der Stunde!

Laßt euch nicht vertrösten mit beruhigenden Losungen der sozialdemokratischen Parteiführer und der Gewerkschaftsbonzen.

Das Proletariat hat eine Waffe: Politischer Massenstreik – Einleitung des Generalstreiks!

Arbeiter, Werktätige, steht euren Mann!

Gegen die offene faschistische Diktatur Hitler-Papen-Hugenberg
Gegen Hunger und Not
Gegen Terror und Blutregierung
Für Arbeit und Brot
Für höhere Löhne
Für höhere Erwerbslosenunterstützungen
Für die Macht der Arbeiterklasse
Für die Arbeiter- und Bauernrepublik
Für den Sozialismus

KPD WASSERKANTE

Verantwortlich: Franz Jacob, Hamburg – Druck: Graphische Industrie Hamburg GmbH.

18 Flugblatt der KPD Wasserkante vom 30. Januar 1933 anläßlich der Ernennung Hitlers zum Reichskanzler

ZEITUNGSVERLAG GROSS-HAMBURG

GESELLSCHAFT MIT BESCHRÄNKTER HAFTUNG

VERLAG DER HAMBURGER VOLKSZEITUNG UND NORDDEUTSCHEN ZEITUNG

BANKKONTO: Sparkasse der Stadt Altona Nr. 4161 - POSTSCHECKKONTO: Hamburg 66639 - FERNSPR.: 4218 71/72

ALTONA-ELBE, DEN 1. März 1933
„HANDELSHOF", GR. BERGSTR. 266, ZIMMER 33/36

Z e u g n i s .

Wir bescheinigen hiermit, dass Frau Lucie Suhling, Hamburg-Langenhorn vom 1. Juli 1932 bis zum 28. Februar 1933 bei uns beschäftigt war und jederzeit ihre Arbeit zu unserer vollsten Zufriedenheit verrichtete. Frau Suhling musste leider von uns entlassen werden, da eine weitere Arbeitsmöglichkeit nicht mehr vorlag. Unsere besten Wünsche begleiten Frau Suhling.

Zeitungsverlag Groß-Hamburg
G. m. b. H., Altona/Elbe

19 Vorsorgliches Entlassungszeugnis des „Zeitungsverlages Groß-Hamburg" für Lucie vom 1. März 1933

Hanseatisches Oberlandesgericht

Im Namen des Deutschen Volkes!

O.Js. 183/35.
O.IV 105/34.
i/: Lemke u.Gen.
Anklage Nr.54 (Knust u.Gen.)
/13/

URTEIL.

In der Strafsache gegen

1. den Gelegenheitsarbeiter
Ernst Max Georg Knust,
geboren am 23. November 1901 in Hannover-Linden,
2. den Kraftfahrer
Carl Suhling,
geboren am 26. September 1904 in Hamburg,
3. den Bauschlosser
Karl Hugo Senkpiel,
geboren am 8. Januar 1901 in Hamburg,

Gründe:

I.

Die Kommunistische Partei Deutschlands hat nach der Machtergreifung des Nationalsozialismus ihre Bestrebungen auf gewaltsamen Sturz der deutschen Verfassung fortgesetzt und zu diesem Zwecke ihre Parteiorganisation und die Nebenorganisationen aufrechterhalten oder wieder aufgebaut. In der vorliegenden Sache handelt es sich um einen Ausschnitt aus der ursprünglich größeren Sache Lemke und Genossen. Hier wird der Wiederaufbau der KPD., der RGO. und der Roten Hilfe im Hamburger Stadtteil Langenhorn in den Jahren 1933 und 1934 behandelt.

20 Aus dem Urteil des gleichgeschalteten Hanseatischen Oberlandesgerichtes vom 25. Juli 1935 gegen Ernst Knust, Carl Suhling und sieben andere Langenhorner Kommunisten

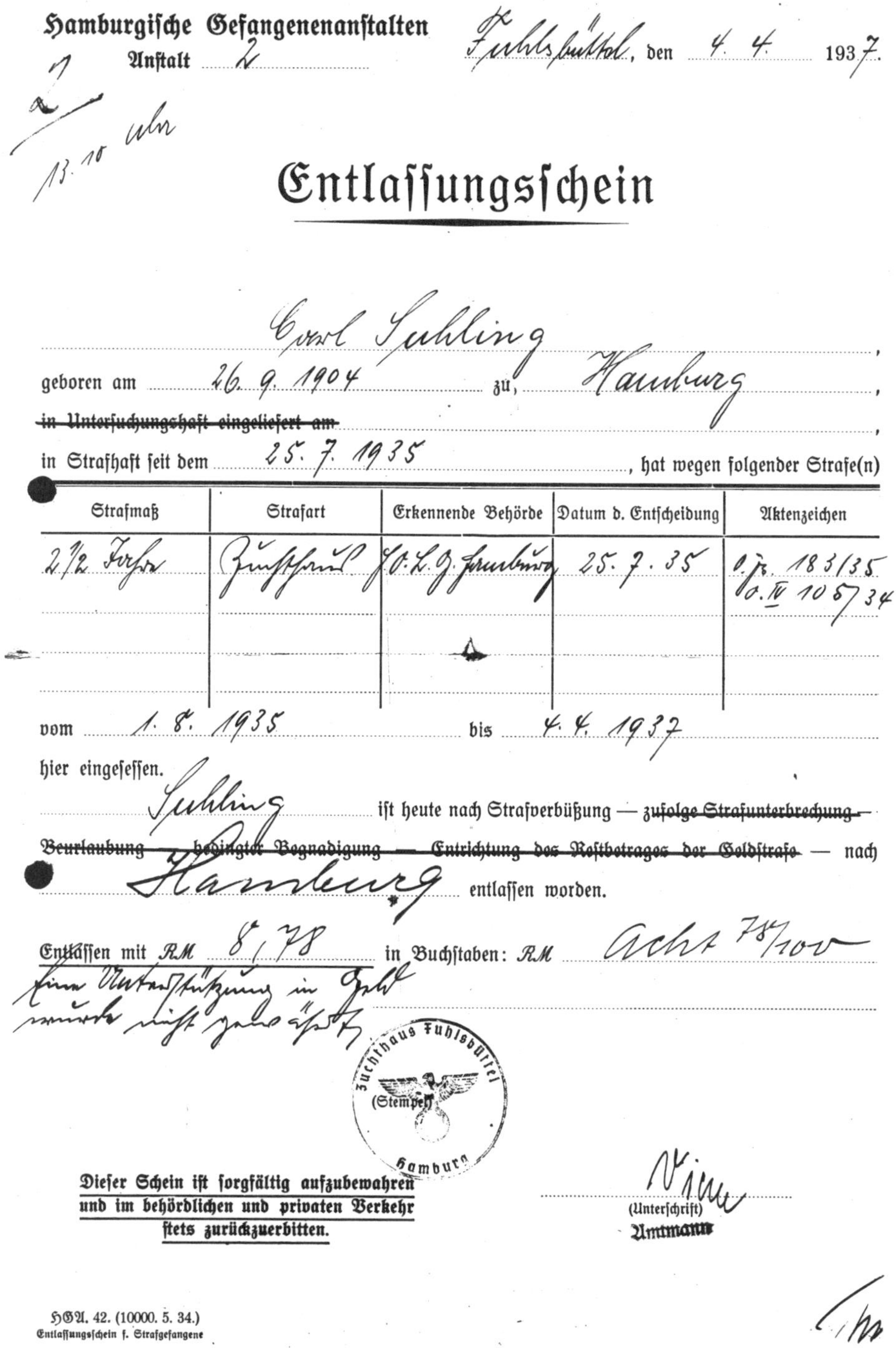

Hamburgische Gefangenenanstalten
Anstalt 2

Fuhlsbüttel, den 4. 4. 1937.

2
13.10 Uhr

Entlassungsschein

Carl Suhling,

geboren am 26. 9. 1904 zu Hamburg,

~~in Untersuchungshaft eingeliefert am~~

in Strafhaft seit dem 25. 7. 1935, hat wegen folgender Strafe(n)

Strafmaß	Strafart	Erkennende Behörde	Datum d. Entscheidung	Aktenzeichen
2½ Jahre	Zuchthaus	O.L.G. Hamburg	25. 7. 35	O.Js. 183/35 O.IV 105/34

vom 1. 8. 1935 bis 4. 4. 1937

hier eingesessen.

Suhling ist heute nach Strafverbüßung — ~~zufolge Strafunterbrechung — Beurlaubung — bedingter Begnadigung — Entrichtung des Restbetrages der Geldstrafe~~ — nach Hamburg entlassen worden.

Entlassen mit RM 8,78 in Buchstaben: RM Acht 78/100

Eine Unterstützung in Geld wurde nicht gezahlt

Zuchthaus Fuhlsbüttel (Stempel) Hamburg

Dieser Schein ist sorgfältig aufzubewahren und im behördlichen und privaten Verkehr stets zurückzuerbitten.

(Unterschrift)
~~Amtmann~~

HGA. 42. (10000. 5. 34.)
Entlassungsschein f. Strafgefangene

21 Cuddls Entlassungsschein aus dem Zuchthaus Hamburg-Fuhlsbüttel vom 4. April 1937

22 Lucie und Ulla (1937)

23 Ullas Kindergeburtstag 1938 in der Jarrestraße, von rechts: 1. Sonja Linken, 2. Ulla, 4. Klaus Pochert, 6. Ursel Hochmuth

24 Mariechen Eisenhauer mit Ulla und Ursel im Sommer 1938, Fotograph: Andreas Eisenhauer

25 Lucie und Käthe auf einer Wanderung in der Lüneburger Heide bei Hanstedt 1938

Sonderausgabe gegen Hitlers Judenpogrome

Die Rote Fahne

Zentralorgan der Kommunistischen Partei Deutschlands (Sektion der Kommunistischen Internationale)

Genosse! Gib die »Rote Fahne« nur an zuverlässige Freunde weiter — Keine unkontrollierte Verbreitung. Sorge für mündliche Weitergabe des Inhalts.

Reichs-Ausgabe
Begründet von Karl Liebknecht und Rosa Luxemburg

Genossen! Alles für die Partei Wichtige, alle Erfahrungen, Deine Vorschläge und Kritiken teile der »Rote Fahne« mit: auf dem Wege über Dir bekannte Funktionäre oder über Auslandsverbindungen.

Jahrgang 1938. Nr. 7

Gegen die Schmach der Judenpogrome!

Erklärung des Zentralkomitees der KPD

Getreu den besten Traditionen der deutschen Arbeiterbewegung, im wahren Geiste der größten deutschen Dichter und Denker, erhebt die Kommunistische Partei Deutschlands ihre Stimme gegen die Judenpogrome Hitlers, die vor der gesamten Menschheit die Ehre Deutschlands mit tiefster Schmach bedeckt haben. … rischen Drohungen gegenüber den andern Ländern den Frieden gefährden und Deutschland in einen neuen Weltkrieg treiben. Es sind … tacut gemacht werden! Denn die Brandstifter der Synagogen und zugleich die nationalsozialistischen Reichstagsbrandstifter von gestern, sie sind die Organisatoren der Ueberfälle heute auf die Bischofspaläste in Wien …

26 „Die Rote Fahne“, Zentralorgan der KPD, Sonderausgabe aus Anlaß der sog. „Reichskristallnacht“ vom 9. November 1938

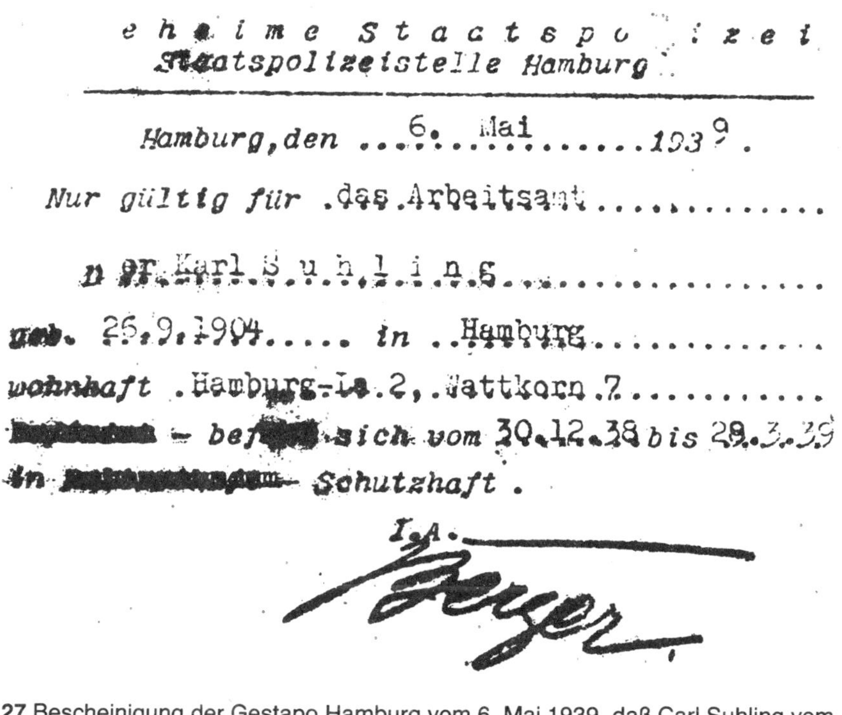

Geheime Staatspolizei
Staatspolizeistelle Hamburg

Hamburg, den 6. Mai 1939.

Nur gültig für das Arbeitsamt

Karl Suhling

geb. 26.9.1904 in Hamburg

wohnhaft Hamburg-La. 2, Wattkorn 7

[redacted] – bef[redacted] sich vom 30.12.38 bis 28.3.39

in [redacted] Schutzhaft.

I.A.

27 Bescheinigung der Gestapo Hamburg vom 6. Mai 1939, daß Carl Suhling vom 30. Dezember 1938 bis zum 28. März 1939 in „Schutzhaft“ war

Liebe Lucie , Karl und Ursel !

Anbei erhaltet Jhr Euern Fragebogen zurück, und hoffe, daß er so richtig ausgefüllt ist. Hier ist noch soweit alles in Ordnung bis auf unsere Mutter. Doch auch Jhr geht es heute wieder besser, und Sie hofft bald wieder aufstehen zu können. Eben sagte Mutter mir, wenns eben geht, wird Sie Euch Weihnachten einen langen Brief schreiben. Jetzt folgt nochmal eine Geburtsaufstellung, und legt sie Euch gut weg, dann habt Jhr sie auch später zur Hand, wenn Ursel sowas braucht. Seid nun vielmals gegrüßt von Euerm Bruder u Schwager

Mani

Geschwister von Lucie:

Tesch, Hulda geb: am 28.4. 91 Bochum
" Johanna " " 1.9. 92 "
Wilken Adolf " " 14.11.93 "
Probst Amanda " " 16.8. 97 "
Lassek Luise " " 6. 1o.98 "
Wilken Hans " " 8. 4. o2 "
Paulin Else " " 21.1. o4 "
Wilken Hermann " " 3.3. o7 "
Wirth Margarete " " 16.1. 1o "
Wilken Jmanuel " " 5.3. 12 "

Bruder des Vaters: Johann Wilken " " 3o.8. 63 zu Norden
Abram " " " 3o.1. 7o "
Hinrich " " " 21.12.77 "

Schwestern " Dina Schäcke " " 18.2. 72 "
Johann Brender " " 1.1. 75 "

Brüder der Mutter: August Holzgräwe " " 18.1o.62 Bochum
gest: am ? zu Bochum

Schwester der Mutter: Alwine Funda " " 14.6. 57 "
Lina Leibold " " 28.1o.78 "

Eltern von Lucie: Lübbo Wilken " " 27.6. 67 Norden
Emma " geb: Holzgräwe " 4. 1o.7o Holzminden-Bochum

Großeltern vom Vater: Harm Wilken " " 16.1. 41 zu Norden gets: 1891
Johanna "geb:Lübben de Bur 16.1.41 " " 1883

Großeltern der Mutter Heinr. Holzgräwe geb:am 18.1.37 zu Bielefeld " 3.9.85 zu Bochum

Friederike Bär " " 4. 4.36 zu Hattingen
gest: 8.5.86 zu Bochum

Urgroßeltern des Vaters:
Wilken Abram Harms
Geb: 1. 9. 1813 zu Norden
Gest: 8. 6. 188o "

Mutter:
Wessels, Dirtje Hinrichs
geb: 1.6. 1815 zu Lintel
gest: 23.9. 1875 Norden

Urgroßeltern der Mutter

Habe ich augenblicklich nicht zur Ha nd wenn Jhr aber intresse habt, kann ich sie Euch beiderseits bis in s 17oo noch mitteilen.

Bochum, den 6. Dezember 1937.

28 Lucie und die Familie Wilken. Brief ihres Bruders Imanuel, in dem es um die Beantwortung eines NS-Fragebogens ging, auf dem der sog. „Arier"-Nachweis erbracht werden mußte

29 Goldene Hochzeit von Lucies Eltern 1940 in Bochum. Von links die Geschwister Imanuel, Hulda, Johanna, Amanda, Louise, Else, Lucie, Hermann und Grete

30 Lucie, Peter, Cuddl und Ulla im September 1942 auf der Marszalkowska im besetzten Warschau, Fotograph: Wladek Blumentritt

31 Das bei den britischen Luftangriffen im Juli 1943 zerstörte Stadthaus, bis dahin Sitz der Geheimen Staatspolizei Hamburg

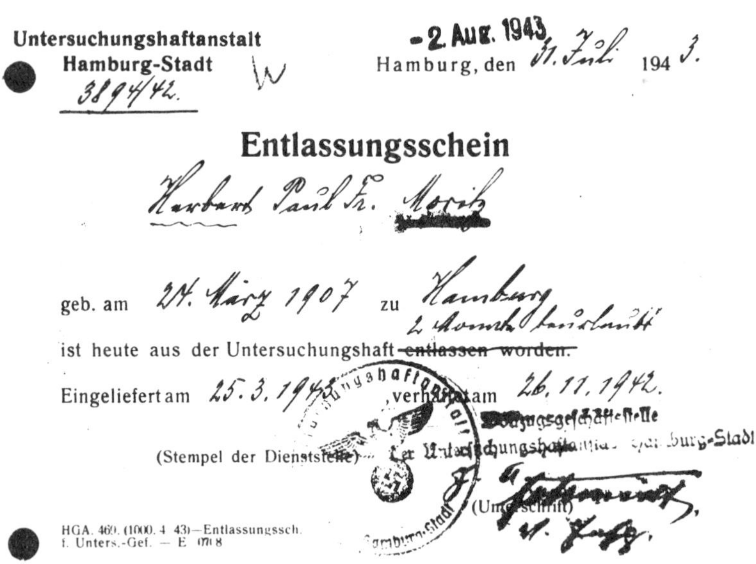

Untersuchungshaftanstalt
Hamburg-Stadt
3894/42.   W

- 2. Aug. 1943

Hamburg, den 31. Juli 1943.

Entlassungsschein

Herbert Paul Fr. Moritz [redacted]

geb. am 24. März 1907 zu Hamburg

2 Monate beurlaubt

ist heute aus der Untersuchungshaft ~~entlassen worden.~~

Eingeliefert am 25.3.1943, verhaftet am 26.11.1942.

(Stempel der Dienststelle)

Geschäftsstelle der Untersuchungshaftanstalt Hamburg-Stadt

(Unterschrift)

HGA. 469. (1000. 4. 43)—Entlassungssch.
f. Unters.-Gef. — E 0708

32 Hafturlaubsschein de
Hamburger Untersu
chungsgefängnisses vor
31. Juli 1943 für Herbe
Moritz, Mitglied der Wide
standsorganisation Bäs
lein-Jacob-Abshage

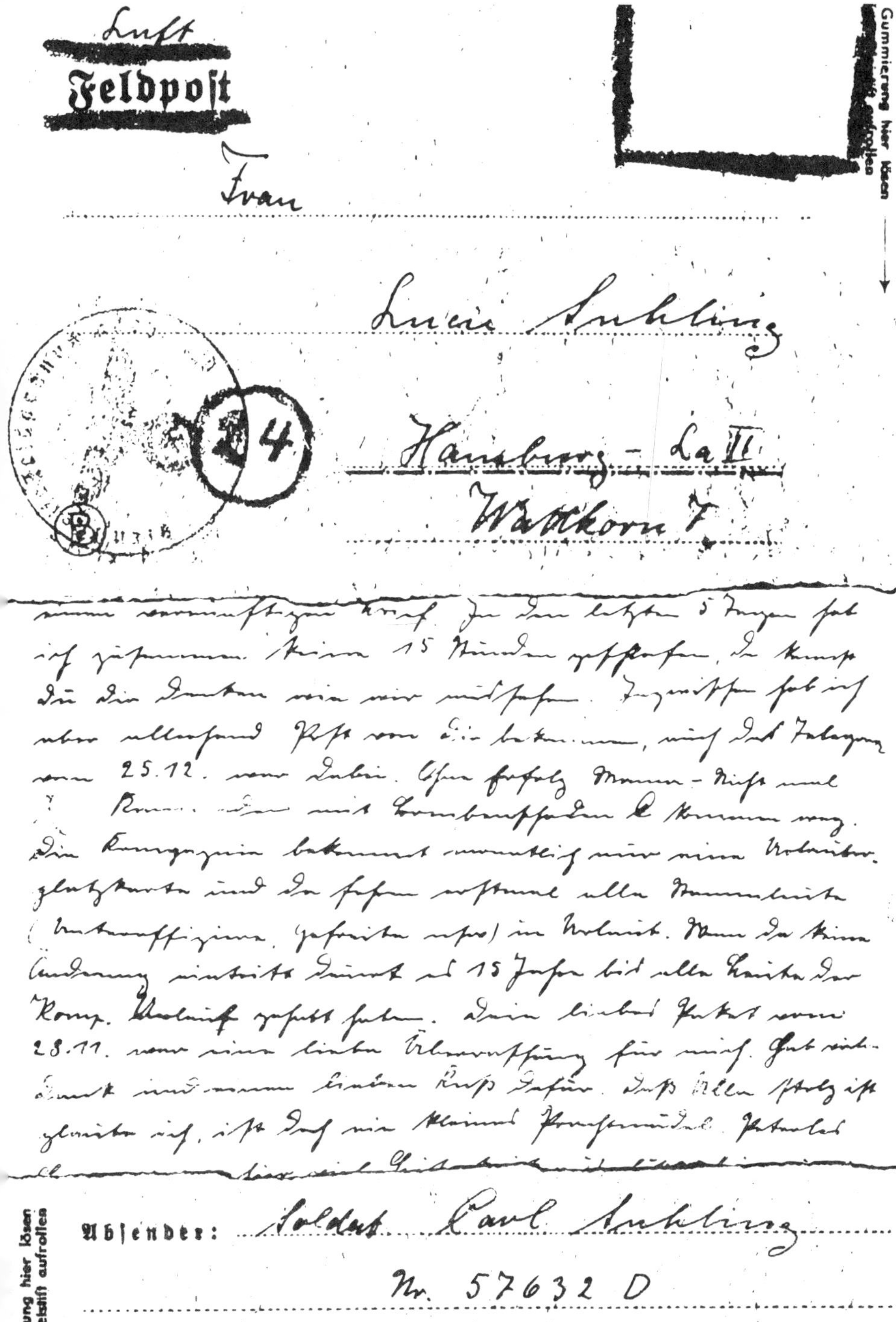

Feldpostbrief Cuddls vom 21. Februar 1944 aus dem Bewährungsbataillon 999, das damals bei Cherson in der Ukraine eingesetzt war

34 Auf dem Truppenübungsplatz des BB 999 in Baumholder 1944, von links: Lucie, Cuddl, Hanne und Helmut Knust, dahinter: Fritz Simon und Rudolf Swolinski

35 Cuddl als 999er in Volos Griechenland im Spätsommer 1944

IDENTIFICATION CARD
for ex-political prisoner of
concentration camp Fuhlsbüttel,
penitentiary Lübeck-Lauerhof .

AUSWEIS
für ehemalige politische Gefangene aus
K.Z.Fuhlsbüttel, Zuchths. Lübeck-Lauerhof

Unterschrift
signature
Lucie Suhling

E/0218

Current number 2343 Internee number
Laufend. Nummer Häftlingsnummer

name Suhling, Lucie, geb. Wilken
Name

born 20.6.05 at Bochum
geb. zu

nationality German - Deutsche
Nationalität

adress Hbg.- Langenhorn, Wattkorn 7
Adresse

was kept in captivity from 30.9.34 to 3.10.36 / 30.12.38 April 39

in Nazi-German conc. camp, penitentiary

liberated from the conc. camp Fuhlsbüttel

wurde vom 30.9.34 bis 3.10.36 / 30.12.38 bis April 39 national-
sozialistischen K.Z. und Zuchthaus gefangen gehalten
und vom K.Z. Fuhlsbüttel in Freiheit gesetzt.

29.10.45

Comitee of political prisoners
Komitee der politischen Gefangenen

36 Lucies erster Nachkriegsausweis: Identitätskarte des „Komitees ehemaliger politischer Gefangener" Hamburg vom 29. Oktober 1945

Mit Genehmigung der Militärregierung

SOZIALDEMOKRATEN! KOMMUNISTEN! HAMBURGS

Mit der Aufhebung des Verbotes der Neubildung von Parteien sind die

Sozialdemokratische Partei Hamburgs

und die **Kommunistische Partei Hamburgs**

als politische Parteien zugelassen. Beide befinden sich jetzt im Besitz der formellen Genehmigung ihrer Neugründung. Der Übergang von der Illegalität in den gesetzmäßigen Zustand stellt uns vor die Aufgabe, die Organisationen auf breiter Grundlage wieder aufzubauen.

Wir rufen daher unsere Funktionäre und Anhänger auf, mit dieser Arbeit unverzüglich zu beginnen. Nähere Anweisungen hierfür erfolgen durch die provisorischen Organisationsleitungen, die den Anti- [redacted]

Auf der Grundlage **gemeinsamen Handelns** der sozialdemokratischen und der kommunistischen Genossen soll die **eine**

Sozialistische Partei entstehen.

Die blutige Lehre der 12jährigen Hitler-Diktatur im Innern, des Hitler-Krieges nach außen und seiner großen sozialen Umwälzungen heißt für alle schaffenden Männer und Frauen eindeutig:

Einigkeit, Einheit und nie wieder Bruderkampf!

Die Vertreter der Sozialdemokratischen Partei:

Die Vertreter der Kommunistischen Partei:

20. August 1945.

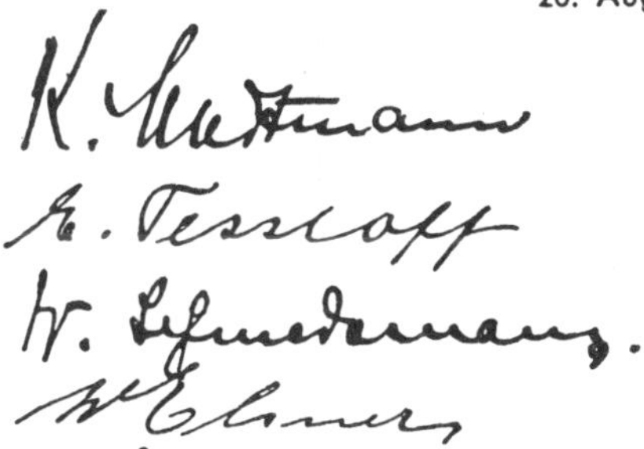

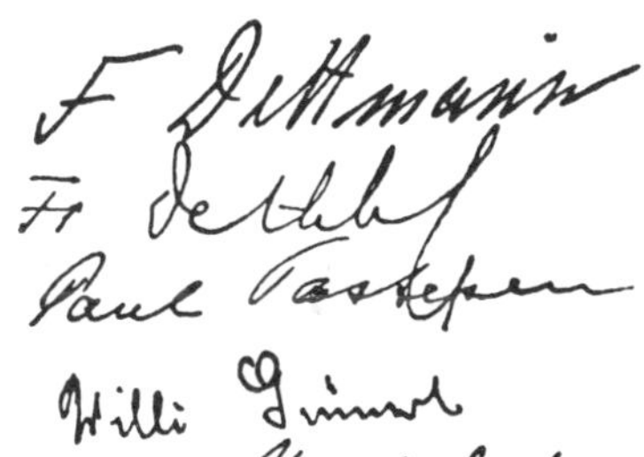

Durchlesen und weitergeben!

H. O. Persiehl, Hamburg 11 1793/10000/2 46. Klasse C

37 Gemeinsamer Aufruf der KPD und SPD Hamburg vom 20. August 1945

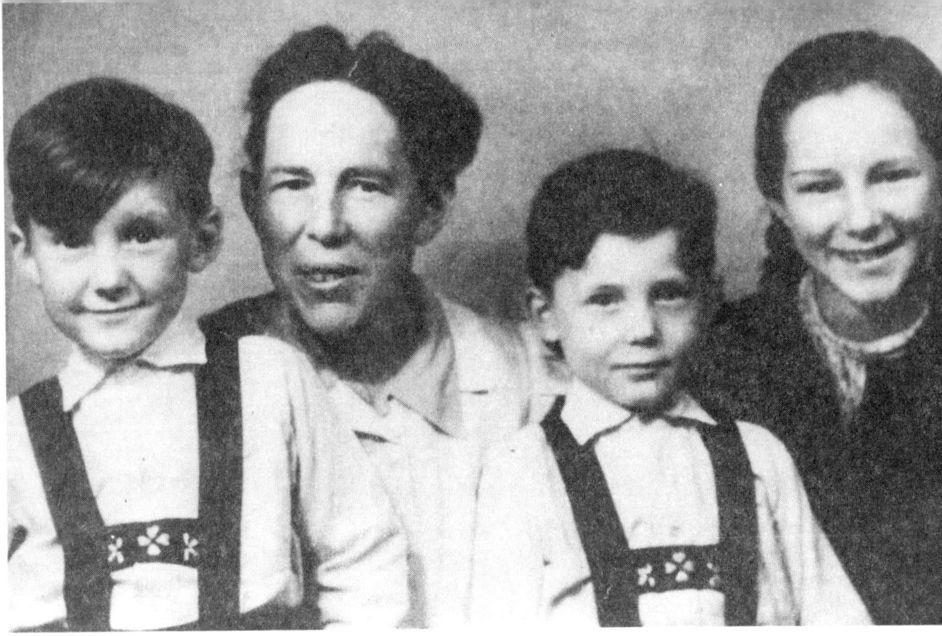

38 Lucie mit ihren Kindern Peter, Günterle und Ulla im Jahre 1946

39 Seminar „Frauen im Faschismus" an der Universität Hamburg im Mai 1977. Auf dem Podium von links: Anita Sellenschloh, Lucie Suhling, Gerda Zorn, Charlotte Groß, zwei Studentinnen, Käthe Jacob

Nachwort

Deine Sache wird verhandelt

Die Studentinnen und Studenten der Universität Hamburg hatten im Sommersemester 1977 einen 14tägigen Warnstreik gegen das geplante Landeshochschulgesetz beschlossen. Damit leistete die Studentenschaft Widerstand gegen das 1976 verabschiedete Hochschulrahmengesetz. Mit diesem Gesetz sollten die Ansätze zu einer dringend erforderlichen demokratischen Hochschulreform zunichte gemacht werden. Der AStA der Universität Hamburg hatte zur Ausgestaltung dieser 14 Kampftage eine „Demokratische Gegenhochschule" projektiert. Die Teilnehmerinnen und Teilnehmer an unserer Übung „Zur Lage der Frau im Nationalsozialismus" hatten für die „Demokratische Gegenhochschule" mehrere Veranstaltungen vorbereitet, u.a. eine Veranstaltung mit dem Thema: „Frauen im Widerstand gegen den deutschen Faschismus". Zu dieser Veranstaltung hatten sie die ehemaligen Widerstandskämpferinnen Charlotte Groß, Käthe Jacob, Anita Sellenschloh und Lucie Suhling sowie Gerda Zorn als Mitherausgeberin des Buches „Frauen gegen Hitler" in die Universität eingeladen. Die Widerstandskämpferinnen sollten von ihren Erfahrungen aus dem aktiven Widerstand gegen den Faschismus berichten. Zu der Veranstaltung am 13. Mai 1977 waren mehr als 200 Studentinnen und Studenten erschienen.

Vor uns saßen bescheidene Frauen, die unsere Mütter, Großmütter hätten sein können. Ihre Gesichter waren gezeichnet von schweren Erlebnissen. Aber welche Kraft ging von diesen Frauen aus, wenn sie von ihrem Leben, ihrem Kampf gegen den Faschismus berichteten, wenn sie in aller Offenheit von den erlittenen Qualen im Gefängnis, im Zuchthaus, im Konzentrationslager sprachen. Mit welcher ungewöhnlichen Eindringlichkeit verstanden sie, uns ihr persönliches, individuelles Leid, ohne jede Bitterkeit, ohne Klage als einen kleinen Bestandteil des großen, allgemeinen politischen Kampfes gegen faschistische Herrschaft und Unterdrückung deutlich zu machen.

Ich war tief bewegt. Was waren das für Frauen, was waren das für Menschen, die ohne jede Sentimentalität und in erstaunlicher Klarheit und Offenheit uns die individuelle Geschichte ihres kämpferischen Lebens erzählten? In ihrem Leben stand die Suche, das Streben nach individueller, nach privater Glücksbefriedigung nicht an erster Stelle. Sie hatten ihr privates Glück dem einen großen Ziel untergeordnet: Dem Kampf für eine sozialistische, für eine bessere Welt. Dabei verschwiegen diese Frauen nicht, wie sie gelitten hatten unter der Trennung von Mann und Kindern, unter dem Verlust ihrer geliebten Lebensgefährten, die

ihren Kampf gegen den Faschismus mit dem Tode bezahlen mußten. Sie machten kein Hehl daraus, daß sie bei all ihren politischen Aktivitäten gegen den Faschismus immer Angst gehabt hatten, schreckliche Angst vor Verhaftungen, Schlägen, vor den unbarmherzigen Sanktionen des Systems, das sie aktiv bekämpften.

Um so mehr beeindruckten uns diese vier alten Frauen durch ihre Lebendigkeit, ihren Mut, ihre politische Intelligenz, ihren Humor, ihre Menschlichkeit. Noch immer waren sie erfüllt von einem zielklaren Kampfesmut, der so stark in ihnen lebte, daß sie ohne Rücksicht auf ihren Gesundheitszustand die Anstrengungen einer solchen Veranstaltung auf sich genommen hatten. Und die Berichte aus dem Widerstand bedeuteten für jede einzelne Frau eine starke Belastung. Bei der Schilderung über die schlimmsten Demütigungen, die ihnen in den Strafanstalten und Konzentrationslagern zuteil wurden, kämpften sie mit den Tränen. Ich war erschüttert darüber, was Menschen anderen Menschen an Leid zufügen können, und vor allem, was Frauen anderen Frauen z.B. im Konzentrationslager Ravensbrück, angetan haben. Lucie Suhling ist im Anschluß an die Veranstaltung zusammengebrochen und mußte sofort ins Krankenhaus eingeliefert werden.

Was aber hatte diese Frauen zu Menschen werden lassen, die ihre Identität gefunden haben und unbeirrbar wissen, wofür sie kämpfen? Wir erfuhren, daß Charlotte Groß, Käthe Jacob und Anita Sellenschloh Arbeiterkinder waren und Lucie Suhling aus kleinbürgerlichen Verhältnissen stammte. Alle vier hätten liebend gern eine weiterbildende Schule besucht. Ihre Lehrer hatten sie dafür vorgeschlagen. Aber das Geld der Familien reichte nicht aus, um diese Mädchen auf eine weiterbildende Schule zu schicken. Alle vier hatten schon von klein auf erfahren müssen, was es heißt, nicht zu den Privilegierten der Gesellschaft zu gehören. Die Entfaltung ihrer Persönlichkeit begann erst, als sie sich der Arbeiterbewegung angeschlossen hatten. Alle vier bekannten sich klar und eindeutig zur kommunistischen Weltanschauung, zu einer sozialistischen Gesellschaftsordnung.

Ich saß diesen vier Frauen gegenüber und ich war tief betroffen, verwirrt, beschämt, alles zugleich. Den anwesenden Studentinnen und Studenten ging es ebenso. Uns stand alles zur Verfügung, um uns zu bilden, zu entfalten, alles, worum die vier Frauen, als sie in unserem Alter waren, hart kämpfen mußten. Doch waren wir uns immer unserer Vorrechte bewußt?

Konnten wir unsere große Chance wirklich nutzen? Waren wir imstande, den von den vielen finanzierten relativen Freiraum Studium sozial verantwortlich im Interesse derer, die für uns arbeiteten, zu nutzen und unsere Erkenntnisse ihnen zur Verfügung zu stellen? Hatten wir überhaupt bei aller mühseligen Schulung unserer Intelligenz, bei der Anhäufung und Speicherung von Wissen gelernt, dieses Erlernte als aktiv Handelnde im politischen Kampf für den Emanzipationsprozeß kreativ und produktiv umzusetzen? Aus meiner eigenen

Studienzeit kenne ich die Ängste und Nöte von Studentinnen und Studenten sehr genau. Aus meinen eigenen Erfahrungen weiß ich sehr gut, wie die durch Leistungsdruck erzeugten Ängste und die durch Konkurrenzverhalten ausgelösten Profilierungszwänge die Entfaltung der eigenen Kreativität lähmen.
Ich weiß aber auch, daß ein Nachgeben gegenüber solchen Versuchen der Unterdrückung und der Erziehung zur Anpassung um der eigenen beruflichen Karriere willen zu beträchtlichen psychischen Verelendungen und Verkrüppelungen des einzelnen führen kann. Ich weiß um die Beschädigungen, die Mutlosigkeit, die Resignation eines großen Teiles unserer Intelligenz.
Ich weiß aber auch um die Korrumpierbarkeit der Mehrheit unserer deutschen Intelligenz. Diese Mehrheit hat sich seit 1848 von den Herrschenden zum Spottpreis von ein bißchen gesellschaftlicher Anerkennung und ein wenig Eigentum kaufen lassen. Sie hat wider ihre Erkenntnisse und Einsichten die Ergebnisse der Produktivkraft Wissenschaft skrupellos den Herrschenden für deren menschenfeindlichen Zielsetzungen zur Verfügung gestellt.
Ich kenne sehr genau die Tücken unseres angeblich so pluralistischen Bildungssystems, das mit seinem scheinbaren Freiheitsangebot gerade die Wege und Zielsetzungen in Richtung auf eine menschliche Emanzipation verschleiert, verunklärt bzw. umgeht.

Charlotte Groß, Käthe Jacob, Anita Sellenschloh und Lucie Suhling haben uns mit ihren Berichten aus dem Widerstand einen Weg aus dem Labyrinth, aus den Verwirrungen und Fallstricken der Hochschulen, unserer Denkfabriken und Ideologieschmieden, gewiesen. Bei dieser Veranstaltung lernten alle, die Ohren hatten zu hören, mehr als in semesterlangem, mühseligem Ringen um Einsicht und Klarheit.

Nach der Veranstaltung haben wir mit Lucie und ihren Genossinnen enge Freundschaft geschlossen. Mittlerweile haben wir gemeinsam eine Reihe von Kämpfen für die Emanzipation der Frau – der Menschen – Schulter an Schulter ausgetragen. Wir lieben unsere grau gewordenen Kampfgefährtinnen, die wir in unseren Auseinandersetzungen nicht mehr missen können und mit denen wir weiter Seite an Seite streiten werden.

Lucie hat ihr Leben in einem großartigen Buch zusammengefaßt, dessen Stellenwert für die antifaschistisch-demokratische Bewegung, vor allem für die bundesdeutsche Frauenbewegung noch gar nicht zu ermessen ist. Es ist ein Buch über die Emanzipation einer Frau in der Arbeiterbewegung. Leserinnen und Leser werden mit charakteristischen Szenen aus dem faschistischen Alltag konfrontiert. Sie lernen den weithin unbekannten Widerstand von Vertreterinnen und Vertretern der organisierten Arbeiterschaft gegen Faschismus und Krieg kennen.

Es ist zu hoffen, daß dieses Buch tief verwurzelte Vorurteile abbauen hilft und eine Bresche in den Antikommunismus schlägt, dessen raffiniertes, feingesponnenes Netz uns allen immer wieder schwer zu schaffen macht. Dieses

Buch kann für viele Menschen, die zwar schmerzhaft unter ihrer Unterdrückung leiden, aber noch nicht recht wissen, mit welchen Waffen sie den Kampf dagegen führen sollen, der Ariadne-Faden aus dem Labyrinth totalitaristischer Verführungen und Verwirrungen werden. Und einen solchen roten Faden müssen wir fest in unseren Händen halten, um uns zu stärken für den Widerstand gegen Unterdrückung und den Kampf für unser aller Befreiung.

Lucie wird uns mit ihrem Buch in diesem Kampf weiter begleiten. Sie hat uns gelehrt, daß wir auch unser individuelles Leid nur überwinden können, wenn wir zusammen mit allen demokratischen Kräften uns dem einen großen, gemeinsamen Ziel von menschlicher Emanzipation mit Haut und Haar verschreiben.

Menschen wie Lucie Suhling sind ein weiterführendes Glied in der langen Kette der sich vorwärts entwickelnden Menschheit. Und wir werden darum ringen, auch ein Glied in dieser Kette zu sein, indem wir zukunftsgewandt alles, was wir sind, einsetzen in dem langen, harten und zähen Kampf um eine von Unterdrückung befreite Gesellschaft.

Hamburg, 8. Mai 1980 Sigrid Matzen-Stöckert

Personenverzeichnis

NEU

Ursel Hochmuth
Gertrud Meyer

Streiflichter aus dem Hamburger Widerstand 1933-1945

672 Seiten, kart., 25,— DM
Unveränderter Nachdruck

ISBN 3-87682-036-7

Das Buch „Streiflichter aus dem Hamburger Widerstand 1933—1945" von Ursel Hochmuth und Gertrud Meyer erschien 1969. Es war einer der ersten Bände der „Bibliothek des Widerstandes".
Die Berichte und Dokumente dieses Buches machten in ihrer Vielfältigkeit damals zum ersten Mal sichtbar, in welcher Breite und Kontinuität in Hamburg Widerstand gegen das nationalsozialistische Terrorregime geleistet worden ist. Bis dahin waren Erinnerungen an Kommunisten, Sozialdemokraten, Gewerkschafter, an Frauen, Jugendliche und Studenten, an Antifaschisten und Demokraten, die gegen Hitler gekämpft hatten, durch Restauration und Kalten Krieg weitgehend verdrängt. Vom antifaschistisch-demokratischen Neubeginn des Jahres 1945 war um 1969 nicht mehr viel spürbar.
Im vergangenen Jahrzehnt hat sich manches in der Bundesrepublik geändert. Dazu gehört auch, daß der Einfluß der Antifaschisten in unserem Lande gewachsen ist. Vieles, was heute an Aufklärung über Faschismus und Widerstand und an breiten antifaschistischen Aktivitäten in Hamburg geschieht, ist ohne die durch dieses Buch geschaffenen Grundlagen nicht denkbar.
Das Buch über den Hamburger antifaschistischen Widerstand war jahrelang vergriffen. Es wurde — nicht nur in Hamburg — vermißt und liegt jetzt als unveränderter Nachdruck wieder vor.